Uma juventude na Alemanha

Uma juventude na Alemanha
ERNST TOLLER

TRADUÇÃO
Ricardo Ploch

*mundaréu

© Editora Madalena, 2015

TÍTULO ORIGINAL
Eine Jugend in Deutschland

COORDENAÇÃO EDITORIAL – COLEÇÃO LINHA DO TEMPO
Silvia Naschenveng

PROJETO GRÁFICO
Claudia Warrak e Raul Loureiro

CAPA
Claudia Warrak

DIAGRAMAÇÃO
Priscylla Cabral

REVISÃO
Bianca Galafassi e Isabela Norberto

Edição conforme o Acordo Ortográfico da
Língua Portuguesa (1990).

Dados Internacionais de Catalogação na Publicação (CIP)
(Câmara Brasileira do Livro, SP, Brasil)

Toller, Ernst, 1893-1939.
    Uma juventude na Alemanha / Ernst Toller ; tradução
Ricardo Ploch. – São Paulo : Editora Madalena, 2015. –
(Coleção linha do tempo)

    Título original: Eine Jugend in Deutschland.
    ISBN 978-85-68259-05-4

    1. Guerra Mundial, 1939-1945 - Literatura e guerra 2.
Judeus - Alemanha 3. Judeus na literatura 4. Literatura alemã
- Século 20 - História e crítica 5. Toller, Ernst, 1893-1939 I.
Título. II. Série.

15-10212   CDD-920.009231

Índice para catálogo sistemático:
1. Alemães : Autobiografia 920.009231

2015
Todos os direitos desta edição reservados à
EDITORA MADALENA LTDA. EPP
São Paulo – SP
www.editoramundareu.com.br
vendas@editoramundareu.com.br

SUMÁRIO

APRESENTAÇÃO 7

Um apolítico vai ao Reichstag / Joseph Roth 11

UMA JUVENTUDE NA ALEMANHA 19

Um olhar de 1933 21
1. Infância 27
2. Estudos na França 55
3. Voluntário de guerra 67
4. O *front* 75
5. Quero esquecer a guerra 93
6. Revolta 97
7. Greve 107
8. Presídio militar 117
9. Hospício 127
10. Revolução 133
11. República conselhista da Baviera 147
12. Fuga e prisão 191
13. Uma cela, um pátio, um muro 203
14. Corte marcial 215
15. A face da época 225
16. Cinco anos 239

Ernst Toller na prisão, no começo dos anos 1920 (National Library of Israel, Schwadron Collection).

APRESENTAÇÃO

A Primeira Guerra Mundial teve efeitos devastadores para todos os países envolvidos. Mas para Alemanha, Áustria e alguns países do leste europeu, cada um à sua maneira, ela foi apenas o começo.

A ruptura social, econômica e política causada pela derrota na guerra ocasionou profundas mudanças na Alemanha. A partir do motim dos marinheiros em Kiel, em outubro de 1918, pouco antes da rendição, várias e diferentes convulsões sociais tiveram lugar em território alemão. Em 7 de novembro de 1918, a monarquia bávara foi destronada e foi declarada em Munique uma república socialista, que buscou um modelo diferente daquele recém instaurado na Rússia. Dois dias depois, o *Kaiser* alemão, Guilherme II, abdicou e partiu definitivamente para a Holanda.

A experiência da República Conselhista na Baviera foi efêmera. Em Berlim, Rosa Luxemburgo e Karl Liebknecht foram assassinados por grupos de ex-combatentes da Primeira Guerra (*Freikorps*) após liderarem a malfadada rebelião espartaquista. Greves gerais; combates armados envolvendo civis, paramilitares, polícia e exército; tentativas de golpe de estado; assassinatos políticos. No imediato pós-guerra, a Alemanha viveu um período de grande turbulência política conhecido como a Revolução Alemã, que não foi resolvida com a consolidação da República de Weimar. A instável e conturbada República de Weimar acabou sendo sucedida, em 1933, pelo regime nazista.

A vida de Ernst Toller (1893-1939), um dos expoentes do expressionismo alemão e autor de peças que fizeram bastante sucesso em sua época, como *Die Wandlung* e *Masse Mensch*, foi profundamente determinada pelo momento histórico de seu país. Nascido em uma família burguesa judia na parte oriental do Império Alemão – em território hoje pertence à Polônia e que no passado tinha relevantes enclaves populacionais de língua alemã –, Toller narra cenas de sua infância que nos remetem ao filme *A Fita Branca* (2009), de Michael Haneke, episódios de intolerância religiosa, crueldade contra vulneráveis – seja um filhote que involuntariamente desobedece aos comando do dono, seja um doente a quem é negada assistência –, xenofobia e segregação social.

Jovem inflamado pelo patriotismo, alistou-se voluntariamente na Primeira Guerra Mundial, tornou-se pacifista durante a guerra, e teve papel importante na Revolução Alemã – chegou a ser por alguns dias presidente da República Conselhista da Baviera – razão pela qual foi acusado de alta traição e condenado a cinco anos de prisão.

Tão extraordinário é o período vivido por Toller que em seu relato não há centralidade na guerra – embora a experiência da guerra seja essencial, as trincheiras são uma passagem. O registro de Toller, pontual e sempre no presente, torna impossível afastar a sensação de construção da história. O autor nunca se coloca como narrador onisciente, o que permite ao leitor compartilhar incertezas e questionamentos pelos quais ele passou, percebendo toda a ebulição de um momento em que, à vista da destruição causada pela guerra, buscavam-se caminhos. Não há rebuscamento ou artifícios, seja no estilo, seja no retrato retrospectivo de si mesmo. Toller não tenta disfarçar e se mostrar precocemente sábio, consciente ou visionário; por vezes, apresenta-se tolo, ingênuo, e até reacionário; o homem em que se transformou é resultado das experiências que viveu e do que foi capaz de aprender com elas.

Com a ascensão do regime nazista, em 1933, exilou-se incialmente na Inglaterra e depois nos Estados Unidos. Com dificuldades de adaptação no exterior, profundamente desapontado com o reconhecimento internacional do governo do ditador fascista Francisco Franco, que havia contado com o apoio militar dos nazistas na Guerra Civil Espanhola, e angustiado pela notícia de que seus irmãos haviam sido enviados a campos de concentração, cometeu suicídio em 1939, em Nova Iorque.

* * *

São muitas as personalidades – Thomas Mann, Max Weber, Romain Rolland, Rainer Maria Rilke, Rosa Luxemburgo, Adolf Hitler, entre outros – e situações históricas referidas nesta obra de Toller. Para não sobrecarregar a leitura, a editora prefiriu limitar o número de notas explicativas e, assim, não incluir notas a respeito de personagens e fatos mais conhecidos, nem daqueles com participação mais lateral.

*Mundaréu

UM APOLÍTICO VAI AO REICHSTAG[1]

Joseph Roth[2]

O parlamentarismo alemão tem uma localização poética. Apenas a Königsplatz[3] separa o Reichstag do verde lirismo campestre do Tiergarten[4]. Para alguém apolítico é difícil abrir mão do belo dia de primavera em que *o novo parlamento alemão se reúne*.

Em dezembro deste ano, o grande e ornamentado prédio do parlamento completa trinta anos. Faz três décadas que ele irrita pessoas de bom gosto e mentalidade democrática. Em sua entrada, encontra-se a dedicatória: "Ao povo alemão". Em sua cúpula, no entanto, setenta e cinco metros acima do nível da rua, ergue-se uma coroa dourada, larga, pesada, um fardo que não guarda qualquer relação com a cúpula e desautoriza a expressão de dedicatória.

---

[1] Parlamento alemão, tanto a instituição como o edifício que o abriga. (N.T.).
[2] (1894-1939), escritor e jornalista austríaco de ascendência judaica. Seu romance *Marcha de Radetzky* é publicado pela Mundaréu, nesta mesma coleção Linha do Tempo. (N.E.)
[3] Praça do Rei. (N.T.)
[4] Jardim dos animais. (N.T.)

Quem não conhece esse edifício, toma a entrada principal por... entrada principal. Quem não o conhece, acredita que o propósito da grandiosa fachada principal com seis grandes colunas coríntias é receber de maneira digna, ainda que um tanto pomposa, os representantes do povo alemão. Porém, essa entrada principal não é absolutamente uma entrada. As grandes portas estão sempre fechadas. Na época republicana, elas se abriram apenas *uma vez* – quando Rathenau[5] foi sepultado. A intenção das seis colunas coríntias é um despropósito. Desperdiçada, a fachada principal é um luxo sem vida. A parte da frente do Reichstag dá a impressão de uma casa desprotegida, cujos donos viajaram. A juventude alemã brinca descalça na escadaria. Como uma palmeira decorativa, um policial de verde fica lá plantado – um ponto verde solitário entre pedras brancas, estéreis.

Lateralmente, através de um estreito portão na Simsonstraße, dirigem-se os representantes do povo para seu trabalho. É infinitamente difícil não ver aqui *nenhum* símbolo da época do imperador Guilherme II. Quatro imperadores alemães em bronze estão na antecâmara, como que para passar em revista o desfile dos deputados. O plenário, revestido de madeira, sério e escuro, reserva ao público e à imprensa tribunas inóspitas, inamistosas, limitadas e limitantes.

Hoje – no *dia da abertura* – as tribunas estão abarrotadas desde as duas da tarde. Com um olhar solenemente aguçado, os servidores da casa inspecionam tudo. Correspondentes especiais em busca de notícias sobre o ambiente e as personalidades passeiam pelos corredores, a fim de observar a chegada de *Ludendorff*[6]. Curiosos com interesse

---

5 Walter Rathenau (1867-1922), industrial e estadista alemão de ascendência judaica. Na República de Weimar, foi Ministro da Reconstrução e, até seu assassinato por extremistas de direita, de Relações Exteriores, tendo papel importante na quebra do isolamento diplomático da Alemanha após a guerra. (N.T.)
6 Erich Friedrich Wilhelm Ludendorff (1865-1937), general alemão. Militar

político e simples curiosos marcam presença. Sua respiração está ofegante. Senhores acariciam suas carecas úmidas com lenços fora de moda. Algumas damas, ligadas aos homens hoje em cena, buscam refrescar-se com suas luvas desvestidas. O público não se encontra no lugar onde aparentemente estaria. Não aproveita a estrutura da tribuna, que permite aos visitantes ficar acima dos partidos. Ninguém aproveita essa feliz circunstância.

A atmosfera deveria ser solene, no mínimo tão solene quanto a abertura de qualquer exposição para a qual a nação inteira, sem distinção de partido, houvesse colaborado. Mesmo aqueles membros do parlamento que combatem o parlamentarismo – assim pensa o apolítico – deveriam ter respeito, não pelo parlamentarismo, mas sim por sua própria atividade, à qual, de todo modo, agora estão dando início. O cerimonial, o útil uniforme de toda ocasião solene, talvez precisasse ser mais rígido e complexo. Por bastante tempo, as igrejas e os imperadores tiveram oportunidade de comprovar que e quão importantes são as cerimônias. As instituições democráticas têm muito pouco cerimonial. Ao participante sem compostura, o cerimonial ao menos permite distrair-se de sua própria falta de compostura e de sua vontade de ser notado, induzindo-o a uma calma involuntária. E ao participante respeitável, permite demonstrar ainda mais compostura. O cerimonial aumenta a tranquilidade e abafa o barulho. Ao menos por algumas horas, obriga essa corporação, que se compõe de diferentes pessoas, a ter uma forma única de comunidade.

---

prestigiado por sua atuação no início da Primeira Guerra, Ludendorff foi uma das figuras-chave do Exército e do governo alemão na parte final da guerra, tendo resignado logo antes da rendição e então ajudado a fomentar a lenda da punhalada pelas costas (*Dolchstosslegende*), segundo a qual a Alemanha não teria perdido a guerra nos campos de batalha, mas por traição (teoria adotada por nacionalistas de extrema direita, especialmente os nazistas). Participou de golpes de estado em 1920 e 1923 (o *Putsch* da Cervejaria, com Hitler), e disputou as eleições de 1925 como candidato do partido nazista a presidente, obtendo percentual diminuto dos votos. (N.T.)

Mas aqui, no parlamento alemão, cada partido não só tem sua própria convicção política como também seu próprio cerimonial. Aqui não há nenhuma sensibilidade para a forma. Embaixadores estrangeiros (o solene lorde d'Abernon[7], por exemplo) estão sentados no camarote. Os olhos da América, da França, da Itália estão voltados para os representantes do povo alemão. E o que veem? O passo de ganso[8] dos nacionalistas. Barafunda entre os comunistas. E *Ludendorff* através de lentes enganosas. O apolítico não compreende por que, dentre todos os homens do mundo com tal ocupação, justamente o político alemão tem um vício incontrolável de se fazer risível: antes mesmo de começar com a sua política, que já envolve muitos riscos de ridículo. Mas o que entende o apolítico dos enigmas da política?

O decano de 79 anos, que tem uma voz fraca, foi exortado por um grito vindo da direita a falar "Mais alto!". Já não ouvi essa voz, esse tom enérgico antes? Não foi num cabaré, onde um senhor, bem ciente de que havia pagado pela entrada e pedido uma garrafa de vinho, gritou ao mestre de cerimônias: "Mais alto!!!" – de forma que se podia até mesmo ver os três indignados pontos de exclamação? Ah! – e onde ouvi esse assobio que agora vem dos comunistas? Sim, na escola, se não me engano, na sexta série! Será que eu cresci e superei isso porque sou um apolítico?

Foi o general *Ludendorff* que desencadeou essa tempestade! Da última vez que o vi, ambos ainda estávamos em guerra, ele e eu. Mas ambos a perdemos. A partir daí nossos caminhos se separaram. Ele se tornou político e eu não. A mim, ninguém festejou, embora eu também tenha sido vencido. Agora tenho a oportunidade de vê-lo em trajes civis. Ele tem certa cordialidade rechonchuda no colete e uma papada que é emblema de probidade. Por que gritam assim quando

---

7 Edgar Vincent d'Abernon (1857-1941), embaixador britânico em Berlim entre 1920 e 1925. (N.T.)
8 Alusão à marcha militar em "passo de ganso". (N.T.)

ele se levanta? Ele mudou. Ficou mais velho, mais pacato, mais burguês. Talvez tenha sido sempre apenas um burguês em uniforme de herói. Não tem nada de Marte, o deus da guerra.

Agora, à esquerda, cantam a *Internacional* e, à direita, *Deutschland über alles*[9]. Simultaneamente, como se não fosse mais razoável cantar as canções uma depois da outra. Por que não música, amigos? Por que aos políticos não deveria ser dado cantar? Por que não querem ouvir uns as dos outros? Mas seria bem possível que ambas as canções agradassem parcialmente a ambos os campos. "Sob alguns aspectos" a Alemanha está realmente acima de outros países. E em outros "assuntos" não há nada de mal com o internacionalismo. Nós apolíticos sabemos o que devemos ao mundo e o que demos a ele. Por que os políticos não sabem de ambas as coisas?

Enquanto ainda cantavam no plenário, percorri os solitários corredores. Vi uma grande biblioteca, a biblioteca do parlamento. Ela poderia se chamar, por exemplo, "livroteca", caso se queira evitar toda palavra estrangeira, mesmo que já nos seja familiar. Mas como é que ela de fato se chama? *Depósito de livros!*[10] Vamos ao depósito de livros! Encontramos aqui obras valiosas de todas as áreas. Mas, ao mesmo tempo, alegorias cafonas, grandiosas virtudes feitas de pedra. A biblioteca deveria se chamar "depósito de virtudes". Por toda parte, majestade extravagante. Desperdí-

---

[9] A *Internacional* é o hino dos comunistas e dos esquerdistas em geral. *Deutschland über alles* (Alemanha acima de tudo) refere-se à primeira estrofe do *Lied der Deutschen* (Canção dos alemães), que foi o hino nacional da Alemanha na República de Weimar. Os nacionalistas de direita costumavam cantar essa primeira estrofe, que posteriormente foi apropriada pelo nazismo. (N.T.)

[10] Alusão a movimentos nacionalistas que defendiam a germanização de todas as palavras de origem estrangeira. Nesta passagem, *Bibliothek* (de origem grega) foi traduzido por "biblioteca"; *Bücherei* (de origem germânica) foi traduzido por "livroteca"; e *Bücherspeicher* (neologismo de origem germânica) foi traduzido por "depósito de livros". (N.T.)

cio ignóbil de material. Tradição comodista e sem fantasia. Esplendor sem calor humano. Regozijo pomposo da frieza. Quanta humanidade, compreensão e calor deveriam surgir aqui. No "salão da cúpula" está pendurado um candelabro que pesa *mais de oito mil* quilos. Pesado como o destino desse povo ao qual pertence o candelabro e que pagou vinte e seis milhões e meio de marcos pelo seu parlamento. Por fora, o Reichstag é só "imponência". Esperemos que os deputados também o façam capaz de impor-se.

Publicado originalmente no
Frankfurter Zeitung (30.05.1924).

Tradução: Silvia Naschenveng e Vinícius Sampaio

Em memória de meu sobrinho Neffen Harry, que em 1928, aos 18 anos, matou-se com um tiro.

Uma juventude na Alemanha

UM OLHAR DE 1933

Biografias raramente alcançam a complexidade de uma existência individual. Muitos traços do "homem por inteiro" permanecem nas sombras e o único dever de todos os momentos, segundo uma frase de Karoline de Günderodes, é o de determinar o indivíduo e torná-lo inteligível, em especial em um livro como este, que retrata o homem publicamente ativo.

Não é apenas minha juventude que está aqui registrada, mas a juventude de uma geração e, além disso, parte da história de uma época. Essa juventude trilhou muitos caminhos, seguiu falsos ídolos e falsos líderes, mas nunca deixou de buscar o esclarecimento e de seguir os preceitos do espírito.

Quem deseja compreender a derrocada de 1933 deve tomar conhecimento dos acontecimentos dos anos de 1918 e 1919 na Alemanha de que falo aqui.

Os homens aprenderam algo com os sacrifícios e os sofrimentos, a queda e a catástrofe, com o triunfo do adversário e o desespero do povo? Eles captaram o sentido, a lição e o legado daqueles tempos?

Os republicanos, que entregaram a república a seus inimigos.

Os revolucionários, que, perdidos em teses e palavras de ordem, esqueceram a vontade das pessoas e suas decisões.

Os funcionários dos sindicatos, que, sobre suas caixas cheias, não viram a força crescente do adversário, que viria a varrê-los, assim como a suas caixas.

Os burocratas, que sufocaram a coragem espontânea, a ousadia e a fé.

Os doutrinários, que preferiram ocupar-se com conflitos sobre sutilezas a indicar objetivos claros e nobres ao povo.

Os escritores, que produziram uma imagem fantástica do trabalhador em luta e esmoreceram quando encontraram o trabalhador real, com suas fraquezas e suas forças, sua pequenez e sua grandeza.

Os adeptos da *Realpolitik*, que estiveram surdos para a magia da palavra, cegos para o poder da ideia e mudos diante da força do espírito.

Os fetichistas da economia, que chamaram as forças morais do povo e os grandes motivadores do homem – a ânsia pela liberdade, justiça e beleza – de maus costumes pequeno-burgueses.

Não, eles não aprenderam nada nesses quinze anos, esqueceram tudo e não aprenderam nada. Obstinadamente eles fracassaram, repetidamente foram derrotados, açoitados e torturados.

Eles fizeram promessas ao povo dia após dia, mês após mês, ano após ano, até que ele, cansado de promessas, buscou conforto no desconforto.

A barbárie triunfa, o nacionalismo, o ódio racial e a deificação do Estado cegam olhos, sentidos e corações.

Muitos alertaram para isso, e havia anos que o faziam. A culpa pelo enfraquecimento de nossas vozes é só nossa, e ela é a nossa maior culpa.

O povo espera que a salvação venha de falsos salvadores, e não do conhecimento, do trabalho e da responsabilidade. Ele se regozija com os grilhões que ele mesmo forjou para si a mando dos ditadores. Ele vende sua liberdade e sacrifica sua razão por um prato de lentilha.

Pois o povo está cansado da razão, cansado de pensar e repensar. O que afinal, ele pergunta, a razão fez nos últimos anos, em que nos ajudaram o bom senso e os conhecimentos? E ele acredita nos críticos do intelecto, que ensinam que a razão paralisa a vontade, corrói as raízes da alma, destrói o fundamento da sociedade, que todas as dificuldades, sociais e privadas, são obras da razão.

Como se alguma vez a razão tivesse estado no comando, como se não fora justamente a Alemanha desarrazoada e errática a responsável pela queda da Europa!

Por toda parte a mesma crença insana: um homem, o *Führer*, o César, o Messias vai chegar e fazer milagres, vai assumir a responsabilidade pelos tempos futuros, consertar as vidas de todos, banir o medo, erradicar a miséria, criar o novo povo, o reino do esplendor pleno, isso mesmo, sua missão sobrenatural é a de transformar até mesmo o velho e fraco Adão.

Por toda parte o mesmo desejo insano: encontrar os culpados, os responsáveis pelos tempos passados, sobre os quais se podem descarregar os próprios fracassos, os próprios erros, os próprios crimes – ah! –, é o velho cordeiro sacrificial de priscas eras, a única diferença é que agora o sacrifício é feito com pessoas em vez de animais.

As consequências são terríveis. O povo aprende a dizer sim para seus instintos mais baixos, para sua belicosidade gratuita. Valores intelectuais e morais conquistados através dos milênios com muito esforço e sacrifício tornam-se alvo da zombaria e do ódio das classes dominantes. A liberdade e a humanidade, a fraternidade e a justiça – clichês venenosos, já para o lixo com eles!

Aprenda a virtude dos bárbaros, dos tiros, dos aguilhões, do roubo; oprima os mais fracos, erradique-os brutalmente e sem consideração, desaprenda a sentir o sofrimento alheio, nunca se esqueça de que você nasceu para a vingança, vingue-se das injúrias de hoje, das injúrias de ontem e daquelas que poderiam lhe atingir amanhã, seja vaidoso, você é um herói, despreze a vida pacífica e a morte pacífica, a maior felicidade da humanidade é a guerra.

Aprenda que o sangue único é o que forma, edifica e exalta um povo. Você pode querer saber o que esse sangue tem a ver com um país que foi habitado e atravessado por inúmeras tribos, mas não pergunte, acredite! O mero fato de você perguntar já gera suspeitas, tome cuidado para que nós não o joguemos nas fileiras daqueles que devem ser apagados da face da Terra. Pois somos nós que decidimos quem pode viver e quem deve morrer para nossa salvação.

E a Europa?

A Europa está hoje como um pequeno corretor que aguarda o transcorrer do pregão da tarde para auferir novos ganhos e lucros e um terremoto vem enterrá-lo juntamente com sua bolsa. Porque milhares que especularam com a guerra ganharam bilhões com granadas e bombas, armas químicas e biológicas, e esses bilhões sangrentos ganham o nome de valores nacionais, os povos se calam.

O médico sabe que, se uma pessoa é acometida por crises físicas e mentais e não sabe o que fazer, permanecendo sem conseguir se organizar ou mesmo encontrar o caminho de casa, ela está fadada a ter desejos de morte, que vão ficando cada vez mais poderosos e a tentam inconscientemente a vender seu corpo e sucumbir ao caos.

A velha Europa padece dessa grave doença.

No turbilhão da guerra, que a valorização das ações de empresas de armamentos anuncia de forma ameaçadora, a Europa mergulha no abismo do suicídio.

Então tudo foi em vão, o esforço intelectual e a pobreza humana, o trabalho abnegado dos mais nobres e o sacrifício dos mais bravos, e agora só nos resta trilhar o caminho para a escuridão do sono mortal?

Onde está a juventude da Europa?
Essa juventude que havia reconhecido que as leis do velho mundo estão dilaceradas, que sofre a cada dia e a cada hora com o seu declínio?
Ela vivia e não sabia para quê. Ela queria trabalhar e os portões das oficinas não se abriram para ela. Ela ansiava por objetivos que indicassem um caminho, pela realização de seus sonhos grandes e ousados, mas a apaziguaram com a embriaguez do vazio.
Ela realmente está seguindo os falsos profetas, ela acredita na mentira e despreza a verdade?
Ela vai esperar até que a guerra pulverize as cidades, devaste os países, envenene as pessoas, acreditando que só nesse momento chegará sua hora, seu feito, sua vitória? Ela não vê que, sobre um solo arruinado, o novo mundo vai assumir uma aparência diferente da que ela sonha hoje?
Quando um navio atravessa uma tempestade no Atlântico, o capitão tem vários meios para atenuar o impacto das ondas e evitar os perigos. Ele conta com o auxílio de homens e máquinas e não precisa ter medo de passar fome, pois as câmaras guardam pão, roupas e carvão. Mas, se o navio foi partido ao meio e os homens estão agarrados aos destroços, nesse caso de que serve a vontade, a energia e a razão?

Onde estão vocês, meus camaradas na Alemanha?

Vejo os milhares que celebram, com festa e barulho, a perda da liberdade e a condenação do intelecto.
Os milhares de enganados e iludidos que acreditam verdadeiramente que o reino da justiça na Terra está próximo.

Os milhares que anseiam igualar-se à juventude da Alemanha sacrificada em Flandres e marcham para a morte vibrando e cantando.

Onde estão vocês, meus camaradas?

Eu não os vejo, mesmo sabendo que vocês vivem.

Na Grande Guerra houve um homem, um homem entre milhões, a voz da verdade e da paz, e mesmo a cova da prisão não conseguiu sufocar a voz de Karl Liebknecht[1].
Hoje vocês são seus herdeiros.
Vocês venceram o medo que desencoraja e humilha as pessoas. Continuem seu trabalho silencioso e incansável e não se deixem intimidar pela perseguição ou pela brutalidade, pela prisão ou pela morte.

Neste livro, não se trata de mitigar erros e culpas, fracassos e insuficiências, nem as próprias nem as alheias. Para ser honrado, é preciso saber. Para ser corajoso, é preciso compreender. Para ser justo, não se pode esquecer. Quando o jugo da barbárie oprime, deve-se lutar e não se pode calar. Quem se cala nesses tempos trai sua missão humana.

No dia em que meus livros foram queimados na Alemanha[2].

---

1 Karl Liebknecht (1871-1919), deputado socialista alemão, atuou no parlamento contra a guerra. Fundador do Partido Comunista Alemão, ele e Rosa Luxemburgo foram assassinados em 1919 por milícias de ex-militares (*Freikorps*), com a conivência do governo da República de Weimar. (N.E.)
2 O livro de Toller foi uma das obras proibidas e queimadas em fogueiras pelos nazistas em 1933, após tomarem o poder na Alemanha. A lista de autores proibidos incluía também Thomas e Heinrich Mann, Bertold Brecht, Albert Einstein, Sigmund Freud, Joseph Roth, Stefan Zweig e muitos outros. (N. E.)

1. INFÂNCIA

Frederico, o Grande, permitiu a meu bisavô materno estabelecer-se como o único judeu em Samotschin[3], uma pequena cidade em Netzebruch. Meu bisavô recebeu seus documentos mediante o pagamento de uma soma em dinheiro. Seu bisneto tinha orgulho desse ato, via nisso distinção e uma nobre elevação, e dele se gabava aos seus colegas de escola.

Meu bisavô paterno, que dizem ter vindo da Espanha, possuía uma propriedade na Prússia Ocidental. Minhas tias contavam que suas refeições tinham de lhe ser servidas usando pratos e talheres de ouro e que seus cavalos comiam em manjedouras de prata. Já os filhos não faziam mais que banhar as manjedouras em cobre e os pratos e talheres em prata. O garoto sonhava com a lendária riqueza do bisavô: enquanto os cavalos devoravam o velho, lá estava ele assistindo a tudo, sem repulsa ou compaixão, mas, ao contrário, com um inexplicável sentimento de satisfação.

No sótão da casa, enormes infólios amarelados acumulavam poeira. O avô tinha o costume de estudá-los de dia e

---

[3] Szamocin, na Polônia. A cidade pertenceu ao Império Alemão até o fim da Primeira Guerra e a assinatura do Tratado de Versalhes. (N. E.)

muitas vezes também à noite, enquanto a avó ficava na loja, atendia os clientes e supervisionava a economia da casa e a cozinha. Meu pai herdou essa loja, depois de não ter conseguido terminar os estudos e ter fracassado como farmacêutico.

Samotschin era uma cidade alemã, o que era motivo de orgulho tanto para protestantes como para judeus. Eles falavam com visível desprezo daquelas cidades da província de Posen nas quais poloneses e católicos, ambos farinha do mesmo saco, eram os donos do pedaço. Somente após a segunda divisão da Polônia o marco oriental passou a integrar a Prússia. Mas os alemães consideravam-se os habitantes originais e verdadeiros donos da terra, os poloneses eram apenas algo a tolerar. Colonizadores alemães instalaram-se por toda a parte nas vilas da planície, que se metiam como fortalezas avançadas entre fazendas e propriedades inimigas polonesas. Alemães e poloneses lutavam tenazmente por cada palmo de terreno. Um alemão que vendesse terras a um polonês era lançado ao ostracismo como um traidor.

Nós crianças nos referíamos aos poloneses como "polacos" e acreditávamos que eles eram os descendentes de Caim, autor do golpe fatal em Abel e por isso marcado por Deus.

Em todas as lutas contra os poloneses, judeus e alemães formavam uma só frente. Os judeus sentiam-se como pioneiros da cultura alemã. Nas cidades pequenas, as casas da burguesia judaica formavam os centros intelectuais. Nelas, literatura, filosofia e arte alemãs eram "guardadas e cuidadas" com um orgulho que beirava o ridículo. Os poloneses, cujos filhos não podiam falar a língua materna na escola, e cujos pais tiveram a terra expropriada pelo Estado, eram acusados de não serem patriotas. Os judeus, no aniversário do imperador, sentavam-se à mesma mesa que os oficiais da reserva, a associação dos veteranos e o clube de tiro, bebiam cerveja e *Schnaps*[4] e brindavam à saúde do imperador Guilherme.

---

[4] Nome genérico para destilados e aguardentes de todos os tipos. (N. T.)

Nasci ao dia 1º de dezembro de 1893.

Se eu procurar por lembranças de minha infância, estes episódios me vêm à mente:

Estou usando uma camisola. Estou no quintal de nossa casa, em uma carroça. Ela é grande, maior que Marie, do tamanho de uma casa. Marie é a babá, ela traz corais vermelhos em torno do pescoço, corais arredondados e vermelhos. Agora Marie senta-se sobre o cangalho e se balança. Pelo portão do quintal, chega Ilse com sua babá. Ilse corre até mim e me estende a mão. Ficamos assim por um tempo, observando um ao outro com curiosidade. A babá estrangeira conversa com Marie. Então ela berra para Ilse: "não fique aí parada, esse é um judeu".

Ilse solta minha mão e sai correndo. Não compreendo o sentido das palavras, mas começo a chorar incontrolavelmente. Já faz tempo que a babá estrangeira foi embora com Ilse. Marie fica insistindo comigo, ela me pega pelo braço, ela me mostra os corais, eu não gosto dos corais, arrebento o colar.

O filho do vigia noturno é meu amigo. Quando os outros gritam "polaco", eu também grito "polaco". Apesar disso ele é meu amigo. Os polacos odeiam os alemães, isso eu sei por Stanislaus.

Os trabalhadores estão quebrando a calçada da praça do mercado e abrindo covas. É fim de expediente, eles guardaram suas pás e picaretas em um pequeno depósito feito de placas grosseiras. Eles foram ao bar para tomar umas. Stanislaus e eu nos sentamos na cova. Nosso esconderijo é um poço estreito, escorado com estacas.

Stanislaus mira e cospe.

"Hoje à noite vai morrer um trabalhador", diz Stanislaus, "como castigo. Eles não podem cavar aqui, este solo é polonês. Os alemães roubaram-no. Mas deixe-os cavar. Aqui embaixo, onde eles cavam, cem metros abaixo, o rei polonês os espera. Seu cavalo branco está no estábulo, enquanto o cavalo do senhor capitão da cavalaria é um bode. Quando for a hora, o rei montará em seu cavalo, cavalgará aqui para cima e perseguirá vocês. Todos vocês. Você também".

Eu quero perguntar ao Stanislaus quando será "a hora". Stanislaus sabe mais que eu, seu pai é vigia noturno. Mas seus lábios apertam-se e sua boca fica rígida e hostil.

"Cospe logo, valendo um gude!"

Cuspo e perco. À noite, sonho que Stanislaus está na praça do mercado e sopra a corneta de seu pai. De nosso poço irrompe um cavalo branco a galope; sobre a sela marrom, à direita e à esquerda, acima e abaixo, estão figurinhas do imperador. Agora é "a hora", penso.

Eu coleciono figurinhas do imperador. Na loja de meus pais há várias coisas sedutoras, como barbantes e doces, limonadas e passas, pregos grandes e pequenos, mas as mais bonitas são as figurinhas do imperador, mesmo que sejam as mais difíceis de roubar. Toda barra de chocolate traz uma. O armário de chocolates fica trancado e sua chave pendurada numa faixa que mamãe leva em seu avental azul quadriculado. Cedo, quando ainda estou acordando, mamãe já está trabalhando. Ela trabalha na loja, ela trabalha no silo, ela trabalha na administração, ela manda comida aos pobres e convida os mendigos para almoçar, e quando o criado vai ao campo arar e semear a terra, ela lhe dá sua cota de grãos. Acabado o dia, ela lê até tarde da noite. Não raro adormece sobre um livro, e quando a acordo, ela pede:

"Deixe-me ler, filho, essa é minha única alegria."

"Por que você está sempre trabalhando, mãe?"

"Para você ter o que comer, filho."

Quando mamãe não está prestando atenção, primeiro roubo a chave e em seguida as figurinhas das barras de chocolate; o chocolate mesmo, só de vez em quando. Que bonitas as figurinhas dos antigos germanos! Eles aparecem portando peles e clavas, sobre as quais se apoiam, e suas mulheres estão agachadas sobre a terra, polindo seus escudos. Stanislaus acha que elas faziam isso com seus cabelos louros, que parecem cortinas de palha envolvendo suas cabeças. Na maioria das barras, há figurinhas de nosso imperador. Ele está com um casaco de veludo vermelho jogado sobre os ombros, segurando com uma mão uma esfera e, com a outra, um atiçador dourado.

Quando estou em minha cama de manhã e olho para a multidão de figurinhas do imperador, ocorre-me a pergunta: imperadores também vão ao banheiro? A questão não me sai da cabeça e corro até mamãe. "Você ainda vai acabar preso", diz mamãe.

Logo, ele não vai ao banheiro.

A rua dos mortos vai da praça do mercado até o cemitério. As pessoas que moram lá não estão nem aí para o fato de sua rua se chamar "rua dos mortos". Elas ficam nas portas e batem papo, reclamam do prefeito porque o calçamento, que é o orgulho do povo da cidade, acaba na metade da rua. "Como se tivesse sido tosado", diz o Fischer, da venda. Eu não gostaria de morar na rua dos mortos. Nunca vi um morto, apenas crânios e ossos que os trabalhadores encontraram quando cavaram um poço ao lado do moinho. Stanislaus e eu jogamos bola com os crânios, os ossos servem de tacos. Stanislaus dá chutes nos crânios.

"Por que você faz isso?"

"Vovó disse que eles foram pessoas más. Os bons não ficam nas covas, anjos os pegam e voam com eles ao céu, ao encontro de Deus amado."

"O que eles fazem lá?"

"Esbaldar-se de batatas cozidas com casca é que não é."

Adoro comer batatas cozidas com casca, mas não em casa, prefiro comê-las na casa de Stanislaus. Sua avó, sua mãe, seu pai, três irmãs e quatro irmãos moram na rua da vila, numa pequena casa de barro, coberta com um telhado de palha. Todos dormem em um só cômodo e é nele em que também se cozinha. A rua da vila não tem calçamento, mas ninguém pragueja contra o prefeito. Sempre que visito Stanislaus perto da hora do almoço, eles estão comendo batatas com casca e mingau de farelo ou essas batatas e arenque. Eu fico num canto, com água na boca.

"Venha logo", diz finalmente a mãe de Stanislaus, "onde onze comem à vontade, haverá o bastante para doze".

Stanislaus cutuca-me de lado:

"Assados e tortas, só na sua imaginação."

"Mas não é todo dia que comemos assados e tortas."

"Vocês poderiam se entupir deles, se quisessem."

Eu pego meu boné e corro para casa.

"O que dá em você de ficar lá na hora do almoço?", mamãe ralha comigo. "Assim você come o pouco pão que têm os pobres coitados."

"Por que eles têm tão pouco?"

"Porque assim quer Deus amado."

A rua dos mortos é muito longa. Imagino que isso seja por causa dos mortos: eles ainda querem passear um pouco antes de serem levados à cova e de ficar decidido se eles ficam ali ou voam ao céu.

Tio M. morreu recentemente. Se ele foi uma boa pessoa? Estou junto ao muro do cemitério. Quebro uma parte de um salgueiro e a afio, escalo o muro, corro até a cova e faço furos, o zelador do cemitério surpreende-me e eu dou no pé.

No caminho de volta para casa, penso: "O que é uma boa pessoa?".

Portas batem lá fora. Está escuro no quarto. Papai dorme ali, mamãe, lá. Mas não está escuro coisa nenhuma. E as camas de papai e mamãe estão vazias. Eles foram atacados por ladrões? Vem uma luz vermelha lá de fora. Soa uma sirene, sempre o mesmo som de uivo. Pulo da cama, escancaro a porta, corro para a rua. Lá na frente, do outro lado da praça do mercado, uma casa arde em chamas; vermelho, verde e preto. Bombeiros com capacetes lustrosos sobre a cabeça correm como loucos por toda a parte, e as pessoas ficam nas pontas dos pés. Jule, nossa cozinheira, me vê e me enxota de volta para a cama.

"Por que está pegando fogo, Jule?"

"Porque Deus quer punir."

"Por que Deus quer punir?"

"Porque crianças pequenas fazem perguntas demais."

Fico com medo, não consigo mais pegar no sono, tudo cheira a fumaça, cheira a chamuscado, cheira ao Deus amado. Na manhã seguinte, estou diante de vigas e pedras cobertas de fuligem, que ainda estão quentes.

"Não encontraram um só osso, a pobre mulher foi queimada em sua cama."

Eu me viro de repente, o homem que disse isso já se foi.

Corro para casa e me enfio num canto. Colado à minha mão, o pedaço de pau com que revirei as cinzas.

Chega seu Levi. Ele ri.

"Que bonito o que você fez..."

Eu não me mexo.

"Todos na cidade sabem que você ateou fogo à casa dos Eichstädt."

Seu Levi acende um charuto e vai embora. Primeiro foi a Jule pensando que eu sou o culpado, agora quem diz é o seu Levi.

Encolho-me no chão e fico ali até a noite.

O que aconteceu de diferente ontem? Eu me despi, lavei-me, deitei-me na cama e dormi. Não me lavei, apenas disse à mamãe que o tinha feito, logo, menti. Por isso o fogo? Por isso esse castigo terrível? Deus é assim tão rígido? Penso nas batatas com casca, na senhora Eichstädt queimada.

Está escuro no quarto. Eu deito e escuto. À direita da porta, pende um tubo de vidro redondo e alongado, que me proibiram de tocar. Anna, a camareira, faz o sinal da cruz antes de espaná-lo.

"Aí dentro mora o Deus dos judeus", ela murmura.

Meu coração vem à garganta. Não arrisco mais. E se "Ele" agora pular do rolo e gritar: "Eu sou o Deus amado! Como castigo por você ter mentido..."? Não deixo mais o medo tomar conta de mim, e também não temo batatas com casca, num pulo já estou na porta, escalo a cômoda e rasgo o "Deus amado" de cima a baixo. Golpeio o tubinho de vidro. "Ele" não se mexe. Jogo o tubinho no chão. "Ele" não se mexe. Cuspo nele, pego meu sapato e o arremesso sobre ele. "Ele" não se mexe. Talvez "Ele" já esteja morto. Tranquilizo-me. Embrulho os restos de vidro e papel e os enfio no vão do sofá, entre o assento e o braço. Amanhã enterrarei o "Deus amado".

Deito-me alegre em minha cama. Que todos saibam que eu dei o golpe fatal no "Deus amado".

Antes eu acreditava que todos os meninos e meninas iam à mesma escola. Ilse e Paul vão à "protestante", Stanislaus vai à "católica" e eu, à "judaica". Nelas, eles aprendem a ler e escrever como eu, e os prédios parecem todos iguais.

O professor chama-se Sr. Senger. Quando ele escancara a porta de manhã, nós gritamos: "Bom dia, Sr. Senger". Ele se senta à mesa e coloca a bengala do seu lado. Quem não aprendeu a lição deve estender as mãos para que o Sr. Senger bata nelas com a bengala, "como castigo", ele diz. Quem aprendeu a lição, por sua vez, esse o Sr. Senger pega no colo. Ele tem que colar sua bochecha na do Sr. Senger, que pinica, e o Sr. Senger começa a esfregar, "como recompensa", ele diz.

No intervalo, mostramos uns aos outros os sanduíches que levamos para o lanche.

"No meu tem carne."

"No meu tem queijo."

"O que tem no seu?"

"Não tem nada no dele."

Kurt quer esconder seu sanduíche vazio, mas nós não deixamos, rimos dele. Kurt grita: "Vou contar pra minha mãe", nós gritamos: "Dedo-duro!" e Kurt joga seu pão na areia e chora.

Quando estamos voltando da escola para casa, Max diz: "Meus pais não me deixam brincar com Kurt, a mãe dele lava nossa roupa toda semana, todas as pessoas pobres são imundas e têm pulgas".

Eu e Stanislaus brincamos juntos. Ganhei um trenzinho de presente. Eu sou o condutor da locomotiva. Stanislaus opera os desvios. Eu freio no meio da viagem.
"Continue", grita Stanislaus. Ele enfia dois dedos na boca e dá um assobio estridente.
"Você tem pulgas?"
"Continue."
"Você é imundo?"
Stanislaus mete o pé na ferrovia e a dobra toda, transformando o belo brinquedo em uma pilha de metal.
"Mas é o Max que fala que todas as pessoas pobres são imundas e têm pulgas. Agora você acabou com meu trenzinho e ainda quer ser meu amigo?"
"Eu não sou seu amigo. Eu odeio vocês."

Na rua as crianças berram: "Judeu, hep, hep!"[5]. Eu nunca tinha ouvido isso antes. Só Stanislaus não berra. Pergunto a ele por que os outros estão berrando daquela forma.
"Os judeus sacrificaram um menino cristão em Konitz e prepararam o pão ázimo com o sangue dele."
"Isso não é verdade!"
"Que somos nós imundos e temos pulgas, isso é verdade, não é?"

O professor Senger atravessa a praça do mercado. Um menino vai correndo atrás dele, cantando:
"Judeuzinho, judeuzinho, fazedor de rodeios,
A saia do judeu se rasga ao meio,

---

[5] Uma das possíveis interpretações desse insulto antissemita é a de que "hep" seria um acrônimo da expressão latina *"Hierosolyma est perdita"* (Jerusalém está perdida), supostamente bradada pelos cruzados quando estes invadiram a cidade. (N. T.)

a saia se rasgou,
o judeu se cagou"

O professor Senger segue em frente, sem se virar. O menino grita: "Konitz, hep, hep! Konitz, hep, hep!".

"Você acredita mesmo", pergunto a Stanislaus, "que os judeus sacrificaram um menino cristão em Konitz? Nunca mais vou comer pão ázimo."

"Besteira! Dê isso pra mim."

"Por que os meninos gritam 'judeu, hep, hep'?"

"Você não grita 'polaco'?"

"Isso é diferente."

"Uma ova! Se você quer saber, vovó diz que os judeus pregaram nosso Salvador na cruz."

Corro para o celeiro, escondo-me na palha e fico ali, sofrendo amargurado. Eu conheço o Salvador, ele pende na sala de Stanislaus, de seus olhos correm lágrimas vermelhas, seu coração está exposto no peito e sangra. "Deixai vir a mim as criancinhas", logo abaixo. Quando estou na casa do Stanislaus e ninguém está olhando, vou ao Salvador e rezo.

"Por favor, Salvador amado, perdoe-me pelos judeus terem te matado."

À noite, já na cama, pergunto à mamãe:

"Por que somos judeus?"

"Durma, filho, e pare de perguntar tolices."

Não durmo. Eu não gostaria de ser judeu. Não gostaria que as crianças corressem atrás de mim, gritando "Judeu".

No terreno de Schmidt, o marceneiro, há um barracão. Ali se reúnem os "verdadeiros cristãos". Eles tocam trombone e cantam Aleluia, ajoelham-se e berram: "Teu reino está próximo, ó, Sião!". Abraçam-se e beijam-se e de novo tocam trombone. Eu também quero me tornar um cristão de verdade, por isso vou ao barracão. O senhor leitor me faz carinhos, dá-me açúcar de presente e diz que estou "no caminho certo".

"Vamos todos celebrar o Natal em amor e harmonia", diz ele.

"Sim", eu digo.

"E você, meu filho, vai recitar este poema natalino."

Estou salvo, não sou mais judeu, vou recitar um poema de Natal, ninguém pode mais me dizer "Judeu, hep, hep!". Pego meu trompete e sopro como ele faz com o trombone. Em seguida digo o poema de Natal em voz alta e solene. No outro dia, o senhor leitor me diz que lamenta, mas é mais agradável ao Salvador quando Franz recita o poema.

Todos os adultos são maus, todos. Eles são mais fortes que nós, mas basta ser esperto para passar a perna neles. Nosso bando de ladrões é esperto. Eu sou o líder. Cada ladrão tem uma espada de madeira curta, só eu levo uma longa; o velho Hordig foi quem a esculpiu. "Você parece um oficial", diz, enquanto esconde o charuto que roubei para ele.

Arrombamos o armário em que mamãe guarda as frutas em conserva, provamos um pouco de cada pote e, quando as frutas estão muito azedas, jogamos vinagre dentro. Entramos sorrateiramente nas casas ao anoitecer, escancaramos as portas, tocamos as campainhas, saímos correndo dali e nos divertimos com o dono da loja resmungando. Esticamos barbantes pelas ruas e caçoamos quando alguém cai. Roubamos dinheiro, compramos cigarros e os fumamos, e ninguém vai dizer que isso faz mal. Declaramos guerra a todos os adultos. Já esquecemos todas as brigas entre nós, demos nossa palavra de escoteiro de que essa guerra não vai acabar.

Papai deu-me de presente um cachorro pequeno, que ainda não tem nem dois meses. Seu pelo branco é repleto de manchas marrons, ele é uma pequena e macia bola de pelos que posso pegar no colo, rolar na terra e lançar aos ares. Sou o professor Senger e dou ao cachorro o nome de Puck. Mando que ele "se comporte", que ele dê a pata e obedeça; se não obedece, dou-lhe um banho de água fria, "como castigo", é o que digo.

Uma manhã dessas, o cachorro está morto. Convido os outros meninos, faço uma cova para o cachorro ao lado da proteção contra gelo. Conduzimos solenemente o caixão para a cova, o pastor sou eu, faço um discurso como o professor Senger, dizendo: "O cachorro não precisava morrer, ele não obedeceu, agora aí está seu castigo".

Papai chama-me em seu quarto.

"Veio uma carta da polícia, você torturou um animal até a morte e por isso vai para o xadrez."

Xadrez é como chamamos a prisão policial, uma pequena cabana na fazenda do prefeito. A cabana não tem janelas, apenas uma porta com duas fechaduras e duas trancas. É ali que os vagabundos são encarcerados. O gendarme Manthey leva-os para dentro pelo colarinho, tranca a porta e diz: "pronto".

Não sei o que responder. Vejo o gendarme atrás de mim, ele me agarra, leva-me pela cidade, passando por todos meus amigos, até pelo professor Senger, até mesmo por Deus, que continua vivo, tranca a porta do xadrez e diz: "pronto".

Estou sozinho, estou no escuro.

Estou com medo. Escondo-me. Berro:

"Vou correr para a floresta e não vou mais voltar."

"Por que você não brinca mais com a gente?", pergunta Frieda.

"Porque não quero."

"Venha, brinque comigo."

Frieda pega-me pela mão. É verão. Estamos de férias. Saímos da cidade e roubamos maçãs no jardim do Mannheim, corremos pelo campo; o centeio cheira a pão fresco, nós nos escondemos no centeio. Frieda aconchega-se a mim, eu a tomo em meus braços, como a gente grande faz, beijo-a na boca.

"Ah, não! Você me beijou na boca e agora vou ter um bebê", diz Frieda.

No dia seguinte, visito Frieda.

"Estou com bebê, viu?", ela diz.

"Ele já chegou?", pergunto.

"Mas como você é burro. Ele está na minha barriga, eu já consigo vê-lo, ele já está deste tamanho", e ela faz um círculo no ar com as mãos, indicando a massa do bebê.

"Ele já está maior que você", eu digo, assustado. Frieda sai correndo. No dia seguinte, vou à sua casa.

"Ele já está aí?"

"Não, acho que ele vem amanhã."

"Seu pai já sabe?"

"Não vou dizer nada a meu pai. Ele expulsou a Anna de casa, ela também ganhou um bebê."

Bem cedo, já estou esperando diante da casa de Frieda e assobio. Frieda vem à janela, vê-me, mostra-me a língua e vai embora. Eu espero. Frieda sai da casa, passa por mim, o bebê está esquecido.

Tenho nove anos quando deixo a escola primária e sou mandado para o senhor pastor Kusch na escola de garotos. Stanislaus deixa de me visitar.

"Você é algo melhor", ele diz, "além disso, seu pai se tornou conselheiro municipal, que só está atrás do imperador, adeus."

Se até hoje brincávamos com todos os meninos, agora olhamos com arrogância para os filhos da gente pobre, que vão para a escola primária e não aprendem latim.

O pastor Kusch interrompe a aula de dez em dez minutos.

"Estou precisando", ele diz, sai em busca do vidro de remédio e bebe um bom gole.

Não há remédio nenhum no vidro, logo descobrimos que há *Schnaps*. Uma vez o pastor Kusch esquece o vidro. Nós então jogamos fora a aguardente e enchemos a garrafinha com água. O pastor Kusch diz: "Estou precisando", mas ao beber, seu rosto se transtorna, ele dá um pulo, sai em busca de sua bengala, não precisa de mais nada. Fomos obrigados a estender nossas mãos, ele bateu em cada uma delas, exceto nas de Helmut, que lhe trouxe uma galinha.

Para Helmut ele diz:
"Você certamente não tem nada a ver com isso."

Atrás da escola há uma lagoa, o Pratsche. O Pratsche congela no inverno, e assim vamos todos patinar antes das aulas. No gelo, um bastão envolto com palha alerta que ali a camada está fina.
"Não vá até lá", grito para Max.
Mas, quando olho, Max já está mergulhado até o peito. Pulo em sua direção, ele me puxa para a água, e em um último esforço puxo-o para fora. O pastor Kusch manda-me vestir roupas secas em casa, para então ir ao senhor Sel, o pai de Max.
"Cadê a vara?" berra o senhor Sel. No dia seguinte, o aniversário do imperador, enquanto Max deve ficar de cama, nós estamos liberados. Vou visitar Max. Sua tia havia deixado uma caixa de chocolates em formato de penas, sobre a qual havia "Para o salva-vidas". Max olha feio para o chocolate e depois para mim.
"Eu teria me safado mesmo sem você", ele diz, "você não vai levar mais que metade desse chocolate."
À tarde, mamãe me manda para a sala, onde o prefeito, os conselheiros municipais e a associação de veteranos celebram o aniversário do imperador. Papai está muito orgulhoso. Sou apresentado ao prefeito, e ele diz:
"Você é um pequeno herói."
Eu digo: "Max diz que teria se safado mesmo sozinho", e ao sair da sala jogo fora o chocolate.

Gente grande é nossa inimiga. Só Jule, nossa velha cozinheira, me entende. É a ela que recito meus primeiros versos, criados na primavera, em meio a um passeio pela alameda de cerejeiras em flor. Sento-me ao lado do cocheiro, as outras crianças vão no carro, cantando, alegres. Eu não canto junto, não estou alegre, não quero tomar as rédeas dos cavalos como sempre faço, nem o sol nem a primavera me agradam, uma tristeza dolorosamente doce toma conta de mim, e enquanto o céu azul e radiante nos envolve, penso em corvos, em nevoeiro, na morte.

Recito o poema para Jule.

Jule fica tocada e chora.

"Você quer comer uma omelete ou uma costeleta?"

"Vou escrever um conto de fadas, Jule, vão encená-lo em Berlin e você vai se sentar no camarote do imperador." Jule não diz sua idade a ninguém. Se lhe perguntam, a resposta dela é: "Não há ninguém com mais idade que eu que não tenha morrido" e benze-se. Jule tem um noivo, um mestre alfaiate em Margonin. Ah, ele só existe na imaginação dela, amigos de meu pai inventaram-no. Mas o coração humano é maior que a mentira. Jule ama o noivo, apesar de nunca o ter visto. O homem estrangeiro, sem a menor ideia de que recebeu essa função, nada sabe do amor que desperta, mas Jule acredita que ama. Uma hora a gente grande esquece a piada, mas eu a faço persistir e ganhar vida plena. Escrevo as mais belas cartas de amor, trago-as a Jule, leio-as para ela, celebro com ela a fidelidade do noivo, choro com ela o destino que os mantém afastados, odeio com ela as pessoas que, em sua inveja, barram o caminho para sua felicidade. Jule fica radiante, e eu com ela; temos um segredo e o guardamos com todo o zelo. As pessoas riem, eu já não rio mais, fico bravo quando as pessoas troçam de Jule.

"Se vierem lhe fazer perguntas, não responda nada", digo para Jule, "ou conte-lhes alguma história, diga que seu noivo foi embora, para a América."

Recebo ainda mais omelete que antes, mas não é por causa da omelete que eu continuo bancando o cupido. Em pouco tempo, já não me basta que esse noivo seja como um alfaiate qualquer, costurando roupas para os comerciantes e lojistas. Faço o mestre alfaiate entrar no exército, em poucas semanas ele é promovido a tenente, a major, a general. Jule, a quem açougueiro nenhum consegue vender paleta por alcatra, que inspeciona a galinhada com um olhar de comandante, que leva cada uma ao galinheiro, faz botar os ovos e descarta os podres, acredita em tudo. O general é condecorado, o barão vira duque, acaba escolhendo uma terra estrangeira, à qual dou o nome de Mariko, e o duque vira imperador. Dou a Jule o título de imperatriz de Mariko, e a mim mesmo o de ministro dessa terra exótica. Um caminho subterrâneo, ao qual se chega por uma escada invisível e desconhecida de todos, liga nossa casa à capital de Mariko. O imperador é um homem devoto, ele leva a guerra aos pagãos e os batiza. A guerra nunca demora muito, sua duração depende de meu apetite por bolo. Vou encontrar Jule na cozinha e tranco a porta.

"Vossa Majestade", eu a chamo, "chegou um telegrama."

"Leia-o", diz Jule e enxuga as mãos úmidas no avental.

"Amada Juliana", leio, "acabo de vencer os pagãos em uma batalha sangrenta. Cansado do calor da luta, anseio por um bolo feito por suas mãos. Asse imediatamente um bolo de minuto e passe-o ao meu ministro Ernst."

Em silêncio, Jule pega ovos, açúcar e farinha do armário da cozinha, e bate a massa. Nem uma feroz bronca de minha mãe pode pará-la. Ela se aproxima do forno mancando; o grande rosto redondo, com o nariz carnudo e os olhos azuis-claros, ruboriza-se; os cabelos louros, fixados em finas mechas ao redor da cabeça, brilham de óleo aromático. Recebo o bolo de minuto e curvo-me intensamente. No quarto das crianças aguardam-me meus amigos, os marikanos; nós acabamos com o bolo no lugar do imperador.

Uma imperatriz deve portar condecorações. Roubo condecorações de papel de danças de minha irmã e os prendo com alfinetes em uma almofada, e ao redor da bengala de passeio de meu pai enrolo um lenço e dou à bengala adornada o título de espada. Conduzo Jule até embaixo do pinheiro, cumprimento-a com palavras solenes, digo a ela para se ajoelhar, toco seus ombros com a espada, ordeno-a cavaleiro e lhe concedo a condecoração enviada pelo papa e pelo imperador. Jule, questionada por papai sobre se eu realmente a ordenei cavaleiro, responde: "E como ele me ordenou!", e em seguida declina orgulhosa e ironicamente os cem marcos que o senhor Müller quer pagar para que ela lhe venda uma condecoração.

Um dia, Jule fica doente – ela, que nunca ficou doente na vida, apenas cuidou de doentes, de mamãe, de papai, de nós, crianças, que nunca sentiu medo de adoecer, que ficava em vigília ao lado de nossas camas, noite após noite. Jule, febril, não sabe que a morte se aproxima. Ela trabalha como trabalhou toda sua vida. "O que a senhora quer na cozinha, senhora Toller?", ela diz. "Isso tudo eu faço sozinha", ela cozinha e assa, ela ralha com a arrumadeira descuidada, ela corre à carruagem, embrulha os pés de papai com um cobertor de peles para que ele não se resfrie – e então ela morre.

Depois de sua morte encontramos suas posses em caixas e baús. Ela nunca guardou dinheiro, mas apenas dúzias de meias, dúzias de camisas de cânhamo e calcinhas de flanela, dúzias de saias e blusas compradas para o enxoval. Ela desejou ser enterrada como virgem, com vestido de noiva e uma coroa de murta sobre a cabeça. O pastor deveria preceder o caixão e em sua lápide a inscrição anunciaria: "Aqui jaz a virgem Juliane Jungermann".

Mas Jule não foi poupada. Apenas mamãe sabia que ela não era virgem e tinha um filho. Ela notifica o filho, que segue, grave e imponente, o caixão em que Jule jaz sem a coroa de murta. Ele conta as meias, as calças, as camisas, as saias, as blusas, enfia tudo em uma grande caixa e então vai embora. Mas o pastor, que conhecia a alma fiel, deixa-se enternecer e marcha diante de seu caixão, ele abençoa a morta e celebra sua virtude.

A escola de garotos desfaz-se, no final eu sou o único aluno. O pastor Kusch me dá aulas em sua casa. Ele sempre está precisando, mas o pequeno vidro de remédio sumiu, agora ele bebe *Schnaps* da garrafa.

Frequento a escola secundária em Bromberg, a capital da região administrativa. No começo, moro na casa do professor Freundlich, depois na casa da senhora doutora Ley. Ela se separou de seu marido quando ele foi nomeado para o conselho médico. Ela refletiu longamente se deveria manter inalterada a placa com seu nome e tomar parte na distinção. Não há quem não saiba tocar piano, então tomo aulas com o pianista Spielmann. Spielmann fica satisfeito, mas eu só posso praticar entre as cinco e as seis. Essa limitação me irrita, desisto de tocar piano.

Escrevo mais poesias. Elas têm um tom rebelde, uma começa assim:

"Vamos, acorde!
É isso que vocês chamam de uma vida livre,
se vocês estão sempre curvados,
basta que eles lhes lancem um olhar,
vocês já estão prontos a fazê-lo?
Defendam-se, tomem o chicote,
não tolerem a dura corveia,
levem-nos ao chão,
a liberdade será sua recompensa!"

Recebo cinquenta fênigues de mesada por semana, mas uma torta de maçã com creme custa vinte fênigues e quero comer torta de maçã com creme todo dia. Envio relatos de minha terra à *Revista Alemã Oriental*, em Bromberg. A redação me paga dois fênigues por linha. Não é difícil estender relatos. O texto original, eu o encontro na revista de Samotschin; depois basta enfeitá-los com adjetivos e alterar os números. Se um raio atingiu a fazenda de Nowak e matou um boi, eu relato a terrível morte de meia dúzia de bois. Gosto de escrever, é agradável enfileirar palavras. Arredondo as frases, mudo verbos e adjetivos, não mais números, fico por horas lutando contra sentenças desajeitadas.

O mestre encanador Grun vendeu seu pedaço de terra a um polonês. Isso me irrita demais. Escancaro a falta de patriotismo de Grun, exijo a intervenção das autoridades prussianas. "mas que época", eu escrevo, "moral e costumes decadentes, os alemães não estão mais alertas, o que será da pátria-mãe?!".

Passo as férias escolares em casa. Desço do trem em Weissenhöhe e ali nossa carruagem me pega. Julius está me esperando na entrada de Samotschin.

"A vaca do Schramm ficou careca", ele berra. Recusa-se a entrar na carruagem, vai correndo ao lado dela e anuncia a todas as pessoas que nos encontram:

"O Ernst dos Toller está aqui."

Quantas vezes não amolei o Julius, quantas vezes eu e as crianças não íamos atrás dele gritando: "Rawitsch, lambedor de pratos!".

Julius é um louco que mora na casa dos pobres e ao qual todo dia uma família diferente dá de comer; Rawitsch é a cidade que abriga a prisão. Não havia ofensa mais dura para Julius, e mesmo assim ele continuou meu amigo. Continuou amigo de toda a gente, apesar de todos o humilharem com um humor grosseiro. Desde que Samotschin se tornou uma das paradas da estrada de ferro, ele vai a todo trem que para na estação. Se um padre católico desce do trem, Julius quer agradá-lo com algo simpático, e então ele se curva e mostra a cidade: "tudo católico".

Uma noite, peões convidam-no para um *Schnaps*. Divertem-se vendo como ele se embebeda. Ele cai ao solo, contorcendo-se com espasmos epiléticos e espumando pela boca, e eles o deixam sozinho. Julius morre. A notícia de sua miserável morte corre toda a cidade à noite. Não consigo dormir. Pela primeira vez deparei-me com a crueldade do mundo. Não entendo como as pessoas agem, elas não precisariam se esforçar muito para serem boas, mas elas se alegram com o mal. No dia seguinte, escrevo este artigo para a revista de Samotschin:

"Na semana passada morreu o trabalhador Julius. Ele ficou das três até às nove e meia na rua, contorcendo-se em espasmos, sem que ninguém lhe ajudasse ou chamasse um médico. Precisava chegar ao ponto de começarem a jogar pedras e água sobre um morador de rua moribundo? Quando a polícia ficou sabendo do acontecido, disseram que não tinham nada com aquilo, uma vez que Julius estava no terreno da ferrovia real prussiana. Como eles foram capazes de levar a lei tão ao pé da letra, quando se tratava da vida de uma pessoa? Pois tanto faz se uma pessoa estava em um terreno municipal ou em outro terreno. Dizem que Julius não merece tanto barulho. Se algo tivesse acontecido a um bicho, a ajuda teria chegado lá imediatamente."

Senhor Knaute, o editor, está satisfeito.

O prefeito crê que seus inimigos na cidade estavam por trás desse ataque, e fica se sentindo ameaçado e ofendido. No número seguinte da revista, ele insere o seguinte por conta do município:

"Alerta. Se o anônimo que escreveu a 'correspondência' não se apresentar em três dias, vou mover um processo contra partes desconhecidas."

"Eu já não disse ao senhor que o anonimato sempre funciona? Eles não se revelam", disse o senhor Knaute.

Três dias depois, o prefeito dá queixa da ofensa. É instaurado um processo contra partes desconhecidas, e o senhor Knaute é ouvido como testemunha.

"Sou um jornalista", ele diz, "e nunca vou entregar meus companheiros de trabalho. O máximo que posso dizer é que foi um judeu."

Por recusar-se a testemunhar, o senhor Knaute foi condenado a uma multa de trinta marcos.

"Eu não o delatei", ele diz, "sou um homem honrado, o senhor pode confiar em mim. Mas pague-me os trinta marcos, devo ter o dinheiro até amanhã."

Trinta marcos! De onde eu tiraria trinta marcos? Se eu não os conseguir, o senhor Knaute vai dar meu nome e serei expulso da escola da forma mais desonrosa. Os ânimos da pequena cidade estão exaltados, o processo é acompanhado com tensão. O prefeito amedrontado sempre se faz acompanhar por policiais quando sai à rua. Por acaso meu pai descobre que sou o autor do artigo, eu nunca tinha dito isso a ele. Ele não fala comigo sobre o assunto, mas vai ao prefeito. Ele é conselheiro municipal, o prefeito retira a queixa ainda no mesmo dia.

O arquivamento da queixa ao mesmo tempo me alegra e me irrita. Já que foi o filho de um conselheiro municipal que o atacou, o prefeito amarela, eu imagino. Compreendo então que até mesmo a coragem das autoridades tem limites.

Julius é conduzido ao túmulo por poucas pessoas, a maioria crianças e loucos. Um deles chama-se Louis. Naquele momento, as crianças deixam de provocá-lo, como sempre fazem. Louis é nosso limpador de ruas. Sempre foi uma dor para ele ter que carregar a lama em um carro de duas rodas, por isso ele tinha solicitado à cidade, em várias petições, que lhe fosse concedida uma carroça. Louis não recebeu a carroça, e sim um carro com três rodas, pelo qual ele tinha um terno amor e que foi batizado de "carroça". Apesar disso, as crianças berram:

"Louis com o carro!"

Ao ouvir esse berro, Louis para o trabalho e resmunga, e enquanto resmunga sua dor aumenta. Com a voz triste e muito séria, ele tenta explicar às crianças que sua vida sofreu uma reviravolta, que ele não empurra mais um carro de duas rodas, mas uma carroça de três rodas. Mesmo a ele Deus não ignorou, e está na hora de todos perceberem isso.

Sou convidado por um amigo de meu pai, dono de uma propriedade, a ir caçar. Atiro em perdizes, narcejas e lebres. O senhor Schauer me pergunta:

"O senhor atirou em uma corça ontem?"

Assusto-me. Havia me deparado com uma corça e feito a mira. Mas pensei por um momento e me lembrei de que não há munição para corças na espingarda, apenas chumbinho para lebres, e então atirei com uma paixão candente. O animal correu dali.

"O senhor atirou em uma corça ontem?" pergunta-me de novo o senhor Schauer.

"Sim", digo em voz baixa.

"O senhor tem munição para corças?"

"Não, chumbinho."

"Olhe o animal ali, deitado na clareira do bosque, o senhor nunca mais vai atirar em uma corça com chumbinho."

Vou até o bosque. Ao aproximar-me da corça, ela se levanta, arrasta-se por alguns passos e despenca. Vejo seus grandes olhos castanhos e úmidos, fico arrebatado pelo planger silencioso do animal desamparado. Ali, tenho certeza de que nunca mais vou pegar uma arma nas mãos.

Quando se encontram, os professores do secundário clássico nunca tomam a iniciativa para cumprimentar os professores do secundário. Até mesmo as garotas preferem flertar com os alunos do secundário clássico. Das línguas antigas, os secundaristas aprendem grego e latim, os alunos do secundário apenas latim. O secundário clássico é tido como o genuíno berço do idealismo clássico. Já o secundário é tido como um lugar que prepara os jovens para a vida prática.

A preparação para a vida prática tem o nome de matemática. Aprendemos fórmulas que não compreendemos e logo esquecemos. A história faz-se presente em função dos números, não importa que compreendamos os eventos em seus contextos, o importante é que dominemos as datas das batalhas e dos inícios dos governos dos príncipes. Napoleão foi um ladrão que roubou os tesouros alemães, até mesmo as telhas das coberturas das igrejas. Quem não responde às perguntas do professor nesse espírito acaba marcado e vai inevitavelmente parar na prisão. Professores amargurados propõem a nós os mesmos temas de ensaio que lhes foram propostos quando estudavam, frases veneráveis cobertas de ferrugem. "Se o maior dos bens não é a vida, dos males, o maior decerto é o crime." Ai do aluno que acrescenta pensamentos próprios a essas palavras; ele ganha o selo da suspeita, do anarquismo. Temor a Deus, senso de sujeição e obediência, isso é o que ele deve aprender.

Hoje sou um aluno ruim, amanhã, bom. Se gosto do professor, sou aplicado, se não gosto, sou indolente.

Continuo a questionar acerca de Deus. O garoto o golpeou, mas o jovem desafia-o com as forças de sua razão que começam a despertar. Confundo o professor com perguntas, quero que ele me explique o milagre das lendas bíblicas. "Se no início do mundo", eu pergunto, "só havia duas pessoas, Adão e Eva, os filhos, irmãs e irmãos, devem ter se casado uns com os outros." Já que ele não quer me dar nenhuma resposta, ele me pune e reclama do aluno obstinado e imoral. É tedioso para mim escrever sobre os temas de ensaio. Dirijo-me então a um instituto em Leipzig, criado justamente para tais casos, e peço que me enviem o ensaio, pagando vinte fênigues por página.

Amo os livros que a escola proíbe: Hauptmann e Ibsen, Strindberg e Wedekind.

Nosso grupo literário na escola chama-se Clio. O professor Thieme, diretor da escola, fica sabendo que, em uma reunião, li uma cena tirada de *Rose Bernd*[6]. Convoca-me à sua sala. "Gerhart Hauptmann", diz ele, "é um miolo mole hipermoderno e democrata; eu proíbo que o senhor faça essas leituras; vá estudar matemática, isso é mais importante para a vida." Tenho outras concepções da vida, escrevo poemas, peças infantis e dramas. Os dramas, eu os envio ao teatro municipal de Bromberg, mas nunca recebo uma resposta e por isso acho-me incompreendido. Quero tornar-me ator. Nas encenações da escola tenho a chance de repre-

---

[6] Trata-se de uma peça teatral de autoria de Gerhart Hauptmann, cuja primeira encenação aconteceu no Teatro Alemão de Berlim, em outubro de 1903, e foi caracterizada à época como um drama naturalista. (N.T.)

sentar os grandes papéis; na *Morte de Tibério*, de Geibel, sou Tibério, morro com ruidosa afetação.

Nas férias escolares, sou mandado a uma pequena colônia de férias em Rügen[7]. Não fico muito tempo, tomo o vapor e vou à Dinamarca. Lá, percorro a terra a pé, vou ao túmulo falso de Hamlet, oscilo como ele entre a ânsia de agir e a de morrer, e quando volto aos bancos escolares, sinto-me acorrentado e aprisionado.

Quero tornar-me agricultor, sonho com a vida natural em meio ao vaivém das estações. Esqueço o sonho, decido tentar mais um ano na escola. É um tormento para mim não saber o que quero me tornar; todos sabem, exceto eu.

Meu pai morre. Em sua última hora, estou com ele, sozinho. Suas mãos passeiam curiosas pelo lençol, seus olhos ardem perdidos, sua respiração está fortemente entrecortada. Ele quer levantar, eu o mantenho na cama.

"Vocês são culpados", ele geme, "você é culpado."

"Pai!", grito chocado.

A mãe entra correndo no quarto.

"Chame o médico!", ela clama.

Papai começa a estertorar, arranco dali. Ao voltar, a mãe atônita retorce as mãos e soluça sem lágrimas.

"Filhos, seu pai", ela diz e fica quieta.

Ela pega um lenço, amarra-o ao queixo e à cabeça do morto, fecha-lhe os olhos e coloca-se ao lado de sua cama. Com olhar fixo sobre ele, finalmente começa a chorar.

Estou deitado em minha cama e sinto frio, um calafrio sobe pelas pernas. Não consigo esquecer as últimas palavras ditas por papai, nunca vou esquecê-las, embora eu saiba que era a febre falando. Gostaria que papai me ouvisse mais uma vez, gostaria de dizer-lhe que eu realmente

---

[7] Grande ilha alemã situada no Mar Báltico e próxima à Dinamarca e à Suécia. (N.T.)

não tenho culpa, a culpa é do câncer. Papai nunca mais vai responder, ele fica frio, o nariz pontudo, logo não vou mais vê-lo, essa é a morte.

Um navio de guerra alemão apareceu em Agadir[8]. Todos falam da guerra entre França e Alemanha. Os professores da escola nos alertam em segredo sobre o palestrante francês, que dá aulas de sua língua como professor substituto. Todos os franceses são espiões, os inofensivos são os mais ardilosos. Nós não deveríamos deixá-lo fazer muitas perguntas, o *monsieur* relata todo e qualquer pio a Paris.

Nós, jovens, desejamos que a guerra venha. Nossos professores dizem-nos que a paz é uma época morosa e a guerra, uma grande época. Ansiamos por aventuras, talvez nos dispensem dos últimos anos de escola e amanhã mesmo já estaremos em uniforme, isso que é vida. Mas a paz conserva-se, os professores na cátedra esquecem sua atitude guerreira, não perdemos uma só hora de aula.

A porta da rua bate com força. Ouço o tilintar metálico das chaves. Saio pelo portão de entrada, que me esconde, cruzo a faixa de rodagem na diagonal até o outro lado da rua Danzig, e fico ali parado, olhando fixamente para a velha janela do segundo andar. Agora ela tem que parar no primeiro andar, sua mão tateia no escuro em busca do arco do corrimão ondulado, seu pé procura o inclinado e desgastado degrau da escadaria que leva ao segundo andar.

Sobre a parede negra, surge um facho de luz amarelo. Na janela, uma silhueta franzina e cinza projeta sua sombra.

---

8 Alusão ao aportamento, em 1911, do navio alemão Pantera em Agadir, no Marrocos. Tratava-se de uma tentativa do Império Alemão de pressionar a França a ceder o Congo francês em troca de Berlim abdicar de seus interesses em Marrocos. Tal manobra resultou em um grande fiasco para os alemães, que, com a assinatura do Acordo Marrocos-Congo, no final de 1911, terminou com o Império Alemão recebendo apenas uma parte do Congo francês e cedendo parte de Camarões. (N.T.)

Fecham-se as cortinas de cor clara. Aguardo. O facho de luz desaparece; negra e triste, a janela mistura-se à escuridão.

O rapaz de dezoito anos recolhe-se.

Há um mês ela se apresenta no teatro municipal de Bromberg, vejo-a pela primeira vez em *Jedermann*[9]. Ela entra em cena com um vestido branco e pregueado. Inclino-me o máximo que posso sobre o parapeito da galeria, e só a vejo, ouço apenas suas palavras, sinto apenas sua proximidade. Todo dia sento-me na pequena confeitaria em frente ao teatro e aguardo por ela. Silenciosamente, sigo-a até a velha casa na rua Danzig.

Dois meses mais tarde, *Frau* Möller, em cuja casa eu moro, diz: "Maria Gross acabou de passar aqui, ela vai alugar o quarto ao lado do seu".

Ela não alugou o quarto, não sei por que, mas, quando a revejo, eu a cumprimento. Durante um almoço, ela fala comigo.

Conta-me que é filha bastarda de uma atriz, isso é uma vergonha. Digo que não é uma vergonha, ao contrário, vergonha é um casamento oficial com muitos filhos. Ela diz: "O senhor quer me consolar." Eu digo: "Juro que é verdade."

Nós nos encontramos todos os dias. Conto a Maria que escrevo poesias, não resisto a recitar-lhe algumas.

"Elas são maravilhosas", ela diz, "a entonação me lembra a Schiller, vou ler uma delas na festa beneficente dos granadeiros montados, muito embora meu pai não tenha servido na cavalaria."

Sento-me em seu quarto, não digo uma só palavra, ela também não diz nada. Parece aguardar algo, não sei o quê.

"Tenho um noivo", ela finalmente diz.

"Você o ama?"

"Ele se aproveita de mim", ela diz, "ele também é ator."

"Ele é um canalha", digo, "vou matá-lo."

---

[9] Peça de 1911 de Hugo von Hofmannsthal. (N.E.)

Maria levanta-se, senta-se ao meu lado no sofá, recosta sua cabeça no meu peito.

Gostaria de beijá-la, mas ela é uma santa, não se pode beijar santas. Se eu a beijar agora, ela vai pensar que eu também me aproveito dela, como o canalha, o noivo. Juro a mim mesmo nunca mais beijá-la, eu vou salvá-la.

Escrevo esta carta à mãe de Maria:

"Estimada senhora, confie em mim, sua filha caiu nas mãos de um canalha. Amo sua filha. Mas apesar disso a senhora não deve pensar mal de mim. Ainda sou jovem. Em algumas semanas, faço meu exame de admissão na universidade. Então libertarei sua filha das mãos do sedutor."

A mãe de Maria respondeu-me.

"Jovem", ela escreve, "que bom que o senhor ama minha filha. Mas minha filha vai cuidar de si mesma. Passe em seu exame com distinção e esqueça-a. Isto é o que lhe deseja a infeliz mãe de Maria."

Aborreço Maria. Quando vou à sua pensão, a senhoria me diz que Maria está estudando e não deseja ser perturbada.

No segundo dia de exames, uma carta do tribunal está ao lado de meu café da manhã. Abro-a e leio:

Eu teria ofendido o ator X ao chamá-lo de canalha, serve como testemunha a atriz Maria Gross e devo comparecer ao tribunal no prazo de duas semanas.

Volto ao meu quarto e embrulho a faca com a qual eu queria matar o ator. Ela vai ver como eu a amei. Quando eu comparecer ao tribunal, de todo modo os exames já terão passado.

Meu tio, o advogado, ri.

"Vou oferecer cinquenta marcos ao ator e ele não vai mais se sentir ofendido."

Passei no exame, apesar do mau desempenho no segundo dia de provas.

A honra do ator custou vinte e cinco marcos a mais do que meu tio imaginava.

Nos muros do colégio, os pôsteres de anúncio da Universidade de Grenoble são uma tentação. Deixando a Alemanha, é na França que vou estudar e desprezar Maria.

2. ESTUDOS NA FRANÇA

Estou estudando em Grenoble. Quando me abordam com "*monsieur*", sinto-me como um aventureiro que cruzou mares distantes e aportou em uma ilha habitada por povos estranhos. Cada *mademoiselle* é uma princesa exótica, cheia de mistérios e inescrutável. Perambulo pelos bares, bebo o absinto cujo sabor não me agrada e sinto-me como um grande depravado. Sento-me no café, fico muito impressionado por ninguém tirar o chapéu. Eu também mantenho o meu, imaginando, *voilà*, que esta é a famigerada *grande nation*.

Ao meu lado, na pensão, mora uma russa, filha de um ministro. Ela é muito feia, mas e daí, ela é uma russa, provavelmente uma niilista. Sabe como lançar bombas e, quando retornar, vai "se misturar ao povo". Um dia lerei que ela matou algum grão-duque tirano. À esquerda do meu quarto, mora um ex-oficial austríaco. Ele tem uma namorada, uma francesinha costureira. Ele me ensina o beabá do homem do mundo. "Tome cuidado com as estudantes", ele diz, "que filosofam até mesmo na cama e nem virgens são. Se o senhor quer aprender alguma coisa, vá ao bordel, a dona é uma dama do grande mundo. Vá em um coche levado por dois garanhões puro-sangue e tenha uma conta bancária no Credit Lyonnais. Ela entende a vida, é uma psicóloga, e se o senhor gostar dela, dê a ela seu crédito." Prefiro ir à associação de estudantes alemães. Lá falamos sobre Nietzsche e Kant, sentamo-nos aprumados em nossas cadeiras, dobramos nossos braços e estufamos o peito para tomar grandes canecas de cerveja fraca a fim de nos "sentirmos em casa", reclamamos da "sujeira francesa", consideramo-nos os pioneiros de uma cultura mais elevada e encerramos a noite abrindo a janela e cantando *"Deutschland, Deutschland über alles, über alles in der Welt"*[10]. Os franceses reúnem-se na praça, ouvem a nossa cantoria, balançam as cabeças e riem. Nunca vamos sozinhos para casa, mas sempre em duplas. Estamos na terra do "arqui-inimigo", eles nunca podem saber que vencemos a guerra de 1870/1871, que conquistamos a Alsácia-Lorena, senão uma noite dessas vão exigir revanche de nós. Nossa associação também conta com mulheres, velhas professoras que ganham uma licença de meio ano para aprender a falar francês como francesas. Elas nunca aprendem, sua arrogância não lhes permite. Vestem roupas modernas e largos sapatos ortopédicos. Previnem-nos contra os costumes levianos do povo degenerado e nos advertem de que devemos sempre ter em mente que possuímos uma missão.

Raramente vou à universidade. As preleções rasas entediam-me, a maioria dos professores lembra gerentes de seção de alguma loja de departamentos. Eles elogiam os diferentes artigos da cultura oficiosa, suas frases assemelham-se a chamadas de folhetins publicitários. Grenoble é a universidade da propaganda francesa para estrangeiros.

Vivo na França e nunca deixei a Alemanha. Na universidade e no almoço, no café e à noite, vivo com alemães, encontro alemães e desaprendo meu parco francês escolar.

---

10 Alemanha, Alemanha acima de tudo, acima de tudo neste mundo! (N.T.)

Decido evitar a associação. O oficial austríaco pergunta-me se jogo cartas. Não sei jogar cartas, mas vou com ele, talvez eu aprenda francês jogando cartas.

Todo dia, à hora do almoço, um café é o ponto de encontro de estudantes vindos de todas as partes. Eles jogam "banco polonês", que não tem nada a ver nem com a Polônia nem com um banco. Peças de prata e de ouro ficam passeando de uma mão para outra. Bebe-se café preto, é muito divertido. Fico assistindo aos jogadores. A francesinha costureira senta-se ao meu lado. O austríaco perde peças de vinte francos uma atrás da outra. A pequena costureira sorri para mim, meu joelho toca o seu, ela se levanta, eu a sigo, ela me pergunta onde moro, ela deve saber, mas acabou se esquecendo, ela quer ver meu quarto, ela diz *"Mon petit"*, olho para trás à procura do oficial, ele continua perdendo, ela se agarra no meu braço, estou muito feliz, aprendo francês.

Meu vizinho de quarto perde de novo no dia seguinte. Tenho que lhe emprestar dinheiro. A moça deve colocar-se atrás dele e pousar sua mão sobre seu ombro esquerdo. Apesar disso, ele perde e fica furioso. Ele diz que só perde porque eu não jogo com ele. Aposto cinco francos e ganho. A moça coloca secretamente a outra mão sobre meu ombro direito, aposto dez francos e ganho de novo. O ombro direito traz mais sorte que o esquerdo, aposto vinte francos, aposto e aposto, o ouro vai se amontoando diante de mim. O oficial não notou como a moça tirou a mão de seu ombro e a estendeu a mim, arqueando-a. Encho-a com peças de ouro, sem olhar para a moça, estou mergulhado no jogo. O garçom recolhe as mesas, é meia-noite, o dono quer fechar. Só me restaram vinte francos do dinheiro que deveria me servir para pagar a pensão e a universidade. Faz tempo que a moça deslizou sua mão também de meu ombro, ela agora a repousa sobre um polonês que, dizem, investe o que ganha no jogo em papéis franceses. Vamos a um bar e continuamos a jogar. Volto a ganhar, deixo de ver as pessoas, o pano verde da mesa de jogo desaparece em meio a uma névoa esverdeada que cobre a tudo. Faço a aposta mais alta, devo ter ganhado muito, sinto a moça atrás de mim. De manhã, às três horas, fecham o bar. Alguém diz: "Vamos à *madame* Aline", eu pergunto: "Quem é *madame* Aline?" – "Essa é a dama do grande mundo de quem eu falei ao senhor", diz o austríaco.

O ar frio da madrugada desembriaga-me, quero voltar para casa. "O senhor não pode fazer isso", diz o austríaco, "depois de ter ganhado tanto. Além disso, prostitutas participaram do jogo nas últimas horas, e um homem do mundo não ganha de prostitutas. Venha comigo ao bordel, se lá o senhor continuar a ganhar, então foi o destino que quis e o senhor deve se conformar com isso."

No salão de *madame* Aline, há sargentos franceses às mesas. Aí está o arqui-inimigo, eu penso, e não obstante eles estão bebendo cerveja, eles fariam uma boa figura na associação alemã; deveriam abrir uma exceção e torná-los membros. Sobre seus joelhos estão sentadas as professoras envelhecidas, elas são as damas profissionais do salão. Sumiram suas roupas modernas e suas sandálias abertas, elas estão nuas.

Madame Aline cumprimenta-nos. A rainha da Inglaterra não nos cumprimentaria mais elegantemente. Ela pergunta o que desejamos, lamenta por termos que passar sem damas jovens, e nos convida para uma garrafa de champanhe, ela quer beber à nossa saúde e à sorte de cada um dos jogadores. Sento-me à mesa com a cabeça pesada, irrito-me por estar jogando e, com um sôfrego prazer, saboreio minhas perdas, primeiro a de meus ganhos, depois a de minhas posses.

Às sete horas, no azul abrasador da manhã de primavera, volto para casa, sem um centavo na carteira, meu relógio ficou com o polonês como garantia. Ao meu lado vai o austríaco, ele ganhou trezentos francos e filosofa sobre a nulidade do mundo e dos bens terrenos. À hora do almoço, estou com a barriga roncando.

Digo à senhoria que estou doente e nos dias seguintes alimento-me só de pão e chá. Encontro alguns francos em um vaso de flores, fico pensando em como devo telegrafar para casa. Rascunho um texto atrás do outro, nenhum me agrada. Finalmente me decido por este: "Todo o dinheiro emprestado a um turco, o turco sumiu de repente."

A aventura no jogo ocupa-me por um bom tempo. Nos dias de sobriedade, não consigo compreender aquela pessoa que é irresistivelmente sugada pelo caos e pelos mistérios da noite. Não se trata de um estranho, mas de mim mesmo. Tenho que levar em conta essa minha nova forma, de cuja existência eu sequer suspeitava. A mesa de jogo não volta a me ver. Frequento a universidade, assisto a preleções jurídicas, literárias, filosóficas, leio Nietzsche, Dostoiévski, Tolstói.

No fim de junho, viajo pela Provença com um grupo de estudantes alemães. "Vamos todos juntos desfrutar do sul", diz a professora antes de nossa partida, balançando o Baedeker[11]. Em cada cidade, ela aprecia os museus com bustos e pinturas de gosto duvidoso, restos de ruínas antigas, monumentos que o Baedeker menciona com estrelas, e nos faz participar. Pátios desfigurados são para ela pitorescos; já as fachadas *kitsch* são bizarras. Ao descobrir uma bela fonte antiga, ela nos ensina que a humanidade progride com o passar dos séculos e se desenvolve cada vez mais. Agora temos até agua encanada! Esse é o embate com a natureza, sabe-se lá onde o homem estará em cinquenta anos. Que alegria viver!

Em Nimes eu fujo. Alojo-me em um velho hotel e me apaixono pela senhoria. Os provençais falam francês à sua

---

11 A editora Baedeker, fundada em 1827, foi a pioneira na produção dos hoje populares guias de viagem para outros países, o que fez com que seu nome se tornasse uma designação genérica para esse tipo de obra. (N.T.)

maneira, eu mal os compreendo, tampouco eles a mim, por isso eles acham que sou parisiense.

A senhoria pressente que eu a amo, pergunta-me no segundo dia se não prefiro ficar com um quarto no segundo andar. Talvez ela more no segundo andar e tenha que se precaver. Os empregados, a fofoca, os vizinhos, a cidade pequena. As notícias correm, sempre há gente invejosa que corre à polícia. Concessão e amor, a dura realidade, o belo sonho.

"Como a senhora quiser", digo brandamente.

Gentilmente, ela me diz que, embora o quarto tenha duas janelas, o vento que ele recebe vem do corredor. Se eu não trocasse de quarto, ela teria que rejeitar um casal inglês. A quem mais ela deveria se dirigir, senão a mim, o parisiense, o velho amigo da casa?

Em Marselha, moro em um pequeno hotel no porto. Na sala de jantar, encontro um jovem alemão que quer ingressar na legião estrangeira. Por que não? A legião estrangeira é uma aventura, mais perigosa que a noite de jogatina. África, deserto, leões, beduínos, vida ousada, morte ousada, e uma aventura que exerce uma tentação ainda maior: não faz muito tempo, encontrei o jogador; quem encontrarei por esse novo caminho?

No almoço, conto meu plano a um cabo francês que come à nossa mesa. Ele me escuta com seriedade e calma, dá uma pancada em meu ombro, esvazia sua taça de vinho e diz: "Tire isso da cabeça, jovem; a legião estrangeira não é brincadeira".

Em pé no porto, vejo soldados sendo embarcados para a África. Cada um, um número; cada um, uma mochila jogada para lá e para cá. Perco a vontade de me tornar legionário. Que coisa maravilhosa é a liberdade. Posso fazer tudo e nada, o que eu quiser. Amanhã viajo para Toulon, se não me agradar, regresso para Grenoble.

Faço uma pausa aqui. Sou uma pessoa jovem de origem burguesa. Parece-me "mais que natural" que eu more na França, que eu estude, viaje, que me sustentem. Nunca meditei sobre o conceito de liberdade, a não ser em minhas leituras filosóficas. Era perfeitamente justo que meu amigo Stanislaus trabalhasse desde os catorze anos como empregado diarista e tivesse de dar de comer aos pais com seu parco salário, assim como era meu direito "desfrutar" a vida. Agora, de repente, esse direito parece-me problemático. Reconheço o que condiciona e limita minha liberdade exterior: o dinheiro. Minha mãe me dá dinheiro. Por que ela tem dinheiro e o pai de Stanislaus não tem? Penso na conversa de infância quando perguntei à minha mãe por que na casa de Stanislaus comem arenque e batatas com casca todos os dias, e nós comemos assados. A resposta de mamãe – "Porque Deus quer" – já não me basta. Começo a duvidar da necessidade de uma ordem em que uns desperdiçam dinheiro no jogo e outros passam apuros. Mas eu amo o dinheiro. É graças a ele que, nesta manhã radiante, passeio por este caminho toldado de glicínias em flor e de mimosas, que posso descansar sobre uma pedra qualquer e ouvir como as ondas do mar Mediterrâneo se chocam contra a costa pedregosa em um ritmo gentil. Sim, eu amo o dinheiro, mas isso me deixa de consciência pesada. O dia perdeu a graça para mim, o mundo perdeu a graça. Os valores que ontem eu julgava eternos e inamovíveis, tornaram-se questionáveis, eu me tornei questionável para mim mesmo.

Sento-me diante de uma solitária igreja nas cercanias de Cabo Martin. Vou à sua porta, entro, sou envolto pela calma luz crepuscular de um mundo em que as pessoas são salvas apenas pela fé. Alguns dias atrás, eu queria me tornar legionário. Agora, se um padre viesse, abordasse o garoto e tocasse seu coração, ele o encontraria pronto para abdicar do mundo. Sonho em ser aceito por algum mosteiro distante. Deixo meu nome para trás, assim como todas as relações, faço o voto de silêncio, o mundo termina nos muros do mosteiro, vivo anônimo, desaparecido.

O padre não veio. Fora da igreja, sou tocado pela fresca brisa noturna. Sinto fome, ando até um lugar próximo e como sem nenhum peso na consciência um pedaço de queijo de cabra e bebo o azedo vinho tinto local. À frente do café, os homens jogam bocha, as garotas passeiam, riem e flertam, a caixa de música toca em alto e bom som o último sucesso de Paris, as estrelas brilham grandiosa e festivamente, meus conflitos caem no esquecimento, a dúvida e a fé afogam-se no mar, o mundo é muito belo.

O herdeiro do trono austríaco é assassinado em Sarajevo. Os estudantes austríacos e sérvios são convocados, levo um amigo vienense ao trem. Ele se despede de mim com um "até logo", não sei o que responder; "talvez você esteja morto em um ano", penso. Vou para casa. Estas cinco letras, M-O-R-T-O, alojaram-se em minha cabeça, não vou mais me livrar delas. Encontro-as em toda parte, nas conversas, nos jornais. Encontro-as também em um pôster que conclama os trabalhadores socialistas de Grenoble para uma assembleia, a fim de protestar contra o risco de guerra que se aproxima. À noite, estou nessa assembleia, enfiado entre trabalhadores e trabalhadoras franceses. Vejo seus rostos amistosos, os traços claros e simples que ficam tensos e rígidos quando o orador brada contra a guerra. Não, essas pessoas não querem guerra. Seu grito "*Vive la paix!*"[12] é uma declaração de guerra à guerra.

Chega a guerra austro-sérvia. Na hora do almoço, de manhã ou à noite, os jornais fazem relatos do campo de batalha. Acostumamo-nos com isso e nutrimos a tola esperança de que ela ficará limitada aos dois países. No fim de julho, começam as férias universitárias. Quero viajar a Paris para participar do curso de francês da Sorbonne. Em uma noite antes de minha partida, estou sentado em um café, be-

---

12 Viva a paz! (N.T.)

bendo um aperitivo, e meninos jornaleiros invadem o local: "Extra! Extra! Jaurès[13] assassinado!". Formam-se grupos exaltados, ouço um trabalhador dizer: *"C'est la guerre"*[14]. No café, em frente ao café, na rua, nos parques, desconhecidos conversam uns com os outros. Quando, por volta da meia-noite, é disparado o costumeiro tiro de canhão da fortaleza, as pessoas dispersam-se assustadas.

O cônsul alemão mora em Lyon, então vou perguntar-lhe se devo viajar a Paris. No dia 31 de julho, estou a caminho de Lyon. Em todas as estações vejo soldados, licenciados ou não, que são convocados ao regimento. Em Lyon, telefono ao cônsul alemão.

"O senhor me aconselha ir a Paris?"

"Por que não?"

"O senhor não acredita que há risco de guerra?"

"Bobagem!"

"Não pergunto apenas por mim. Estudantes alemães em Grenoble gostariam que o senhor lhes dissesse o que eles devem fazer."

"Estudar", diz o cônsul.

Algumas horas mais tarde gritam os meninos jornaleiros:

"Mobilização na Alemanha!"

Uma edição extra atrás da outra.

"Estado de guerra na Alemanha!"

"Mobilização na Alemanha!"

"Soldados alemães violaram a fronteira francesa!"

Eu havia acabado de encontrar tropas de trabalhadores gritando *"A bas la guerre"*[15], havia acabado de ver os jornais socialistas com suas margens pretas dedicadas à memória de Jaurès. Agora o humor azedou, sente-se cheiro de guerra no ar.

---

13 Jean Jaurès (1859-1914), deputado francês socialista, conhecido por sua atuação pacifista, foi assassinado por um nacionalista francês logo antes do início da Primeira Guerra. (N.E.)
14 É a guerra. (N.T.)
15 Abaixo a guerra. (N.T.)

"Ultimato alemão à França!", urram os meninos jornaleiros, que têm os exemplares arrancados das mãos.

"Eles querem a guerra", uma voz feminina estrila.

A multidão aglomera-se na praça Belle-Coeur. Oradores escalam a base do monumento.

"A França está em perigo", alguém grita, "sua liberdade está em jogo."

"Não, o que está em jogo é sua fama", grita outro.

"Não estou nem aí com a fama, a questão é a Alsácia-Lorena", grita um terceiro.

"Viva a Alsácia-Lorena!", responde a multidão.

Mas nenhum outro orador é tão aplaudido quanto aquele que lembrou os ouvintes da Revolução Francesa, da missão histórica da França de livrar os prussianos do militarismo e de levar a democracia à Alemanha.

"Não odiamos o povo alemão", ele diz, "odiamos apenas seu imperador!"

Aplausos estrondosos.

Surge uma mulher ao lado do orador. "Se entrarmos em Berlim", ela diz, "vamos cortar a barba de Guilherme!"

Parte da multidão uma resposta em coro:

"*Coupez la barbe de Guilleaume!*"[16]

Bandos de jovens homens cruzam as ruas e em ritmo escandido batucam uma canção. Ela contém um só verso que eles repetem sem parar, freneticamente:

"*Conspuez Guilleaume, conspuez Guilleaume, conspuez!*"[17]

Desejo uma só coisa, quero voltar para a Alemanha. Dizem-me na estação que à noite, às duas, um trem parte para a fronteira suíça. Vou a um pequeno café e espero. Falam da guerra em todas as mesas. Ao meu lado, senta-se um gordo sargento com os olhos inchados e vermelhos. Com uma

---

16 Cortem a barba de Guilherme! (N.T.)
17 Vaiem Guilherme, vaiem Guilherme, vaiem! (N.T.)

voz rouca ele canta as primeiras palavras da Marselhesa[18], para, bebe do seu copo e começa de novo. Ninguém presta atenção nele. Ele se levanta, vai ao telefone, sua voz se transforma completamente e então ele urra na sala:

"A Alemanha declarou guerra à França!"

O café está muito silencioso, o sargento volta à sua mesa e desaba sobre sua cadeira. O silêncio é como a escuridão que absorve a luz e as pessoas. O sargento levanta-se de um pulo, canta a Marselhesa e agora todos cantam com ele. Estou sentado isolado em minha mesa, com um nó na garganta, nunca fiquei tão receoso pela Alemanha como nesse instante. Pago a conta e corro para a rua. Próximo à estação, ouço o ruído abafado dos cascos dos cavalos a galope. À distância, uma massa preta fica cada vez maior. Fanfarras tocando, janelas abrem-se nas casas. "Os couraceiros", grita uma voz. Em meio à melodia de *Sambre et Meuse*[19] vai passando um regimento de couraceiros.

A estação ferroviária está abarrotada de soldados, mulheres e crianças os acompanham. Eles estão indo para a fronteira com a Itália. Depois da Alemanha, a Itália, o aliado alemão, não resistirá por muito mais tempo.

Finalmente tomo meu lugar no trem. Em todas as cabines, alemães fugindo. Avançamos a duras penas. O trem vai sempre parando, trocam-no de trilhos, fazem-nos esperar eternamente. Na manhã seguinte, escancaram a porta da cabine. Soldados franceses barbudos, reservistas do exército com baionetas em punho ordenam-nos a deixar o trem. Somos reunidos na praça diante da estação, temos

---

18 Composta em 1792, três anos após a Revolução Francesa, tornou-se em 1795 o hino nacional francês. Seus dois primeiros versos são: *"Allons enfants de la Patrie / Le jour de gloire est arrivé!"* ("Avante, filhos da Pátria / O dia da glória chegou!") (N.T.)

19 *Le Régiment de Sambre et Meuse*, uma canção e marcha militar francesa, baseada em um poema escrito em 1870, durante a Guerra Franco-Prussiana. Ela só perde em popularidade, entre as canções militares, para a *Marselhesa* e o *Chant du départ*, e é tocada até hoje no desfile militar de 14 de julho. (N.T.)

que mostrar nossos passaportes. Os alemães são separados e somos presos.

Faltava pouco menos de vinte quilômetros para alcançar a fronteira. Alguns de nós deixam suas bagagens para trás e fogem. O oficial que nos prendeu está perdido. Ele não sabe o que fazer conosco. No fim das contas, quase à noite, permitem-nos seguir para a fronteira. À meia-noite, algumas horas antes do fechamento da fronteira, chegamos a Genebra, famintos e exaustos. Mas bastou fincarmos os pés em solo suíço para jubilarmos, cairmos uns nos braços dos outros e cantarmos *"Deutschland, Deutschland über alles"*.

Do outro lado da plataforma, franceses voltando para casa cantam a *Marselhesa*.

Na frente da estação, um soldado bate nervosamente com as baquetas em um pequeno tambor e anuncia a mobilização suíça.

3. VOLUNTÁRIO DE GUERRA

Quando o trem entrou em Lindau, já em solo alemão, voltamos a cantar "*Deutschland, Deutschland über alles*". Acenamos para os homens do exército bávaro vigiando a estação ferroviária. Cada um deles é a terra natal, a pátria. Se suas barbas cerradas se agitam, ouvimos o farfalhar das florestas alemãs. Suando para manter a compostura, um barrigudo major da reserva corre de cima para baixo e esganiça em meio à nossa cantoria com sua voz gutural: "Ninguém desce!".

As barbas cerradas já não se agitam, os soldados, severos e impassíveis, postam-se diante das portas das cabines. Finalmente nos permitem deixar o trem. Nossos passaportes são checados, nossas malas são vasculhadas, nosso sentimento ricocheteia nas paredes de concreto da ordem. Depois de uma espera de horas, somos embarcados em um trem de carga cujos vagões trazem a inscrição: dezesseis homens ou oito cavalos. Tábuas toscas, cheirando a resina, servem de bancos para sentar. Não sabemos para onde o trem nos leva, mas pouco importa; pare onde for, estaremos em uma cidade alemã.

As vozes das pessoas gritando que a França foi atacada ainda ressoavam em meus ouvidos. Agora leio em jornais alemães que a Alemanha será atacada, e eu acredito. O chanceler imperial disse que pilotos franceses lançaram bombas sobre território bávaro, a Alemanha foi pega de surpresa, e eu acredito.

Nas estações de trem, dão-nos de presente cartas com a imagem do imperador e a legenda: "Já não conheço mais partidos".

O imperador já não conhece mais partidos, aqui está, preto no branco. A terra não conhece mais raças, todos falam uma só língua, todos defendem uma mãe, a Alemanha.

Quando passamos por cima de uma ponte, as janelas não podem ser abertas. "Tomem cuidado com os espiões!", exclamam os pôsteres. "Seja cauteloso em suas conversas!", alertam as placas. Quanto mais longa a viagem, mais desconfiados ficamos. Deve haver agentes russos e franceses por toda parte. Olho para meu vizinho – um suábio, rústico negociante de gado, cuja papada avermelhada tremia de nervosismo. Meu vizinho olha para mim, afundamos o olhar no chão automaticamente. O ar está saturado com uma desconfiança nada fraternal.

Decidi não ir direto para casa. Precisamos deixar o trem em Munique, já é tarde da noite. Sigo para um hotel. Na manhã seguinte, vou me alistar como voluntário.

Não é fácil virar soldado. As casernas estão abarrotadas de voluntários, sou rejeitado pela infantaria e pela cavalaria. Devo aguardar, voluntários não estão mais sendo aceitos. Ando pelas ruas de Munique. Na praça Stachus, irrompe um tumulto. Alguém alega ter ouvido duas mulheres falando francês; as duas mulheres são espancadas, elas protestam em alemão, elas são alemãs, mas isso de nada adianta. Com as roupas rasgadas, os cabelos desgrenhados e os rostos ensanguentados, elas são levadas por policiais para o posto da guarda.

Sento-me em um banco no Jardim Inglês, um vento gentil acaricia as velhas faias, são faias alemãs, em nenhuma outra parte do mundo elas crescem tão maravilhosamente. Ao meu lado, está sentado um homem macilento, até mesmo seu pomo de adão, enorme e pontudo, parece-me atraente. Ele se levanta, segue em frente, volta com outras pessoas. Vejo atônito como apontam para mim e em seguida para meu chapéu, cujo forro, todo ele visível, traz em grandes letras azuis o nome da chapelaria de Lyon. Pego meu chapéu e me retiro. O grupo, ao qual se juntam outros curiosos, segue-me. Primeiro ouço um, depois vários gritarem: "Um francês, um francês!". Penso nas "francesas" da praça Stachus, acelero o passo, crianças correm ao meu lado, apontam-me com o dedo, "um frança, um frança!". Por sorte encontro um policial, mostro-lhe meu passaporte, as pessoas cercam-nos, ele lhes mostra meu passaporte; relutantes, elas se dispersam resmungando.

À tarde, acabo em uma passeata seguindo para o consulado italiano. A Itália luta ao nosso lado, isto é, nós cantamos *"Deutschland, Deutschland über alles"*, damos vivas à Itália e à lealdade de nossos aliados.

No dia seguinte, apresento-me na artilharia. O médico examina-me, balança a cabeça, fico com medo de não ser admitido, digo que as aparências enganam, sou forte e saudável, tenho que ser admitido, quero ir para a guerra. O médico ri amistosamente, sou admitido.

O uniforme velho e desgastado fica folgado em meus braços e pernas, a bota aperta-me e meus pés doem, mas estou orgulhoso, finalmente sou soldado, admitido na fileira dos defensores da pátria. Não sou capaz de distinguir um soldado raso de um general, então cumprimento com o peito estufado a todos que encontro. No bonde, um burguês com a cara cheia de cerveja vem falar comigo. Ele tira uma charuteira da jaqueta e abre-a. À esquerda estão charutos bons de cor clara, à direita estão outros, negligenciados e escurecidos, com uma faixa espalhafatosa. Ele aponta para os que possuem a faixa, devo pegar um. Bate-me jovialmente na coxa: "Ah, não dê sossego àqueles depravados dos franceses, senhor guerreiro!" Ele deixa o carro na parada seguinte, antes de o condutor notar que ele não comprou um bilhete.

Velhos suboficiais e jovens cadetes ensinam-nos como um homem correto fica na posição de sentido e como assume a posição de descanso. Aprendemos que quem não domina, "de olhos fechados", o passo de ganso dos tempos de paz nunca pode se tornar um herói de guerra.
Duas ou três vezes por dia tocam os sinos. Somos todos chamados. O oficial anuncia novas vitórias. Gritamos "Urra!". Se as tropas continuarem tão vitoriosas, a guerra será vencida sem nós.

Em meados de agosto, adornados de flores, assistidos por esposas e filhos, deixamos Munique. O trem segue com destino desconhecido. Viajamos por dias a fio. Paramos em uma estação ferroviária e vemos que há um trem hospitalar nos trilhos ao lado. Alguém que teve a perna decepada por tiros segue manquitolando em muletas, com as roupas rasgadas e manchadas de sangue. É a primeira vez que vejo um ferido. Vejo um rosto terroso, macilento, olhos cansados e com um olhar sem direção; no peito sinto uma dor lancinante, tenho medo, não quero ter medo, não quero me tornar um frouxo. O que há conosco? Penso na Alemanha.

No meio da noite, uma voz assusta e acorda a todos. Estamos cruzando o Reno. Levantamos de um pulo e abrimos as janelas. Sob nós corre o Reno, preto e silencioso. Os cadetes tiram os sabres das bainhas. "Atenção!", um grita, outro canta *A guarda junto ao Reno*[20]. Cantamos juntos e balançamos nossas armas de forma ameaçadora.

---

20 *Die Wacht am Rhein*, hino patriótico popular durante a Guerra Franco-Prussiana e a Primeira Guerra Mundial. (N.E.)

É, vivemos entorpecidos emocionalmente. As palavras "Alemanha", "pátria" e "guerra" ganham uma força mágica quando as pronunciamos. Elas não evaporam, pairam no ar, dançam em torno de si mesmas, inflamam a si mesmas e a nós.

Em Bellheim, no Palatinado, perto da fortaleza de Germersheim, é onde nos alojamos. O depósito de uma indústria química serve-nos de dormitório. O cheiro mordente dos ácidos mistura-se às emanações de nossos corpos, um palheiro é nosso acampamento, um baixeiro, nosso cobertor. A palha fica mofada e podre por causa de nossas botas cobertas de excrementos; o cobertor, úmido e embolorado. Não nos lamentamos; quanto mais difícil, melhor. Os que estão nas trincheiras não têm um teto sobre a cabeça, cada privação coloca-nos mais próximos deles. Se voluntários são solicitados para o trabalho sujo, todos se candidatam. Se eu limpo o lavatório malcheiroso, sinto-me distinto e elevado. Há muito o que comer, muito mesmo. Todo dia os latões de lixo estão abarrotados de pão ressequido e pedaços de carne gordurosa.

Os superiores não sabem o que fazer com nosso entusiasmo. Somos treinados como loucos. Se choveu, o local de exercícios fica todo mole e enlameado, e a voz do suboficial ganha um tom melífluo: "Deitar!", ele assobia. "Levantar! Deitar! Levantar!" Nós nos jogamos no barro, levantamos, nos jogamos de novo no barro, temos que ficar com a cabeça deitada na lama. Depois da sessão de exercícios estamos cobertos de água e lama. No caminho de volta, o sargento ordena que cantemos a canção *Wie ein stolzer Adler*[21].

Um de nós pede que nos deem palha nova, não atendem ao pedido. Só quando os insetos já não nos deixam dormir, quando os soldados, mesmo depois de uma requisição formal, não param de se coçar e se arranhar, e o médico cons-

---

21 Como uma águia orgulhosa; canção popular alemã. (N.E.)

tata que todos, sem exceção, têm chatos, é que a palha é queimada e o lugar, desinfetado.

Em janeiro de 1915, nós deixamos o palácio. Antes de nossa partida, o comandante faz um discurso: embora tenhamos vindo a terras alemãs, ali moram pessoas suspeitas, quase inimigas, com as quais devemos tomar cuidado; nós ficaremos alojados entre civis, mas não podemos confiar neles e devemos trancar os quartos à noite e ficar de prontidão com as armas.
A terra da qual o comandante fala é a Alsácia-Lorena, território do império alemão já há quarenta e três anos.

Alojamo-nos nas vilas antes de Estrasburgo. Agora nosso nome é Batalhão de Reserva do Primeiro Regimento de Artilharia Terrestre. Moro na casa de um dono de restaurante que luta na frente russa. Sua mulher e sua filha, cujo marido luta na França, administram as economias. Sou acolhido com bom vinho e boa comida, mas na primeira noite estou desconfiado, tranco a porta e carrego minha arma. Sonho que a mulher velha e a nova batem à minha porta e, enquanto a nova me segura, a velha corta minha garganta com uma faca de cozinha. Acordo sobressaltado, gritando, pois bateram à minha porta. Lá fora está a velha e ela me pergunta se eu gostaria de comer um ovo de café da manhã, se eu tenho roupa suja para lavar; não devo me preocupar com nada, ela vai manter tudo em ordem. Na noite seguinte deixo minha porta aberta e a munição na cartucheira. Uma vez estava conversando com a mulher nova e ela reclamou da desconfiança dos oficiais e funcionários. O soldado alsaciano é controlado e espionado, a população é submetida a toda sorte de assédio. O que os franceses não foram capazes de fazer, os prussianos conseguiriam: os elos com a Alemanha seriam cortados.

Continuamos a ser submetidos aos treinos, ouvimos todos os dias no campo de exercícios que "temos que ficar nas pontas dos cascos".

O avanço ao interior da França foi interrompido, ninguém sabe por quê. Os jornais não falaram nada da derrota na batalha do Marne, os alemães seguem vencendo. Apesar disso Paris não caiu, apesar disso a guerra continua.

É março de 1915, a falta de ação fica insuportável. Passamos metade do dia esperando, sem nada o que fazer, o tempo escorre entre a espera e as instruções. De tempos em tempos, vem um pedido do campo de batalha por soldados. Quando um dia o capitão sai à procura de três pessoas fortes para um pelotão na França e ele de novo me ignora, dou um passo à frente como um civil e me candidato.

"O senhor não é forte o suficiente", diz o comandante.

"Sou mais que forte, eu não aguento mais ficar aqui, quero ir para o campo de batalha!"

O sargento encara-me, os suboficiais lançam-me olhares furiosos, o capitão não sabe direito o que fazer. Ele hesita quanto a se deve me punir, e então se vira e grita para o sargento:

"Leve-o ao *front*!"

4. O *FRONT*

Passamos por Metz em direção ao *front*. Primeiro as conversas ficam convulsivamente altas, berramos palavras uns aos outros, palavras tolas, obscenas, estúpidas, esticamos nossos corpos, elevamos os joelhos e olhamos a noite com olhos severos. Sentimo-nos como soldados do *front*, fingimos que somos soldados do *front*, abrimos as cartucheiras, contamos a munição de precisão, ficamos ocupados lidando com as travas de nossas carabinas. As palavras então ficam mais brandas, elas gotejam no ar denso e imóvel. As luzes nos compartimentos são apagadas. O trem segue em frente com os faroletes apagados. Agora ninguém mais fala, nós respiramos mais silenciosamente, some a postura agitada, não fingimos mais que somos soldados do *front*, uma vez que já ouvimos o *front*. Ele martela em nossos ouvidos logo depois de passarmos por Metz. O trem para em um trecho descampado e nós descemos. Pessoas aguardam-nos ali. Marchamos por toda a noite, a chuva ensopa nossas roupas, as mochilas pesam, chegamos a uma vila. Cambaleamos pelas ruas, o comandante vai batendo às venezianas das janelas, uma porta é aberta, entramos na cozinha do pelotão de artilharia ao qual fomos designados. Um soldado gordo nos dá café quente.

"Todos os três sedentos de guerra!", berra nosso comandante.
"Mais três idiotas", diz o cozinheiro.

Acordo antes do amanhecer. Ando pela vila, passo por casas metralhadas, com os muros corta-fogo enegrecidos, caio em buracos de granadas que desfiguram as ruas. A porta de uma igreja está aberta. Eu entro, o dia fica cinza através dos vidros trincados, minhas pesadas botas ecoam sobre os ladrilhos do chão de pedra. Há um soldado deitado diante do altar. Assim que me inclino sobre ele, vejo que está morto. A cabeça está partida ao meio, as metades afastam-se uma da outra como enormes cascas de ovo, o cérebro verte pela abertura como uma gosma.

Nossa artilharia está em altitude média antes de Pont à Mousson. Chegamos de manhã, carregados de jarras de café e pão para a equipe. Os soldados sentam-se com os torsos nus diante dos abrigos, as camisetas estendidas sobre seus joelhos, e esmagam as pulgas que se abrigaram nas tramas do tecido.
No caminho para a artilharia, ouço o zunido de um avião. Fico ali parado, curioso, e reconheço nas asas inferiores o círculo dos tricolores.
"Abaixem-se!", grita nosso comandante.
Uma porção de assobios, o piloto lançou dois feixes de flechas de aço sobre nosso grupo. Ninguém ficou ferido.
"Nenhum tiro acertou o alvo", diz nosso comandante. "Seu antecessor teve mais sorte", ele diz, voltando-se para mim, "um estilhaço atingiu-o justamente quando ele estava sentado na latrina, e agora ele fica descansando no hospital militar".

O posto de observação fica no vale antes do topo da montanha. Olho com um binóculo e vejo as trincheiras dos franceses, atrás delas Pont à Mousson, a cidade alvejada, e o Mosela que serpenteia gentil e lentamente pela paisagem do começo da primavera. Começo a discernir: nas ruas da cidade, marcha um grupo de soldados franceses. Ele se desfaz, os soldados entram individualmente na trincheira de comunicação que conduz à linha mais avançada. Mais um grupo vem marchando.

O tenente está na segunda luneta.

"O senhor está vendo os franceses?", pergunta o tenente.

"Sim."

"Vou acabar com eles."

"Granada dois mil e duzentos", diz o tenente para o telefonista.

"Granada dois mil e duzentos", repete o telefonista.

Olho fixamente pelo binóculo. Uma onda rubra de febre inunda meu cérebro, a excitação toma conta de mim como quando à mesa de jogo, como durante a caça. Meu coração martela, as mãos tremem. No ar, um gorgolejo vazio, lá adiante sobe uma coluna de poeira marrom.

Os franceses espalham-se, mas não todos. Alguns ficam no chão, mortos, feridos.

"Na mosca!", diz o tenente.

"Hurra!", grita o telefonista.

"Hurra!", eu grito.

Todo dia, na hora do almoço, às onze horas, com uma pontualidade infalível, uma dúzia de granadas de fragmentação atinge nossa artilharia. Estamos acostumados com isso, sabemos qual artilharia inimiga nos escolheu como alvo e atiramos de volta uma hora mais tarde. Cinco minutos para as onze, Josef diz:

"Preparem-se que vem uma aí."

Nós dizemos: "Que nada, eles não atiram tão rápido, ainda faltam cinco minutos aqui para mim". E então desaparecemos nos abrigos e jogamos tarô[22]. Os projéteis franceses não fazem nada a nossos canhões, os projéteis alemães

---

22 Jogo de cartas que utiliza o baralho de tarô. (N.T.)

não fazem nada aos canhões franceses, os tiros são usados como sinal de que ainda há guerra, que eles estão lá e que nós estamos aqui. Ficamos sentados no abrigo. Onze horas, onze e dois, onze e dez.

"Sete de paus", diz Alois. "Ás de paus", digo. "Trunfo", diz Josef. Mas ele não compra as cartas. "Mas que inferno!", ele grita, "Por que as moçoilas não estão atirando?" – "Talvez o relógio deles esteja atrasado", diz Alois. Jogamos em silêncio por dez minutos. Essa calma é inquietante.

A vinte metros da artilharia explode uma granada.

"Até que enfim", brada Alois. "Bati!"

Explode mais uma granada.

"Esses não são nossos franceses", grita Alois e joga as cartas para longe.

Um fragmento de granada voa e se choca contra a porta do abrigo.

O telefone toca.

"Todos para o túnel!"

Lançamo-nos no caminho que sai da lateral do abrigo e penetra na montanha. A cobertura sobre nossas cabeças não tem nem trinta centímetros de espessura; acima dela estão vigas e metal corrugado. Qualquer tiro certeiro vai nos transformar em mingau. Mas essa trincheira ridícula nos dá a ilusão de uma vaga segurança. Uma chuva de estilhaços de granadas estala sobre nosso teto.

Nosso reservista mais velho, um camponês de Berchtesgaden, saca seu rosário e reza em voz baixa. Franz canta um *Schnadahüpferl*[23].

"Fechem a matraca", Sebastian diz entre os dentes, "vocês só falam besteira."

O abrigo treme fazendo estalos e roncos enormes. Nosso segundo paiol foi pelos ares. Sebastian parou de rezar,

---

23 Um tipo de epigrama improvisado, popular na Baviera e em outras regiões dos Alpes, composto de uma só estrofe e que é cantado seguindo sempre uma mesma melodia. Pode assumir a forma de desafio, em que uma parte canta uma estrofe e a outra responde com nova estrofe criada de improviso. (N.T.)

Franz olha para o teto. Por duas horas os projéteis tamborilam sobre nossas cabeças. A espera paralisa. Não chega nenhuma ordem do posto de observação. Talvez a linha telefônica tenha sido atingida.

Agora nossa artilharia pesada responde.

"Dois têm que ir lá fora", diz o suboficial. Josef e eu escalamos o aclive aos pulos, balas de canhão e estilhaços passam por nós zunindo e assobiando. Alcançamos o posto de observação. O fogo inimigo diminuiu. De tempos em tempos, granadas enfiam-se em nossa montanha, bombas de ação retardada, gêiseres de poeira marrom disparam no ar. Ao retornarmos à nossa artilharia, parece que somos os presentes de Natal.

"Enganação", diz Josef.

"A guerra", ele diz.

Finalmente somos colocados na reserva. Há semanas não tiro o uniforme do corpo, há semanas não tenho conseguido me lavar. Pego um balde de água, arranco minhas roupas, ensaboo-me e esfrego-me com uma alegria deleitosa. Enquanto estou ali, nu, esguichando água, Sebastian, o camponês de Berchtesgaden, aproxima-se. Ele é devoto e não compreende por que essa guerra continua. Quando lhe enviam presunto e bacon de casa, ele se senta em um canto com as costas curvadas e viradas para nós, e come e olha no vazio e pensa. Talvez a culpa "dessa piada" seja dos prussianos; definitivamente a culpa é deles. Eles nunca conseguem manter a boca fechada, por causa deles o rei Ludwig II teve que acreditar. Ah, se ele ainda estivesse vivo, alguns dizem que ele não se afogou coisa nenhuma, que ele está vivo, que Bismarck passou a perna nos bávaros de todas as formas. Seu avô, sem a ajuda de ninguém, capturou seis prussianos na guerra de 1866. "Rendam-se", ele gritou, "os bávaros estão aqui", e agora eles acabam com nossa cerveja na cantina. Sebastian fica parado, olha para meu corpo nu e fecha os olhos assustado. Ele abre os olhos, enche seu cachimbo e olha de viés para as árvores, desviando o olhar de mim.

"Agora eu sei por que a guerra tinha que acontecer", ele murmura. "Os prussianos tomam banho pelados."
Do canto de sua boca esguicha um jato de cuspe.
"Prussiano imundo!", ele brada. Depois segue para o abrigo e se joga sobre a palha de dormir.

Em porões e celeiros, em estreitas edículas e em cantos de cozinhas, alojam-se os habitantes franceses que fugiram da guerra nas vilas do *front*. Náufragos vivendo agarrados aos destroços, amanhã uma tormenta lhes arranca tudo que têm. Testemunhas impotentes de sua própria desgraça, a vila na qual pais e avós moravam é metralhada, a terra é arada por canhões, a semeadura espalha granadas, a colheita futura leva o nome de morte e desterro.

O que os franceses precisam para não morrer de fome, eles recebem dos alemães, mas por um pão ou um pedaço de salsicha o preço são algumas mulheres.

Soldados e camponeses tratam-se de forma amigável. Eles conhecem uns aos outros e a seus hábitos diários, confiam uns nos outros e balançam juntos as cabeças ao ouvir a palavra guerra, resmungam juntos de ordens estúpidas do comando, e quando as mulheres da vila precisam assumir o trabalho sujo, eles xingam juntos "*merde*".

Não precisamos ter medo de ficar sem nada para fazer, não se vê no horizonte um fim para a guerra. As forças armadas mudaram-se para as trincheiras da França, Polônia, Rússia e Ásia, os soldados cantam: "Ah, esta campanha, ela não será nada rápida[24], quando será o casamento em Colônia sobre o Reno."

---

24 A frase "*Denn dieser Feldzug ist ja kein Schnellzug*" (Pois esta campanha não será nada rápida) era um verso de uma canção dos soldados na Primeira Guerra comumente acrescentado ao final de outras canções. "*Zug* é a palavra alemã tanto para trem como para marcha ou pelotão. Assim "*Schnellzug*", que significa "trem expresso", liga-se a "*Feldzug*" e faz um comentário acerca de quanto durará essa "marcha". (N.T.)

Nosso chefe de pelotão é um estudante de medicina; antes era cadete, foi expulso da escola de cadetes e perdeu sua patente, mas na guerra foi promovido a primeiro-tenente. Ele porta insígnias de tenente, nós gozamos de sua vaidade, sua arrogância, sua megalomania.

Um dia, quando ele passa por mim, não o cumprimento de forma rija e militar o suficiente.

No dia seguinte, o sargento lê sua ordem durante a instrução:

"Até segunda ordem, Toller vai se apresentar todos os dias, às onze e quinze, com todo o equipamento de combate, no posto de observação."

Às onze e quinze estou no posto de observação. O tenente Siegel está à mesa, lendo. Eu me anuncio ao aspirante Sedlmeier.

"As meias não estão guardadas de acordo com o regulamento."

"Volte e se apresente de novo", sussurra o tenente Siegel com uma voz seca.

Corro barranco abaixo, que a essa hora do dia está coberto de estilhaços. Entro suando no abrigo, refaço a mochila, corro de novo para cima.

"Cadê seu kit de primeiros socorros?", pergunta Sedlmeier.

"Eu não o trouxe."

"Volte!", braveja o tenente Siegel.

Sedlmeier bate os calcanhares e ri como um tolo.

Corro de novo lá para baixo, corro de novo para cima. Estou vermelho de raiva.

Esse jogo miserável repete-se por três dias.

Fico sentado em minha cama, sem conseguir dormir, e olho para o vazio.

"Vou matar esse cara com um tiro se isso continuar assim", digo em voz alta.

"Por que ele te odeia tanto?", diz Franz.
"Não sei."
"Mas eu sei. Os intelectuais nunca conseguem suportar uns aos outros."

Pela manhã, apresento-me ao major do pelotão bávaro ao qual nossa artilharia foi atribuída.
"Voluntário de guerra Toller se apresentando."
O major, um enérgico oficial vindo de Karlsruhe, com uma cara de beberrão, bonachona e inchada, olha espantado para mim. Ignorei os canais apropriados, ele tinha que me prender. Conto a ele o que aconteceu. O major fica quieto, eu sei que ele também não gosta do pseudotenente.
"Sente-se aí e beba um *Schnaps*", diz o major. "O que devemos fazer com o senhor?"
"Gostaria de ir embora, senhor major."
"Para onde?"
"De preferência, para a infantaria."
"Por que para a infantaria? O que o senhor tem contra a artilharia?"
"Nós atiramos e não sabemos em quem. Os de lá atiram e não sabemos quem são. Quero ver o inimigo contra quem luto."
"O senhor escreve poemas?", pergunta o major.
"Pois não, senhor major."
"Modernos, imagino. Como poeta, combate os românticos, como soldado, o senhor deseja uma pequena guerra romântica. Saúde."
"Saúde, senhor major."
"Aonde o senhor quer ir?"
"Para as metralhadoras em Priesterwald."
"Não tenho nada a objetar. Se o senhor se safar, envie-me seus novos poemas."
"Pois não, senhor major."

Duas horas mais tarde, o sargento me diz que fui transferido. Faço minha mochila, enfio as coisas nela de qualquer jeito e me apresento ao tenente. Ele me recebe com um sorriso amarelo.

"Vamos fazer as pazes", ele diz e faz menção de me estender a mão.

Eu me viro de uma vez.

"Parado!", ele brada.

Viro-me.

"O senhor não viu que eu estava lhe estendendo a mão?"

"Sim, senhor tenente."

"E o que é que deu no senhor?"

"Se é uma ordem oficial...", eu digo e estendo a mão em riste. Seu fino pescoço incha-se de vermelho.

"Vá para o inferno!"

"Sim, senhor tenente."

Floresta devastada, duas palavras miseráveis. Uma árvore é como uma pessoa. O sol a ilumina, ela tem raízes, as raízes estendem-se pela terra, a chuva a rega, o vento desliza pelos seus galhos, ela morre, nós sabemos pouco de seu desenvolvimento e ainda menos de sua morte. Ela se dobra à tormenta de outono como se fosse seu fim, mas não é a morte que vem, e sim o sono regenerador do inverno.

Uma floresta é um povo. Uma floresta devastada é um povo massacrado. Os tocos sem ramos ficam pretos sob a luz do dia e mesmo a noite misericordiosa não os esconde, até mesmo os ventos passam estranhamente ao largo deles.

Através de uma dessas florestas devastadas que apodrecem por toda parte na Europa, a Priesterwald, estendem-se as trincheiras dos franceses e dos alemães. Estamos tão perto uns dos outros que nos bastaria meter a cabeça para fora da trincheira para conversarmos, sem nem levantar nossas vozes.

Dormimos agachados e encostados uns aos outros em abrigos lamacentos. Das paredes, escorre água; nosso pão os ratos mordiscam; e a guerra e o lar atormentam nosso sono. Hoje somos dez homens, amanhã seremos oito, dois foram desmembrados por granadas. Não enterramos nossos mortos. Nós os colocamos em pequenos vãos perfurados na parede da trincheira que usamos para descansar. Quando estou agachado, esgueirando-me pelas trincheiras, não sei se vou passar por um morto ou por um vivo. Aqui, cadáveres e vivos têm o mesmo rosto amarelo acinzentado.

Nem sempre temos que procurar por um lugar para os mortos.

Muitas vezes seus corpos ficam tão despedaçados que apenas um pedaço de carne preso a um toco de árvore serve de lembrança deles.

Ou eles morrem agonizando no arame farpado entre as trincheiras.

Ou, se as minas lançam uma seção da trincheira pelos ares, a própria terra é o coveiro.

Trezentos metros à nossa direita, em meio ao pandemônio, em uma cabana de madeira que já foi tomada vinte vezes pelos alemães e mais outras vinte pelos franceses, jaz uma pilha de cadáveres. Os corpos estão entrelaçados uns aos outros como um grande abraço. Dali parte um fedor terrível, agora todos estão cobertos por uma fina camada uniforme de cal branca.

As metralhadoras são recolhidas e eu sou transferido para um pelotão de artilharia a leste de Verdun. As verdes e densas coroas das velhas faias cobrem e protegem-nos dos aviões inimigos. Atiramos e somos alvo de tiros, de forma geral levamos uma vida pacífica e entediante. Só há reclamações sobre a comida ruim. Nos estábulos, o tesoureiro e o sargento comem filés grelhados e enchem a pança, o que deixa o ambiente pesado. Para isso também contribui o fato de os oficiais permitirem a construção de um novo cassino na base de reserva, enquanto a chuva corre pelos nossos abrigos e não temos placas nem forro para o teto. Ou ainda o fato de que perto de nossa artilharia está sendo construído um abrigo de concreto, com todo conforto. "Vai custar vinte mil marcos", diz um pedreiro, "com uma grana dessas, dá para encarar mais de um inverno no *front*".

A boataria corre de boca em boca, lá os soldados estão em motim, acolá eles se fraternizaram com os franceses. Uns teriam jogado o café fraco aos pés de um general, outros, mandado um oficial para o túmulo com um tiro.

O imperador está vindo, temos que entrar em formação. O capitão escolhe os soldados que estão vestindo os uniformes mais limpos, de modo que, afinal de contas, só cozinheiros, escreventes e ordenanças foram escolhidos para a parada do imperador e condecorados com cruzes de ferro.
Cães de guerra não têm nada que ver com aquilo, dizem os soldados. Uma estrondosa gargalhada é causada pela notícia de que todos tinham que entregar sua munição de precisão antes de ficar frente a frente com o imperador.

Nós nos damos melhor com os oficiais enérgicos. Sua natureza altiva está voltada ao que importa, ao necessário, sendo raro que eles se percam em mesquinharias. Já com os oficiais da reserva pequeno-burgueses, estamos sempre mal. Eles querem impressionar e ficam de enganação em todas as ocasiões, como se tivessem que mostrar a si mesmos e a nós que homens poderosos eles se tornaram.
A família de Franz enviou-lhe uma fina capa de chuva. Um jovem oficial da reserva parou-o e perguntou o que ele estava pensando, os soldados tinham que se acostumar à chuva e à lama, a guerra não é uma brincadeira, se hoje um soldado comum veste uma capa de chuva, amanhã ele vai se achar no direito de usar um capacete de oficial.
"Os oficiais podem morrer como nós", diz Franz, "mas eles não podem viver entre nós".

Da guerra sabemos apenas o que acontece em nosso pequeno setor. Dos outros *fronts* são os jornais que contam. Mesmo a imagem da batalha que vivenciamos só se forma, para muitos, depois do relato, pois a imagem original já teve seus contornos alterados ou foi distorcida e reprimida.

Nos folhetins dos jornais, os franceses são uma raça degenerada, os ingleses, covardes e mesquinhos, os russos, uns porcos. A ânsia de rebaixar, ofender e caluniar o opositor é tão revoltante que eu acabo me voltando contra essa postura, degradante para nós mesmos, em um ensaio que envio ao *Kunstwart*[25]. O redator envia o manuscrito de volta com uma porção de evasivas, dizendo que é preciso levar em consideração o estado de espírito do povo. Esse estado de espírito do povo que é cultivado em casa é justamente aquele sobre o qual "cospem" os soldados no *front*.

A vila A. tem de ser evacuada. Às sete da manhã, vem a ordem; às sete e meia o último morador deixa a vila. Quando estou andando pelas ruas silenciosas às oito horas, entrando nas casas cujas portas abertas não rejeitam nem convidam ninguém, não estou todavia sozinho. Nos corredores e cômodos, o ar traz o calor das pessoas que aqui moravam, e mesmo as coisas não se separaram de seus donos. As maçanetas conservam a pressão das mãos, o olhar cuidadoso das donas de casa permanece junto dos pratos e panelas, armários e cômodas escondem roupas e utensílios domésticos, o cheiro das horas cotidianas e das festivas. As coisas desvinculam-se das pessoas com mais dificuldade que as pessoas delas, mesmo se alguém morreu há muito tempo, elas permanecem ligadas ao morto.

---

25 Revista alemã de poesia, teatro, música, artes plásticas e aplicadas. Exerceu grande influência sobre a formação cultural da juventude alemã até o começo da guerra e integrava o movimento *Lebensreform* (reforma da vida), que se opunha às consequências da industrialização acentuada iniciada em meados do século XIX, propondo o resgate de uma relação direta com a natureza. (N.T.)

Aqui as pessoas só são arrancadas de suas casas porque a guerra as expulsou. Elas não puderam levar nada consigo, senão aquilo que conseguiram carregar nos braços, cada cômodo dá testemunho da dor dessa escolha. Uma mulher reuniu sua roupa de cama e a deixou ali mesmo. Outra arrancou as roupas de um armário e jogou-as de volta para dentro. Alguém, mãe ou filho, juntou e amarrou brinquedos para, no final, deixá-los pelo caminho.

No silêncio da vila abandonada, não há ninguém para me perguntar, mas mesmo assim eu digo em voz alta, como se estivesse me justificando para alguma das pessoas expulsas:

"Tinha que ser assim, não havia saída."

E percorro a vila com o passo apressado. Ninguém vai me parar, então de quem fujo?

Fizeram-me suboficial. Todas as noites estou com a infantaria nas trincheiras, nós temos que "mirar" o fogo da artilharia francesa. É possível calcular o lugar onde ela está, com base na pausa entre a luz e o som dos disparos.

Revezamo-nos em três turnos. O primeiro turno começa às oito da noite, o segundo, à meia-noite e o terceiro, às quatro da manhã. Depois de algumas horas de sono, nós deixamos o abrigo perto da artilharia e seguimos em silêncio pelo caminho enlameado até a floresta, que fica atrás da terceira fileira. Granadas, com estilhaços, explodem com estrondos, assobios e múltiplos ecos. Tropeçamos em tocos de árvores, pulamos de um buraco de granada a outro, em poças d'água, na lama. Os troncos são envoltos pela luz flamejante dos tiros. Nunca olhamos para céu, não sabemos se as estrelas nos iluminam ou se a escuridão paira sobre nós como um saco preto. Enfim encontramos a trincheira de comunicação e os olhos abandonam a terra.

Ficamos de tocaia atrás da parede da trincheira. Uma chuva de balas ilumina a área ao atingir o chão, algumas ricocheteiam e passam zunindo por nós. Sinalizadores explodem no ar, pairam com sua pálida luz branca sobre as barreiras de arame farpado; todos os barulhos misturam-se com as vozes da noite. Lá, à distância, brilham clarões de tiros. Miramo-los com nossos binóculos e contamos os segundos até que o tiro detone com seu som violento e abafado. A despeito de todo esse horror, a noite acalma nossos corações. Grandiosa e solene, ela envolve a terra e as criaturas, a respiração fica mais fácil e o pulso mais calmo, ela nos transporta para o fluxo das leis eternas.

Uma noite, ouvimos gritos, gritos como os de uma pessoa sofrendo de dores terríveis, e então tudo fica quieto. "Alguém está prestes a morrer", pensamos. Depois de uma hora, voltam os gritos. E agora eles não param mais. Não essa noite. Nem na próxima noite. É um grito que choraminga nu e inarticulado, não sabemos se ele parte da garganta de um alemão ou de um francês. O grito tem vida própria, ele acusa a terra e o céu. Apertamos as mãos contra nossos ouvidos para não ouvir o choramingar, mas não adianta. O grito fica revolvendo como um pião em nossas cabeças, ele estica os minutos em horas, as horas em anos. Entre os sons, vamos secando e envelhecendo.

Acabamos descobrindo quem grita. É um dos nossos, ele está pendurado na barreira de arame, ninguém pode resgatá-lo. Dois tentaram e foram baleados. O filho de alguma mãe resiste desesperadamente à sua morte. Maldição, ele faz um escarcéu tão grande, vamos ficar loucos se ele continuar gritando por muito tempo.

A morte cala-lhe a boca no terceiro dia.

Eu vejo os mortos, mas não os vejo. Quando garoto, visitei a câmara de horrores na feira anual. Ali eram expostas estátuas de cera de imperadores e reis, os heróis e assassinos do momento. Essa mesma irrealidade, que produz horror, mas não compaixão, é a que têm os mortos.

Estou na trincheira e vou raspando a terra com a picareta. A ponta de aço fica presa, eu a puxo e a arranco dando-lhe um tranco. Uma massa gosmenta está pendurada nela. Quando me inclino, vejo que são entranhas humanas. Um homem morto está enterrado aqui. Um – homem – morto.

Por que paro aqui? Por que essas palavras forçam a uma pausa, por que elas apertam meu cérebro com a violência de um torno, por que elas me comprimem a garganta e o coração? Três palavras como quaisquer outras.

Um homem morto – quero me esquecer dessas três palavras de uma vez por todas. O que elas têm, por que me oprimem tanto?

Um – homem – morto.

E de repente, como se a luz partisse a escuridão, como se a palavra fosse atravessada pelo sentido, apreendo a simples verdade humana que eu havia esquecido, que permanecia enterrada e submersa, o elemento comum, o uno e que torna uno.

Um homem morto.

Não: um francês morto.

Não: um alemão morto.

Um homem morto.

Todos esses mortos são homens, todos esses mortos respiraram como eu, todos esses mortos tiveram um pai, uma mãe, esposas que os amavam, um pedaço de terra em que criaram raízes, rostos que exprimiam suas alegrias e sofrimentos, olhos que viam a luz e o céu. Nesse momento percebo que eu estava cego porque havia me cegado, nesse momento percebo, finalmente, que todos esses mortos, franceses e alemães, eram irmãos e que eu sou irmão deles.

Agora não sou mais capaz de passar por um morto sem parar e observar seu rosto, cuja pátina terrena, esse muro impenetrável, foi roubada por nosso velho conhecido, o tempo. "Quem foi você", eu pergunto, "de onde você vem, quem lamenta por você?". Eu nunca pergunto: "por que você tinha que morrer?". Nunca: "de quem é a culpa?". Todos defendem sua pátria, os alemães a Alemanha, os franceses a França, todos cumprem seu dever.

Vou à cozinha de campanha pegar um café. Na beira do caminho, está sentado um soldado, um garoto. O uniforme cinza fica folgado em torno de seus finos membros – como se não fosse seu, mas de seu pai, e ele apenas o vestisse como uma brincadeira de criança. O garoto chora, bate com as mãos no rosto, pressiona as unhas contra as palmas das mãos. Os braços relaxam, caem sem forças ao chão, o corpo despenca.

"Jovem", eu digo.

O garoto endireita-se sem olhar para nada.

"Jovem", digo mais uma vez.

O garoto senta-se rigidamente, dos olhos correm lágrimas involuntárias.

Toco seus ombros e ele, com um lânguido movimento de cabeça, indica algo atrás de si.

Ali está um segundo garoto, um capacete cobre seu rosto. Levanto o capacete. Mechas loiras caem bagunçadas sobre a testa arqueada, os olhos em seu rosto estreito e quadrado estão fechados, a boca, o queixo... isto já é uma massa sangrenta, o garoto está morto.

"Ele era meu amigo", diz o primeiro, "nós íamos juntos à escola, éramos da mesma classe. Ele era um ano mais novo que eu, ainda nem tem dezessete. Eu me alistei como voluntário, ele não podia, sua mãe não queria permitir, ele era seu único filho. Ele ficou com vergonha, nós dois imploramos, finalmente sua mãe cedeu. Viemos para o campo de batalha há uma semana, agora ele está morto. O que vou escrever à sua mãe?"

"Escreva que ele cumpriu seu dever", é o que quero dizer, mas não digo, fico com um gosto insosso na boca, coloco a jarra de café na mochila, onde ela tilinta.

"Não escreva coisa alguma", eu falo, "pare de berrar, rapaz."

É primavera de novo. Na clareira da floresta, a grama brota das covas dos soldados. As covas eram rasas, rasas demais. A chuva tinha arrastado a terra que cobria os pés de um soldado morto, duas botas de couro grosseiras brotam do solo em sua horripilante crueza.

"Calçados número quarenta e oito", diz um infante berlinense que está ao meu lado.

Dentro das botas, apodrecem pernas que marcharam sobre os campos da Rússia e da França. Elas aprenderam o passo de ganso e em paradas marcharam diante de generais e talvez do imperador. Elas eram capazes de parar completamente de acordo com os regulamentos de treino, mudar de posição em marchas apressadas e fincar-se no chão. Quando se tratava de defender uma seção de arame farpado, elas valiam mais que uma cabeça e menos que uma arma. Milhões de pernas apodrecem no solo da Europa. As botas lhes são dadas como um pobre mausoléu, como o cetro é dado aos reis mortos.

Saco minha baioneta e quebro alguns pedaços de terra com ela, para cobrir as botas que cumpriram "seu dever".

Atrás de nossas linhas, um avião francês foi abatido e está em chamas. Ele estava destroçado, o piloto carbonizado, apenas as botas amarelas de couro impermeável permanecem intactas. Agora quem as calça é o aspirante do Segundo Batalhão, que se exibe com elas para as moças francesas da vila. *"Comme elles sont chiques"*[26], riem as moças, "francês", ri o aspirante, e ele conta como se apossou delas, "Piloto bum, *kaput*". As moças olham mudas e com medo para o chão.

"Piloto *kaput*, a França *kaput*", diz o aspirante.

"Jamais", diz uma moça, com raiva.

"Eu e você, *amour*", diz o aspirante.

---

26 Como elas são elegantes. (N.T.)

Fico por treze meses no *front*, as sensações grandiosas embotam-se, as grandes palavras apequenam-se. A guerra vira coisa rotineira, servir no *front* vira um trabalho como qualquer outro, heróis viram vítimas e voluntários viram conscritos. A vida é um inferno, a morte uma bagatela, todos somos engrenagens de uma máquina que roda em frente, ninguém sabe para onde, que roda para trás, ninguém sabe por quê. Nós somos afrouxados, afiados, substituídos, dispensados – não há mais sentido algum, o que ardia virou cinzas, a dor se exauriu, o solo do qual nasciam a ação e o comprometimento virou um deserto infértil.

Arrancamos as argolas das granadas não detonadas por pura imprudência. Recentemente, uma explodiu e dois homens foram pelos ares. Será que algo importa?

Alisto-me na força aérea, não por bravura, nem mesmo por gosto de aventura, quero escapar da massa, da vida de massa, da morte em massa.

Antes de ser transferido para a nova tropa, fico doente. Estômago e coração ficam mal. Sou enviado para um hospital militar em Estrasburgo. Em um quieto mosteiro franciscano, monges silenciosos e gentis cuidam de mim. Depois de muitas semanas, sou liberado. Não sirvo mais para a guerra.

5. QUERO ESQUECER A GUERRA

Estou estudando na Universidade de Munique. Meu entusiasmo não tem limites, uma curiosidade inquietante conduz-me de aula em aula. Ouço as preleções sobre direito constitucional com a mesma sincera expectativa que as lições de Wölfflin sobre Dürer e Holbein. Meus ouvidos estão sempre atentos, artigos e pandectas, forma e estilo, tudo isso deve esconder algum segredo, uma lei, um sentido. Se o particular atiça minha fome de conhecimento, o geral, precisamente aquilo que busco, continua a me escapar.

Divirto-me no seminário de história da literatura do professor Kutscher. Em uniforme de capitão, a cruz de ferro no peito, apoiando-se levemente em sua bengala, lá está ele na cátedra, alinhado e amigo dos modernos. Uma vez por semana, Kutscher convida os alunos a uma hospedaria. Ali, Thomas Mann, Karl Henckell e Max Halbe fazem leituras de trechos de suas obras e Frank Wedekind canta, em um *staccato* duro, suas maravilhosas baladas diabólicas. Depois disso, andamos por horas pelas ruas noturnas, disparando uns contra os outros os últimos clichês da crítica literária, defendendo e condenando autores e obras. Cada um de nós possui uma gaveta cheia de manuscritos, sonha com a fama, acha que possui um dom extraordinário e que é um predestinado.

Weiss, um rapaz que estuda conosco, sempre fala de um novo volume de versos. Escreve doze poemas todos os dias, às vezes até quinze, os rimados pela manhã, à noite os de verso livre. Ele os registra em grossos cadernos, os idílicos em tinta vermelha, os trágicos em tinta preta. Goethe, diz ele, chegou aos oitenta volumes, ele espera alcançar os duzentos e cinquenta. Eu, que tenho em casa apenas um magro livreto, acompanho sua diligência com preocupação.

Thomas Mann convida-me à sua casa. Vou com os bolsos de minha jaqueta abarrotados com dúzias de poemas manuscritos. Durante o chá fico intranquilo balançando para lá e para cá, fico pensando em quando será uma boa hora para ler-lhe alguns versos e finalmente arrisco. "Hum", ele diz e, de novo, "Hum". O que isso significa, um elogio ou uma censura? Ele toma os manuscritos nas mãos, lê cada uma das linhas comigo, elogia algumas e diz por que as outras não estão boas. Sua paciência é impressionante; seus conselhos, precisos e afetuosos. Ele fica com algumas folhas e dois dias depois me escreve uma comprida carta. Ele os tinha examinado uma vez mais e então instruiu o jovem homem, que nunca mais esqueceu essa bela atitude.

Encontro Rainer Maria Rilke em uma livraria. "Faz anos que não escrevo um verso sequer", diz Rilke em voz baixa, "a guerra me roubou a voz."
A guerra? Essa palavra sombreia meus olhos, faz semanas que não leio jornais, não quero saber nada da guerra, não quero ouvir nada dela.
Visito as galerias de arte, viajo aos lagos bávaros com a mulher que amo, ouvimos concertos, Bach, Beethoven, Schubert. Mergulhado na música, esqueço-me dos lamentos do homem que, desamparado, falecera entre as trincheiras.

Tudo é novo e entusiasmante, o calor e o silêncio, os livros e as palavras dos amigos, a solicitude da senhoria, o banho quente, a cama. "Lá fora", eu ficava semanas inteiras sem tirar o uniforme, à noite dormia sobre a palha bolorenta ou sobre a terra fria e úmida. Depois de um ano, aproveitei uma breve licença e fui para casa; no meio do caminho, fiquei vinte e quatro horas em Berlim. Eu tinha alugado um quarto em um desses confortáveis hotéis de luxo; queria descansar por apenas uma hora e em seguida ver o intenso rebuliço das ruas, com os cafés, as vitrines e as mulheres. Mas assim que fui envolvido por aqueles lençóis brancos e frescos, esqueci Berlim e fiquei na cama as vinte e quatro horas.

Agora passeio pelo Jardim Inglês em meio aos primeiros indícios da primavera. As campânulas de inverno florescem e também os açafrões e as primeiras violetas. Nas árvores os jovens brotos multiplicam-se com a seiva que volta a subir; vejo o brilho delicado do veludo verde-claro dos amplos gramados. Diante do pavilhão japonês, sentam-se jovens moças em seus vestidos claros, as crianças cantam, há música no ar, as pessoas estão alegres. Respiro a paz e o sol, quero esquecer a guerra.

Mas não consigo esquecê-la. Não se passam mais que quatro, seis semanas, e de repente ela me toma de assalto novamente. Encontro-a por todos os lados. Olhando para o Altar de Mathias Grünewald, sua imagem me faz visualizar o pandemônio em Priesterwald, os camaradas metralhados, destroçados; aleijados vêm ao meu encontro, mulheres em luto, com seus véus negros. Não há como escapar!

Ela está quieta, deitada ao meu lado. Uma morna e instável brisa noturna passa pelas janelas abertas.
"Você está tremendo."
"Feche as janelas, por favor."
"Essa cantoria é na rua?"
"Calafrio."
"O que você tem, amor?"

"Os mortos estão sendo enterrados em caixões, lá fora?"
"Em lonas de barraca."
"Sempre assim?"
"Mas não em valas comuns."
"O frio inescapável me dá tanto medo. Nem mesmo este calorzinho bom consegue resistir a ele."
"Abrace-me. Eu te amo."
"Meu amigo morreu em Verdun."

6. REVOLTA

Sobre um dos suaves morros da Alemanha Central, junto às encostas verde-azuladas da Turíngia, cobertas pelos imóveis abetos, está o castelo de Lauenstein. É para lá que o livreiro da editora, Eugen Diederich, convida eruditos, artistas, escritores políticos, reformadores sociais e jovens. Nesses tempos, cujo sentido muita gente já não é mais capaz de apreender, os especialistas deviam discutir uns com os outros o significado da época e que tarefas ela nos colocava. Compareceu Max Weber, o sociólogo de Heidelberg; Max Maurenbrecher, outrora um pastor protestante, agora um político pangermanista e "reformador social"; o poeta Richard Dehmel; o poeta Walter von Molo; o poeta popular Bröger; o escultor Kroner; e muitos professores, entre eles Meinecke, Sombart e Tönnies. Todos eles foram arrancados de seus gabinetes, todos eles passaram a duvidar dos valores de ontem e hoje. Apenas os jovens desejam clareza. A eles parece que este mundo está pronto para a aniquilação; eles procuram o caminho para sair do terrível tumulto da época, procuram o ato de coração, o exorcismo do caos. Creem no espírito incondicionado e incorruptível que vive para seu compromisso e para a verdade. Mas esses homens, que eles veneram como os portadores do espírito, não são profetas bíblicos que condenam um mundo desencaminhado e o endireitam com palavras poderosas, que estariam prontos para suportar sem medo a fúria dos reis e tiranos. Não são rebeldes e agitadores, eles se refugiam no afastado e seguro casulo dos idílios sociais. Alguns esperam que o espírito alemão, novo e único, possa se manifestar e se enraizar no solo religioso, de modo a todos salvar. Outros acreditam que é chegada a hora de fundar uma igreja alemã e logo já exibem projetos rebuscados para o templo que, no topo da montanha mais alta da Alemanha e assim visível a todos, deve reunir os crentes. Max Maurenbrecher diz que a guerra é providência do deus alemão. Ele vê no individualismo democrático da Europa Ocidental atéia a maldição de nossos tempos, de modo que a Alemanha tem a tarefa de criar um novo Estado na Europa, um Estado que deve simbolizar a face terrena do absoluto.

A juventude reúne-se em torno de Max Weber; ela é atraída por sua personalidade, por sua honestidade intelectual. Ele odeia todos os idílios sociais, ataca Maurenbrecher e com ele todos os professores alemães, que são incapazes de enxergar a realidade através de seus casulos teóricos. De que ajudaria conquistar a própria alma, ele diz, se a nação definha? O *Reich* alemão é um Estado absolutista, o povo não tem nenhuma influência na formação da vontade estatal. Faz-se necessário eliminar os privilégios de classe prussianos, erradicar o poder da burocracia, instituir um governo parlamentar e democratizar as instituições estatais. Todas as questões culturais estariam condicionadas pela questão de como dar um fim à guerra.

Outros procuram se anestesiar: a lida com os mistérios medievais deve despertar sentimentos religiosos de comunidade; poetas declamam ditirambos e as filhas do poeta Falke dançam diante dos muros do castelo cobertos de trepadeiras. Tanto faz se elas fazem isso bem ou mal; seja como for, os professores acreditam que o espírito divino paira sobre essa dança. Quando vagam pelos cômodos cobertos de tábuas escuras, nos quais a mobília velha e apodrecida leva uma vida fantasmagórica, eles se sentem como cavaleiros medievais, missionários do Espírito Santo.

Fala-se e discute-se por dias. Lá fora ressoam os tambores da guerra pelos campos de batalha da Europa. Esperamos e esperamos; por que esses homens não falam a palavra liberadora? Eles são mudos, surdos e cegos? É porque eles nunca se deitaram em uma trincheira, nunca ouviram o grito desesperado de um moribundo ou a queixa das florestas metralhadas, nunca viram os olhares desconsolados dos camponeses expulsos de suas terras?

Sou uma pessoa jovem e imatura, todos esses homens são muito superiores a mim em experiência, saber, maturidade, conhecimento e potência intelectual. Parece-me presunção falar diante deles, mas não consigo permanecer calado. Mostre-nos logo o caminho, eu clamo, os dias estão em brasa e também as noites, não podemos esperar mais. Mas ninguém mostra o caminho que leva ao mundo da paz e da fraternidade. À noite, as dançarinas fazem sua dança, grandes palavras são as pedras para a construção da nova igreja, o templo místico.

Resta apenas uma coisa: a dádiva das relações humanas, resta Richard Dehmel, resta Max Weber. Durante nossas conversas noturnas, desvela-se a natureza combativa desse intelectual. Com palavras que colocam em risco tanto sua liberdade como sua vida, ele desnuda as faltas do *Reich*. O mal maior, segundo ele, é o imperador; ele chama Guilherme II de idiota diletante. "Quando a guerra chegar ao fim", ele diz, "eu insultarei o imperador até que ele abra um processo contra mim, e então os homens de Estado responsáveis, Bülow, Bethmann-Hollweg e Tirpitz, serão forçados a se pronunciar sob juramento." Ouvindo essas palavras corajosas, ficou claro ao jovem o que separava Weber do restante dos presentes. Eles querem mais que apenas atingir o imperador, mais que apenas reformar os privilégios; querem construir um novo fundamento, acreditam que a transformação da ordem exterior também transforma as pessoas.

O poeta Richard Dehmel viu a guerra. No começo dela, ele foi levado ao campo de batalha como um voluntário de cinquenta anos; voltou para casa esgotado, dilacerado. Passeio com ele pela floresta da Turíngia, ele me encoraja e eu lhe recito meus versos. "Não se preocupe conosco, os velhos", ele diz, "trilhe seu caminho, mesmo que o mundo o persiga e combata. O senhor acabou de me recitar um poema que termina com as linhas: 'Eu morri / Dei-me à luz / Morri / Dei-me à luz / Eu fui-me mãe.' É isso que importa. Em certo ponto da vida, é preciso livrar-se de tudo, até da mãe; é preciso tornar a si mesmo mãe."

De Lauenstein, vou a Heidelberg para o semestre de inverno. Filhos de famílias da burguesia que não sabem o que fazer da vida estudam economia política, esse é o uso e a moda. Na Alemanha, todos acham muito natural que se queria ser "doutor" em toda e qualquer situação. Quem não é, recebe o título insignificante de toda camareira e toda senhoria de hotel, de garçons e prostitutas. A faculdade de Heidelberg tem fama de ser uma fábrica de doutores. As questões do velho e bonachão professor Gothein, que se repetem há décadas, são cuidadosamente anotadas pelos alunos "caxias" e depois são vendidas, com as respostas corretas impressas ao lado, para os estudantes em necessidade.

Solicito a Gothein um tema de doutorado, ele me sugere "Criação de suínos na Prússia Oriental".

A Heidelberg da época da guerra tem pouco em comum com o romantismo água com açúcar do filme sobre a velha

Heidelberg[27]. A maioria dos estudantes é composta de aleijados e doentes que foram liberados do serviço na guerra. Os senhorios falam dos bons tempos nos quais os membros das associações estudantis passavam pelas ruas adornados com faixas e capas coloridas, e a boa cerveja corria em rios. As camareiras irritam-se com as muitas estudantes que estão de olho nas contas ao fim do mês e tentam economizar todo e qualquer fênigue.

A estada em Lauenstein decepcionou-me profundamente. Palavras grandiosas foram ditas, mas nada aconteceu.

Todos se calam. Quem vai falar, afinal? Talvez o poeta de *Die Weber*, Gerhart Hauptmann? Ele havia encenado uma peça para celebrar o centenário da batalha de Leipzig que provocou a ira dos Hohenzoller: a peça condenava a guerra e celebrava a paz. Mas veio 1914 e a febre da guerra confundiu-o, assim como a muitos outros poetas alemães, e ele passou a criar hinos de guerra e canções militares. Agora, depois desses anos de morticínio, ele deve ter voltado a si. Escrevo-lhe uma carta. "O senhor não pode continuar calado", eu escrevo, "sua obra obriga-o a isso. Nós, jovens, aguardamos as palavras de um guia espiritual em quem acreditamos. O senhor se enganou – e quem não o fez? – agora o senhor, o poeta dos sofredores, deve reconhecer seu erro. Suas palavras teriam um efeito mais poderoso que o apelo dos generais, elas seriam um chamado para a paz, reuniriam toda a juventude da Europa."
Não recebi nenhuma resposta de Gerhart Hauptmann.

A guerra continua. Todos os dias os jornais trazem notícias de novas batalhas, novos mortos, novos feridos. Heca-

---

27 *Alt Heidelberg* é uma comédia teuto-norte-americana de 1927, baseada na peça homônima de Wilhelm Meyer-Förster, encenada pela primeira vez em Berlim, em 1901. Embora Bertolt Brecht a tenha chamado de "uma porcaria" e Kurt Tucholsky de "velharia melodramática", ela foi uma das peças mais encenadas na Alemanha na primeira metade do século XX. (N.T.)

tombes por cada palmo de terreno. Impossível vislumbrar o fim disso.

Conhecidos sempre me convidam para sair. Estudantes de ambos os sexos reúnem-se. Bebe-se chá de guerra alemão, feito de pétalas secas de flores de tília; comem-se biscoitos de guerra alemães, feitos de farelo e fécula de batata. E finalmente faço amigos. Pessoas jovens, que sabem que a "grande época" é uma época pequena e de miséria, que acusam a guerra e seu sacrifício sem sentido, que têm apenas um desejo – o de reconhecer a verdade em meio à barafunda de mentiras. Mas até mesmo elas se intimidam diante do ato que deveria complementar suas palavras. Depois de ficarem discutindo por horas, com a cabeça quente e as emoções à flor da pele, voltam para casa e, em seus quartos mal aquecidos e repletos de móveis feios, creem tranquilamente que algo aconteceu. Escutando suas discussões, penso em Lauenstein, na torrente de palavras, na falta de atitude, na covardia.

Quando da morte de nosso camarada no campo de batalha – camarada que vivia agachado conosco em trincheiras e abrigos, em vilas e florestas metralhadas, em meio à chuva de estilhaços e sob a luz das estrelas – nós não juramos, com solene seriedade, que só uma coisa poderia dar um sentido à guerra: a irrupção da juventude? Esta Europa deve ser revolvida desde os seus fundamentos, dizíamos exaltados. Os pais traíram-nos, e é a juventude do *front*, dura e sem sentimentalismos, que começará o trabalho de purificação. Quem mais teria esse direito, senão ela? Se nos negam algo, nós o tomamos à força.

"Não faz sentido", eu brado, "vocês só ficarem reclamando; hoje só há um caminho possível, temos que nos rebelar!"

Silêncio no quarto. Os mais tímidos pegam seus casacos e vão embora, os outros acabam formando uma liga política.

"Liga político-cultural da juventude da Alemanha", eis seu nome. Lutará pela solução pacífica das contradições da vida social, pela eliminação da pobreza. Pois o que pensamos é que, se não houver mais pessoas pobres, desaparecerá a cobiça que nos leva a tomar o dinheiro alheio, escravizar outros povos e subjugar outros países. Só os pobres podem ser tentados a fazê-lo. Se ninguém passa fome, ninguém vai invejar o pão de outrem; guerra e pobreza estão perigosamente atreladas. Nenhum de nós sabe como extinguir a pobreza ou como as contradições da vida social devem ser resolvidas de forma pacífica. O que todos sabemos, porém, é que isso deve acontecer.

O Partido da Pátria Alemã[28] ataca-nos, chama-nos de traidores das ideias patrióticas, de delinquentes pacifistas.

"Vocês se equivocam ao usar a palavra patriótico", nós respondemos, "seus interesses privados não são os interesses do povo. Sabemos que nossa cultura não pode ser sufocada por nenhum poder estrangeiro, mas também repudiamos a tentação de violentar outros povos com a nossa cultura. Nosso objetivo não é a expansão do poder, mas o aprofundamento da cultura; não a organização maquinal e sem espírito, mas a organização do espírito.

"Queremos reunir todos aqueles que hoje são meros espectadores, arrancando-os de seu sono.

"Admiramos os estudantes de outros países que já estão protestando contra a estupidez e o horror incompreensíveis da guerra, contra toda e qualquer militarização."

A resposta é publicada nos jornais. Algumas pessoas escrevem-nos cartas de apoio, entre elas o velho Foerster e Einstein.

Mas bem mais numerosas são as cartas que chegam diariamente ao meu endereço contendo ofensas e ameaças.

Uma "mãe alemã" anônima exprime seu desejo de que eu seja preso dentro da cratera deixada por uma granada e estraçalhado por tiros dos ingleses. Um "veterano da guerra de 1871" gostaria que os negros soldados franceses me

---

[28] *Deutsche Vaterlandspartei.* (N.T.)

arrancassem o couro em vida e o levassem consigo, como um troféu, para a África, o lugar mais negro de todos.

Os jornais da direita conclamam as autoridades contra nós. Professores democratas de universidades chamam-nos de pacifistas indignos.

Nós nos defendemos. O Diário de Berlim[29] imprime minha resposta.

"Opiniões incômodas sempre foram acusadas de serem 'antipatrióticas' ou 'indignas'. Mas é mesmo 'antipatriota' aquele que busca uma aliança pacífica entre povos livres e autônomos? É assim que deve ser chamada a exposição dos atos vergonhosos de todo e qualquer governo? Esse é o nome da busca pela paz a qualquer preço? Se é assim, então nossa língua alemã perdeu seu sentido.

"O fato de que somos poucos não é argumento contra a realidade que denunciamos com nossas palavras.

"Para nós, política significa sentir-se corresponsável pelo destino de seu país e assim agir. Quem não cumpre essa tarefa que se vire com sua consciência. Existe apenas uma moralidade válida para a humanidade. Existe apenas um espírito que vive na humanidade.

"E são justamente aqueles de nós que viveram a guerra no campo de batalha que se sentem duplamente obrigados a seguir esse caminho. Sabemos que estamos prestando um bom serviço aos nossos irmãos lá fora. Nós também amamos a Alemanha, mas de outra forma, demandando muito mais dela – mas também de nós mesmos."

E aqui entra em cena o comando do exército alemão. Ele alerta a juventude alemã sobre as tentações, as autoridades militares começam a trabalhar.

As estudantes austríacas que faziam parte da liga devem deixar a Alemanha em vinte e quatro horas. Todos os membros do sexo masculino são convocados ao comando

---

29 *Berliner Tageblatt*. (N.T.)

regional. Mesmo aqueles que eram, em todas as seleções, considerados inaptos para o serviço subitamente se tornam passíveis de uso na guerra e são enviados às casernas.

No dia em que começaram as perseguições, eu estava acamado no hospital, com uma forte gripe e febre alta. Uma estudante traz-me a notícia.
"Estão procurando o senhor na sua casa, o senhor precisa partir imediatamente, senão vão prendê-lo."
Sofrendo de calafrios e ardendo em febre, tomo meu lugar no trem para Berlim. Na manhã seguinte, vou ao parlamento (*Reichstag*) e dou o alarme aos deputados democratas e socialistas. A liga continua banida. Os grupos que se formaram em outras universidades também são dissolvidos. Mas essa liga foi um sinal de alerta. Tínhamos começado a nos rebelar contra a guerra. Acreditávamos que nossa voz era ouvida além dos *fronts* e que a juventude de todos os países entraria conosco na luta contra aqueles que acusávamos: os pais!

À noite, antes de eu deixar Heidelberg, chegara uma carta de Gustav Landauer[30], cujo *Chamamento ao Socialismo* tocou-me e influenciou-me de forma decisiva. Respondo-lhe:
"Não é só a necessidade que me leva a fazer o que faço; tampouco apenas o sofrimento com os acontecimentos hediondos do cotidiano ou apenas a revolta com a ordem política e econômica. Tudo isso são razões, mas não as únicas. Não sou um religioso extático que enxerga apenas a si e a Deus, e não as pessoas. Sinto pena desses deformados que nos últimos tempos sofrem por si mesmos, apenas por si mesmos e seus pequenos defeitos pessoais. Sinto pena desses definhados que, por adorarem o 'movimento', exigem alternadamente ora cabarés futuristas, ora a revolução. Quero é me alastrar pelo mundo dos vivos, pouco importa

---

30 (1870-1919) um dos mais importantes teóricos e ativistas do anarquismo na Alemanha. Opôs-se decididamente à guerra desde seu início e veio a ocupar, durante a Revolução, uma posição importante e influente da República Conselhista da Baviera. (N.T.)

em que forma ele se manifeste. Quero revolvê-lo com amor, mas quero também descartar tudo aquilo que estiver rígido e sem vida, em nome do espírito. Quero que ninguém mais possa exigir que outros arrisquem a vida, quando ele mesmo não sabe se vai arriscá-la. Exijo de todos aqueles que se juntam a nós que não se contentem em apenas arriscar suas vidas mental, espiritual ou fisicamente; eles devem saber que vão efetivamente arriscar suas vidas mental, espiritual e fisicamente.

"Não sonho com uma seita de criadores comunitários. Cada um possui sua criatividade como algo que lhe é próprio; o elemento criativo só pode se manifestar em sua expressão mais pura no trabalho do indivíduo, mas o sentimento de comunidade traz felicidade e o fortalece.

"Sei que mensagens eu combato; creio também saber que novas mensagens devem existir, mas ainda não tenho nenhuma clareza acerca das ligações exteriores, das formas que essas novas mensagens devem ter.

Sinto em meu âmago uma tranquilidade que é e me dá liberdade. Sei que vivo na maior intranquilidade, que sou capaz de lutar apaixonada e intensamente contra a sujeira ou a estupidez mesquinha, mas ainda assim essa tranquilidade interior permanece."

7. GREVE

Um dia encontro sobre a mesa um pacote com livros: as memórias de Lichnowsky[31], Mühlon[32], Beerfelde[33] e outros livretos.

A guerra transformou-me em antiguerra. Reconheci que a guerra é a ruína da Europa, a peste da humanidade, a desgraça de nosso século. Eu nem me perguntava quem era o culpado por ela. Leio os livros; leio que o governo imperial engana o povo, que ele não é inocente na deflagração da guerra; leio que o governo imperial enganou ainda mais o povo, pois ele tem culpa pela continuação da guerra. Fico repetindo a mim mesmo que não é verdade, mas aqui estão testemu-

---

31 Karl Max, príncipe de Lichnowsky (1860-1928), diplomata alemão que servia na Inglaterra durante a Crise de Julho, que levou à declaração de guerra em 1914. Em 1916 escreveu um panfleto criticando a diplomacia germânica no período. (N.E.)

32 Johann Wilhelm Mühlon (1878-1944), industrial e diplomata alemão. Autor de texto de 1917 sobre a Crise de Julho, no qual se opõe à conduta alemã, indicando interesses da indústria siderúrgica. (N.E.)

33 Hans-Georg von Beerfelde (1877-1960), capitão de infantaria alemão. Deu baixa do serviço militar na primavera de 1914 e, durante a Revolução de 1918/1919, foi segundo presidente do comitê executivo do Conselho de Trabalhadores e Soldados da Grande Berlim. Autor de textos políticos pacifistas. (N.T.)

nhas que o acusam, que reforçam e provam as acusações. O governo não impediu que a monarquia austríaca se lançasse em guerra contra a Sérvia; o governo feriu a neutralidade da Bélgica, embora com isso quebrasse sua promessa e soubesse que à invasão da Bélgica se seguiria a declaração de guerra inglesa. Nesta guerra, não se trata do povo alemão se defendendo, eu mesmo não defendo minha pátria. Os magnatas alemães do aço querem as minas da Bélgica e querem conquistar Longwy e Briey, os objetivos de guerra dos imperialistas pangermânicos impedem uma conclusão pacífica. Fomos enganados, nós nos arriscamos por nada: a consciência disso fez meu mundo ruir. Eu era crédulo como todas as pessoas na Alemanha, crédulo como as massas anônimas.

Nesta noite, apago a luz e não consigo dormir. Vem o dia, mas ele continua escuro; sinto que o país que amo foi vendido e traído por criminosos. A luta contra a guerra precisa atingir os culpados. Há culpados na França, assim como na Rússia, na Inglaterra e na Itália. Mas vivemos na Alemanha e quem reconheceu a verdade precisa começar em seu próprio país.

A questão da culpa pela guerra não é apenas uma questão de encontrar culpados. Os governantes estão enleados na densa teia de interesses, noções de honra e valores morais da sociedade. Procuram poder, fama e a liberdade de seus povos na impotência, na miséria, na opressão de outros povos. Mas nenhum povo é verdadeiramente livre sem a liberdade de seus vizinhos. Os políticos mentem para si mesmos e mentem para os cidadãos. Chamam seus interesses de ideais e é por esses ideais – por ouro, por terra, por minério, por petróleo, por coisas completamente mortas – que as pessoas morrem, passam fome e se desesperam. Em toda parte. A questão da culpa pela guerra empalidece diante da culpa do capitalismo.

Até aquele momento, eu desconhecia o movimento dos trabalhadores e seus objetivos. Ensinaram-nos na escola que os socialistas destroem o Estado, que seus líderes são patifes que apenas querem enriquecer. Agora tenho contato, pela primeira vez, com um líder trabalhista, Kurt Eisner[34].

Eisner havia vindo a Berlim por uns dias e alguns amigos levaram-me a ele. Já nos primeiros dias da guerra, ele se declarou contrário a ela. As autoridades militares perseguiram-no e sufocaram sua voz; ele se tornou um incômodo e um fardo para seu próprio partido. Mas isso não o desanimou, ele prosseguiu em sua luta contra a guerra. Quando um pequeno grupo, posteriormente chamado de "independentes", se separou do Partido Social-Democrata, Eisner aliou-se a eles e continuou suas atividades em Munique. O movimento contra a política imperial de guerra cresce entre a população trabalhadora; não se acredita mais nos líderes que aprovam os créditos de guerra. Agora se acredita em um Liebknecht, nos banidos, nos presos, naqueles que condenam o mundo cego em que vivem.

Alguns dias depois, eu estava em Munique. Fui às assembleias de Eisner, nas quais trabalhadores, mulheres e jovens procuravam o caminho que traria a paz, que salvaria o povo. Nessas assembleias vi personagens trabalhadoras que eu nunca tinha encontrado antes, homens de razão sóbria, percepção social, grande sabedoria e vontade de aço; socialistas que estavam a serviço das coisas em que acreditavam sem tentar tirar nenhuma vantagem disso.

Em Kiel, dez mil trabalhadores de fábricas de munição entravam em greve. O *slogan* deles era "paz sem anexação ou taxação, pelo direito à autonomia de todos os povos". O que fará Munique? Os sociais-democratas não querem a greve. Eisner e os independentes são fracos demais para dar início a ela e, apesar disso, em uma bela manhã, lá estava a greve.

---

34 Kurt Eisner (1867-1919), jornalista, crítico de teatro e pacifista alemão, um dos líderes da revolução da Baviera em novembro de 1918, que encerrou a monarquia da casa Wittelsbach. Foi assassinado em 1919 por razões políticas. (N.E.)

Os trabalhadores da Krupp[35], em sua maioria alemães do norte, foram os primeiros a parar as atividades, não havia ameaça que pudesse intimidá-los. "Vocês vão ficar sem seus suplementos alimentares, nada de banha ou salsicha; vão convocá-los ao exército e mandá-los de volta ao *front*", assim os ameaçavam. Eles não temiam nem as privações nem a morte, não lutavam por aumento de salários; eles não lutavam por si mesmos, pois tinham aquilo de que precisavam, eram privilegiados, livres do serviço na guerra. Eles lutavam por seus irmãos no campo de batalha.

Foi formado um comitê de greve, do qual Eisner fazia parte.

Vou às assembleias de greve, eu queria ajudar a fazer algo. Distribuo às mulheres poemas de guerra e algumas cenas de minha peça *Die Wandlung*[36] que se passam em hospitais militares e têm a ver com aleijados. Faço isso porque acredito que esses versos, nascidos do horror da guerra, atacam-na e a denunciam.

Finalmente me passam uma tarefa. Devo falar com as trabalhadoras de uma fábrica de cigarros, devo solicitar que elas tomem parte na greve. O porteiro da fábrica impede minha entrada no pátio e trabalhadores apressam-se a me socorrer. Logo todas as mulheres estão reunidas no pátio. Elas param as atividades e vamos todos juntos à reunião.

Todas as pessoas estão inquietas; Eisner devia falar, mas onde está ele? Os outros membros do comitê de greve também não aparecem. Depois de esperar em vão por uma hora, ouvimos que a polícia prendeu a todos durante a noite.

A Sra. Sonja Lerch está entre os presos; ela é esposa de um professor universitário de Munique. Seu marido a havia

---

35 Conglomerado industrial, o maior da Europa no começo do século XX, famoso pela produção de aço, munição e armamentos, tendo desempenhado um papel importante na Primeira Guerra Mundial. (N.T.)
36 *A Transformação*. (N.T.)

deixado no primeiro dia de greve, mas ela o amava e não queria se separar dele. Ontem à noite ela veio a mim, desconsolada e atordoada. Ofereci-lhe meu quarto para que passasse a noite e a alertei para não voltar à casa de seu marido, pois era lá que a polícia a procuraria primeiro. Mas ela não ouviu uma só palavra do que eu disse. "Só quero vê-lo mais uma vez, só mais uma vez", ela repetia sem cessar, como uma criança se agarrando aos pedaços dilacerados de uma boneca que amava. Ela foi. À noite, por volta das três horas, chegou a polícia e a conduziu à prisão de Stadelheim. Ela berrava dia e noite, seus berros reverberavam pelas celas e corredores e gelavam o sangue de carcereiros e prisioneiros. Ao quarto dia, encontraram-na morta – ela havia se enforcado.

Um movimento de massa que acredita em seus objetivos não é refreado pela prisão de seus líderes. A fé é um elemento decisivo; é só com seu adoecimento, enfraquecimento e corrosão que as potências contrárias podem romper a unidade do movimento e dissolvê-lo em amontoados de indivíduos impotentes e incapazes de querer algo. Esses trabalhadores creem em sua luta; eles respondem à notícia da prisão dos líderes com a eleição de uma delegação que vai ao comissário de polícia exigir a libertação dos presos. Os três mil participantes da assembleia vão acompanhá-los ao quartel da polícia. Se eles não voltassem em uma hora, uma segunda delegação exigiria a libertação deles. A assembleia não vai se dissolver, a greve prossegue com a mesma força de antes.

É eleita a primeira delegação. O presidente da mesa pergunta se há voluntários para a segunda. Três dizem seus nomes, entre eles um soldado; dois sobem ao palanque, mas falta o terceiro – no último instante o soldado se amedronta. Nesse momento, digo meu nome. O presidente pede-me para dizer algumas palavras, é a primeira vez que falo em uma reunião de massa. Gaguejo em minhas primeiras frases, constrangido e desajeitado. Depois falo livre e soltamente, sem nem mesmo saber de onde vem a força de minha fala.

Na rua, os grevistas entram em formação. Marchamos até o quartel da polícia, e no caminho passamos ao lado da caserna do Regimento de Guarda, em cujas janelas se amontoavam soldados que, retornando do campo de batalha, acenavam para nós, saudando-nos. Nesse momento, estamos nos aproximando do castelo do rei bávaro, o Palácio Wittelsbach.

O portão da caserna se abre e uma tropa de jovens recrutas, comandada por um tenente, marcha em passo apressado ao lado da passeata. Ao ultrapassar aqueles que estavam à frente, um pouco antes de chegar ao palácio, a tropa para e bloqueia a rua, como uma parede viva. O tenente, pálido e agitado, revólver à mão, dá aos rapazes de dezessete anos, vindos do campo e que ainda não viram o *front* – só por isso se confia neles –, a ordem para carregar as armas e destravá-las. Nossa passeata freia e para. Vamos romper o cordão? Vamos encarar a luta? Nos segundos seguintes são disparados os primeiros tiros, o sinal para a guerra civil. Eles ali têm armas, nós estamos desarmados. Os líderes discutem entre si, indecisos. "Queremos nossos direitos, não um massacre", diz um velho trabalhador.

A passeata recua, vira em uma rua lateral, na rua que leva ao quartel da polícia: policiais bloqueiam-na. A passeata para. A primeira delegação segue em frente e os policiais abrem passagem. O portão do quartel da polícia se abre.

Aguardamos. Passa-se uma hora. Ninguém volta. A segunda delegação vai ao comissário de polícia, também não nos impedem a entrada. Antes mesmo de começarmos a falar, o comissário dirige-se a um de nós que ele parece conhecer.

"O senhor não estava na minha companhia, no campo de batalha?"

Mecanicamente, o rapaz abordado bate os calcanhares:
"Sim, senhor comissário."

"E agora o senhor está mancomunado com esses traidores da pátria?"

"Não somos traidores da pátria", eu digo, "queremos salvar a Alemanha, e não traí-la."

"Quem é o senhor? Eu não o conheço", berrou em minha direção o comissário.

"Isso não é necessário. Não falo aqui em meu nome, falo em nome de milhares de pessoas que exigem a libertação de nossos líderes presos."

"Posição de sentido!", isto é o que o comissário quer dizer. Mas ele me olha e seu olhar vai perdendo a severidade, tornando-se mais vacilante. Em vez de um comando, ouço as palavras de sempre:

"Não sou o responsável por isso."

Voltamos para a passeata de protesto. Temos que informar a cidade, os jornais caluniam os grevistas. É preciso distribuir um panfleto, ele precisa ser escrito imediatamente.

Vamos à casa de um conselheiro municipal social-democrata[37]; o pai nem quer saber de greve, o filho está do nosso lado. Escrevo apressadamente o rascunho de um apelo. A campainha toca à porta da casa. A irmã de nosso amigo grita: "Investigadores de polícia!". Fomos descuidados e não vimos que os policiais nos seguiram. Faço do manuscrito uma bola de papel, abro a porta do forno desligado e jogo-a lá dentro. Mas os policiais não procuravam por nós; eles apenas

---

37 *rechtssozialistischen*, no original: a partir de alguns textos de Karl Kautsky e Max Adler acerca da situação política da Alemanha nessa época, é possível depreender que a designação *"rechtssozialistisch"* refere-se aos remanescentes do Partido Social-Democrata Alemão (SPD – *Sozialdemokratische Partei Deutschlands*) após a dissidência dos membros que viriam a formar o Partido Social-Democrata Alemão Independente (USPD – *Unabhängige Sozialdemokratische Partei Deutschlands*). Entretanto, na medida em que o adjetivo *"sozialdemokratisch"* também é muito utilizado por Toller, é de se acreditar que a distinção entre os referidos por uma e outra designação deva ser interpretada como relativa a correntes distintas no interior do SPD. Nesse sentido, optamos por traduzir ambas por "social-democrata", para não reforçar uma distinção que, embora estivesse muito presente para quem viveu essa época na Alemanha, poderia confundir os leitores contemporâneos. (N.T.)

prenderam o pai e foram-se dali com ele. Olhamo-nos atônitos uns para os outros, pegamos a bola de papel de dentro do forno, desdobramo-la e finalizamos o panfleto. Passamo-lo a limpo e um impressor o leva; algumas horas mais tarde, milhares de exemplares são distribuídos pelas ruas de Munique. Desatento, em vez de queimar o rascunho, enfio-o no bolso de meu casaco.

Na manhã seguinte, cinquenta mil trabalhadores reúnem-se em assembleia em Theresienwiese. A polícia, impotente, assiste à marcha e ouve nossos discursos; não ousa intervir, não ousa prender os oradores.

A greve continua por dias, até que os parlamentares social-democratas conquistam a liderança; eles prometeram ao Ministro da Guerra sufocar a greve. A greve se desfaz. Antes disso é escolhida uma delegação que deve encaminhar ao ministro as exigências dos grevistas "com toda a seriedade e toda a ênfase devida". Auer[38], o líder dos sociais-democratas, aplaca os ânimos dos trabalhadores insatisfeitos. Ele se compromete com o atendimento de suas exigências, vai levar a delegação ao ministro, ninguém que participou da greve será demitido, ninguém será punido. De manhã os grevistas reúnem-se para uma última manifestação em Theresienwiese. A passeata segue pela cidade e se desfaz em Karlsplatz.

Ao meio-dia, estou sentado à mesa de minha pensão, almoçando. A camareira chama-me, lá fora estão dois senhores que querem falar comigo.

"O que o senhor deseja?", pergunto, do corredor, aos dois senhores.

"Mãos ao alto!", bradam os dois senhores e colocam o revólver diante de meu nariz.

---

38 Erhard Auer (1874-1940), político bávaro, presidente do Partido Social-Democrata (SPD) na Baviera e membro do parlamento provincial. (N.T.)

Sou preso, os senhores algemam-me e sou levado primeiro para a delegacia e depois para a caserna, onde sou trancado em um cubículo de madeira na sala da guarda.

Nessa sala, os soldados agem como se eu não estivesse lá. Eles conversam, comem, jogam cartas. Parece que sou feito de ar ou que uma capa me torna invisível para eles.

"Camarada", eu digo. O soldado continua quieto, ele nem vira a cabeça em minha direção. Proibiram o pessoal da guarda de falar comigo.

Passa-se um tempo e me levam ao vestiário. Um suboficial joga um uniforme sujo para mim.

"Vista!"

Eu me recuso.

"Sou um ferido de guerra, estou dispensado."

"O senhor foi convocado de novo. Vista!"

"Ninguém pode ser recrutado sem um exame médico."

Sou vestido à força. As calças e botas militares têm um efeito mágico sobre mim. Fico com o "orgulho ferido" porque me fizeram vestir a jaqueta de um "recruta" qualquer.

"Cadê as listras?", eu digo. "Sou um suboficial."

Levam-me para o interrogatório.

Sou interrogado por várias horas. O procurador do tribunal de guerra crê que há uma rede de complôs tomando conta da Alemanha. Assim, quanto mais verdadeiras minhas respostas, mais incríveis elas lhe parecem. Ele quer ver o que é simples como algo complicado; o que é espontâneo como deliberado e o fortuito como calculado, premeditado. Ele imagina que há, em algum lugar, uma central todo-poderosa ditando os caminhos dos trabalhadores. Não compreende a motivação da luta; para ele, o povo é uma multidão destituída de vontade própria, que só se levanta se agitadores o instigarem e seduzirem. Quando ele me pergunta onde estão escondidos os milhões em ouro que servem para financiar a greve, eu solto uma gargalhada. Nós todos demos nossos últimos fênigues para comprar o papel dos panfletos.

"Esse sorriso vai sair da cara do senhor em breve", ele diz e deixa a sala. Ele se vira mais uma vez à porta e brada "guarda!".
Um soldado entra na sala.
"O senhor vai ficar responsável pelo prisioneiro."
A porta bate com força.

Algum tempo depois, chega um oficial. Ele fica procurando o que fazer na sala. Noto como ele me observa.
"O senhor está chateado com algo?"
"É só esse interrogatório."
"Eu estava na sala ao lado e ouvi tudo."
Ele saca sua carteira e me oferece um cigarro. Inclina-se em minha direção e diz em voz baixa e zombeteira: "Levante a cabeça. Nem todos servem para interrogadores. É preciso ter nascido para o ofício".
Olho-o espantado e ele deixa a sala.

O procurador do tribunal de guerra retorna, agora trazendo uma maleta na mão. Ele se senta, folheia os arquivos e pega uma cópia do panfleto.
"O senhor conhece este folheto?"
"Não."
"Então o senhor não conhece o folheto?"
Ele abre a maleta e tira dela um papel todo amassado, o rascunho do panfleto.
"O senhor vai continuar a negar?"
Fico quieto.
"Nós abrimos as costuras de seu casaco, seu bolso tinha um furo. Eis o que o forro traz à luz. Levem-no!"

Acompanhado por dois soldados com baionetas em punho e um suboficial, sou levado pelas ruas de Munique. As pessoas param para olhar, as crianças seguem-nos.
"Um assassino", diz um menino.
O portão do presídio militar em Leonrodstraße fecha-se atrás de mim.

8. O PRESÍDIO MILITAR

A prisão em Leonrodstraße é uma das mais velhas de Munique. Os escritórios e corredores têm iluminação elétrica, as celas não têm luz. Nestes dias nublados de inverno, a noite começa para os presos já às três da tarde e dura até tarde na manhã seguinte. Apenas algumas horas do dia oferecem a claridade para que se possa ler.

Aproveito meu tempo; leio obras de Marx, Engels, Lassalle, Bakunin, Mehring, Rosa Luxemburgo, Webbs. O que me fez acabar nas fileiras dos trabalhadores em greve foi o acaso, não a necessidade, o que me atraiu foi a sua luta contra a guerra. É só agora, na prisão, que me torno socialista. Começo a perceber de forma mais clara a estrutura da sociedade, a relatividade da guerra, a terrível mentira que é a lei – a qual permite que todos passem fome enquanto uns poucos enriquecem –, as relações entre o capital e o trabalho, o significado da classe trabalhadora como motor da história.

Penso cada vez mais em Stefan, meu amigo de infância, em seu ódio pelos ricos, e na resposta de minha mãe de que a pobreza é vontade de Deus. A Terra tem alimento em abundância para todos, o espírito humano encontrou meios e caminhos para dominar as forças da natureza, para transformar pedra em ouro genuíno, em pão. E, no entanto, enquanto uns estão morrendo de fome, outros despejam trigo no mar; enquanto palácios resplandecem vazios, há gente que não tem onde morar; enquanto crianças definham, mercadorias apodrecem criminosamente. Os lugares de cultivo do espírito continuam vedados àqueles que nada possuem, as forças mais nobres da humanidade são enterradas e diláceradas. O que os falsos ídolos exigem é um sacrifício sem limites. A desrazão e a cegueira dominam os povos, e os povos toleram esse domínio porque eles desconfiam do espírito, da razão, justamente as potências que poderiam reter e ordenar a caótica falta de rumo para depois moldá-la de forma criativa. Uma vez que o homem cresce organicamente, ele chama seus *Golems*, a economia e o Estado, de formações orgânicas. É assim que ele alivia sua consciência pesada – pois ele não está desamparado diante da incompreensível e irrefreável onipotência de um mundo que guarda a morte como destino inescapável? A angústia de viver o lancina e corrói profundamente; ele ama a liberdade, mas, como tem medo dela, prefere se humilhar e forjar seus próprios grilhões a ousar agir e respirar livremente, assumindo a responsabilidade por seus atos.

Todos os dias, tenho o direito, por meia hora, de dar algumas voltas no pátio calçado da prisão. Os primeiros brotos começam a surgir nos arbustos que, embora indigentes e debilitados, agora me alegram como se possuíssem a luminosidade de rododendros. Versos vão me ocorrendo nesse pátio, como a *Canção do Prisioneiro*, as últimas cenas de *Die Wandlung*.

As celas estão sujas e infestadas de insetos. Dúzias de prisioneiros alternam-se nelas, sem que os lençóis que cobrem os catres onde dormem sejam trocados. Comemos pão de guerra misturado com farelo, sopa de nabo, geleia de nabo, mexido de nabo e, aos domingos, sopa de cevada com um minúsculo pedaço de carne dentro. Estamos sempre com fome.

Somos prisioneiros, mas continuamos soldados. Não temos permissão de tirar nossos sapatos durante o dia, não podemos abrir mais que um botão da jaqueta de nosso uniforme. Toda violação do "regulamento da casa" é severamente punida.

A prisão está superlotada de desertores. A fim de abrir espaço para novos prisioneiros, oferecem aos soldados a opção de voltar para o *front*, ou de seguir para a prisão de segurança máxima. Se antes o serviço no *front* era considerado uma honra, agora ele é equiparado a essa prisão.

Os carcereiros são reservistas inaptos para servir na guerra. Não é difícil conviver com eles, mas os suboficiais de escritório, que não estiveram no *front*, tratam-nos com a mais cínica brutalidade. Um dia vejo como um desses suboficiais, pequeno, de bochechas róseas, saudável, estapeia as orelhas de um soldado que lutou por três anos no *front*, de modo a fazer esse homem, um verdadeiro poste de tão alto, começar a chorar. É frequente que os prisioneiros escolham a morte para fugir do tormento desses dias infernais. Eles cortam seus pulsos com cacos de vidro, rasgam os lençóis e fazem com seus pedaços cordas para se enforcar, jogam-se por cima dos corrimões das escadas em direção ao piso de pedra. Nunca mais vou me esquecer daquele grito agudo e animalesco que penetrou meu sono e me fez acordar assustado e chorando, e de como, depois disso, eu estranhamente não conseguia parar de chorar.

Os carcereiros são simpáticos comigo, eles vêm à minha cela e me perguntam quando é que a "fraude" vai finalmente acabar, eles contam das mulheres e dos filhos, das dificuldades domésticas. Quando eu lhes respondo que abreviar a guerra depende deles, eles encolhem os ombros constrangidos e repetem o que os covardes sempre dizem:

"Sim, se todo mundo fizer o mesmo."

Os outros líderes da greve também estão presos, mas não vejo ninguém, pois vivemos estritamente isolados uns dos outros. As autoridades não ousam admitir que fomos presos pela nossa participação na greve. O *Münchener Post*, jornal social-democrata, escreve que fui encarcerado como desertor.

Não tenho o direito de receber visitas, nem mesmo de um advogado. Começo então uma greve de fome; não me resta outro meio para resistir.

Todos os dias submetem-me a um novo interrogatório. Ao final de cada um, o escrevente lê para mim uma transcrição. O que eu disse está distorcido e alterado, e assim nego-me a assiná-la. Schuler, o procurador do tribunal de guerra, chama minha atenção energicamente:

"Eu lhe dei uma ordem militar, você vai assinar a transcrição."

Não me mexo.

"O senhor será levado para a solitária e viverá de pão e água!"

Calo-me.

No dia seguinte, chamam-me novamente.

"Assine!"

"Não", eu digo, e impelido pela fome, pela febre e pela raiva, lanço-me sobre ele.

"O senhor é um patife!", grito, e no mesmo momento já sei que minha situação é irremediável. O procurador do tribunal de guerra meteu um amigo em algemas porque ele se negava a colocar seu nome na transcrição.

O procurador dá um passo atrás e ri secamente:

"Muito bem, se o senhor não assina, sou eu que vou avalizar a correção do que foi dito."

Um dia acordo com os membros pesados, com o pescoço doendo. Tento me levantar do catre, mas caio desfalecido.

Ao meio-dia chega o médico, um judeu. Ele começa a me examinar e diz que é preciso mandar todos os pacifistas para o paredão. Então me receita uma aspirina e recusa ao febril um segundo cobertor.

Passo a noite deitado com febre alta, mas ninguém está nem aí comigo. Na manhã seguinte vem outro médico. Ele dá alguma instrução ao suboficial médico que o acompanha e, quando este deixa a cela, inclina-se sobre minha cama.

"Eu odeio a guerra como o senhor, vou ajudá-lo. Agora estou enviando-o ao hospital militar, mais tarde vou declarar que o senhor não pode ser mantido na prisão."

O médico disse mesmo essas palavras, ou foi a febre que me fez ouvi-las?

O suboficial médico entra de novo na cela, o médico berra como se estivesse recriminando um farsante:

"O senhor será transferido para o hospital militar!"

À tarde uma ambulância leva-me ao hospital militar. Na recepção está um chauvinista suboficial judeu. Ele grunhe que eu devo agradecer a meu criador pelos médicos terem assumido meu caso e que a Alemanha tem direito não só sobre a Bélgica, mas também sobre Calais; se a Alemanha não mantivesse a cidade, os ingleses tomariam-na.

A enfermaria dos prisioneiros só tem lugar para dois, mas nós somos seis; seis desertores, ladrões, amotinados, "traidores da pátria". Dois estão deitados em camas, quatro sobre sacos de palha no chão. A janela está fechada e possui grades. O ar está empesteado, um só balde deve servir para os seis homens e ele é esvaziado duas vezes por dia: de manhã, por volta das seis e meia e depois à tarde, por volta das cinco. O homem a meu lado sofre com problemas de bexiga. Sua cama molhada fede como uma latrina. Ele fica à porta e, quando passam a tigela de comida pela portinhola, ele a agarra com suas mãos amolecidas e enrugadas, como as de uma lavadeira. Engasgo de tanto asco, nem toco a comida.

Na manhã seguinte, o chefe do corpo médico faz sua entrada acompanhado de grande comitiva: seguem-no o médico-chefe, o médico-assistente e o segundo médico-assistente. Sobre minha cama, estão poesias de Werfel, que eu trouxe comigo ao deixar o presídio. O diretor apanha o livro, abre-o e lê algumas linhas:

> "Apanhe, segure, mantenha
> Mil punhados de sorrisos em suas mãos!
> Sorriso, bendita umidade espalhada
> Por todo o rosto."

"Quem lê esse tipo de baboseira, não pode se espantar quando acaba na prisão", fala o diretor e olha para sua comitiva. O médico-chefe inclina-se, o médico-assistente bate os calcanhares e o segundo-assistente fica em posição de sentido, vacilando com os joelhos.
Acaba a visita.

Tenho saudade do silêncio de minha cela imunda e infestada, ela me parece um paraíso comparada a este inferno.
No quarto dia, declaro-me saudável. Choro de alegria ao reencontrar minha cela.

As grades da janela dividem o céu eternamente cinza do inverno em feios pequenos quadrados. Se me soergo sobre o parapeito da janela, vejo do outro lado a caserna branca do tribunal de guerra, no qual os uniformizados alfaiates do direito medem os anos cinzas de prisão que cabem às pessoas. Amistosas cortinas brancas decoram as janelas do piso térreo, é ali que mora o porteiro. Em uma das janelas as cortinas separam-se; curiosa, estica-se a cabeça de uma garota. Nossos olhares se cruzam. A cabeça some, mas o leve balançar das cortinas denuncia a presença da garota.

Na manhã seguinte, mais ou menos no mesmo horário, estou de novo junto às barras, e novamente lá está a garota à janela. Esse delicado encontro repete-se todos os dias ao mesmo horário. Quando o guarda se aproxima e o perigo ameaça, ela me acena. Ela inventa uma linguagem de gestos cheia de expressões, os olhos e o sorriso são as vogais, as mãos e os ombros são as consoantes.

Uma noite ouço o ranger da tranca de minha cela, a porta é aberta, o suboficial encarregado chama meu nome.

"Serei transportado para outro presídio?", pergunto.

"Fora!", late com sua rude voz.

O suboficial vai à frente, eu o sigo pelos corredores, ele abre a porta do escritório.

Ali, embaixo da morna lâmpada a gás, inclinada sobre a mesa, está a garota. Fico olhando para ela, desconcertado. Seu rosto ruboriza-se. Envergonhada, ela olha para o chão.

O que aconteceu?

A filha do porteiro era namorada do suboficial. Ela sabia, como todos na vizinhança, que havia "prisioneiros políticos" no presídio militar, aventureiros românticos, ladrões como os das lendas populares que depenam os ricos para dar aos pobres, loucos que pregam a paz enquanto os povos da Europa estão em guerra e quando até mesmo o senhor pastor anuncia que Deus acompanha nosso exército com os tambores e trombetas dos anjos. Mas eles não deixavam de ser pessoas, e os jornais falavam delas; pessoas perigosas, interessantes.

Ela tem muita vontade de conhecer um deles e está determinada a fazê-lo. Ela não é a noiva do carcereiro? Quando ela pede a seu noivo que a leve escondida ao presídio, pois ela gostaria de ver o jovem suboficial, o "prisioneiro político", ele acha que isso é uma piada e ri de sua cara. À noite, como sempre, sobe em direção à câmara dela, mas as persianas estão trancadas com um cadeado. Ele bate e ela não responde. Ele vai embora furioso, já até começando a ouvir vozes vindas do quarto dos pais.

"Por que ontem à noite você não me deixou entrar, Marie?"
"Porque eu não queria."
"Posso ir hoje à noite?"
"Sim, se você me levar para ver o prisioneiro político."
E assim ela quebrou sua resistência.

Ele está de serviço no domingo. Não há ninguém além dele no escritório, ele suborna com cigarros o reservista de guarda no portão.

Depois de instantes de silêncio, o carcereiro diz:
"Aí está seu prisioneiro político, satisfeita agora?"
Ele se senta à mesa, pega uma gaita do bolso e toca a escala indo e voltando, indo e voltando.

"Se o senhor carcereiro tocasse algo, poderíamos dançar", eu digo.

"Eu não vou tolerar seu atrevimento", disse o senhor carcereiro.

"Toca logo", diz a garota.

O senhor carcereiro encolhe-se, pensa na janela fechada, dá um sorriso azedo, coloca a gaita nos lábios e toca uma valsa.

"Por favor", eu digo.
"Com todo prazer", diz a garota.

Dançamos em torno da mesa ao som da valsa tocada pelo senhor carcereiro. Quando nos aproximamos das paredes, onde estão penduradas correntes, algemas e grilhões, eu bato com os pés neles e o tilintar dos anéis de ferro acompanha a dança. A música é interrompida, o carcereiro vira-se para escutar com atenção.

"Você não vai continuar?", pergunta a garota, em tom de ameaça.

"Sua tonta! Aí vem o supervisor. Isso vai me custar meu emprego! Já para a cela!", ele grita para mim e, virando para a garota:

"Você também!"

Ele me empurra para fora da sala. Corro para dentro de minha cela, a garota vem atrás. Assim que a porta da cela se fecha atrás de nós, a garota joga-se em meus braços e nos beijamos. Mas logo o carcereiro abre a porta.

"Não foi nada. Venha aqui pra fora. Chega por hoje."

Embora meu amigo médico não apareça mais, ele não se esquece de sua promessa. Um dia sou levado a ele. Ele me examina aos berros e xingamentos, mas, uns dias mais tarde, sou liberado sob a alegação de que não tenho condições de ser mantido preso e sou encaminhado para o batalhão de reserva em Neu-Ulm.

Nessa noite de primavera, lá estou eu passeando em meio às castanheiras em flor.

Livre. Só. Estou feliz, mas algo me pesa no peito.

9. HOSPÍCIO

Passou o inebriamento com a guerra, ninguém mais se alista voluntariamente. Os jovens recrutas, praticamente crianças, mal-alimentados e frágeis, têm o entusiasmo enfiado goela abaixo nas instruções cheias de patriotismo que recebem. Eles devem aprender que a Alemanha tem direito sobre a Bélgica, sobre as províncias bálticas, sobre as colônias. Mas eles não escutam as palavras dos bem nutridos oradores, o que seus ouvidos escutam são os rumores que vão de boca em boca e espalham que regimentos inteiros se amotinaram no *front*, que a Áustria não vai cooperar por muito mais tempo, que por toda a parte mulheres teriam saqueado padarias e açougues. Os soldados já se recusam a ir para o campo de batalha, é só com muito esforço que os oficiais conseguem persuadi-los. Punições não os assustam, melhor passar fome na prisão que morrer à míngua lá fora – grita um deles, assim que é detido. Os soldados no *front* já não aguentam mais.

A fome espalha-se pela Alemanha. Professores demonstram que o farelo tem o mesmo valor nutricional da farinha, que marmelada adoçada com sacarina é mais fácil de digerir que a manteiga, que caule de batata é mais saudável para os nervos que o tabaco e tem o mesmo gosto. Mas os ensinamentos dos professores não alcançam a barriga, que responde a essas tolices à sua maneira: as pessoas enfraquecem, ficam doentes, desesperam-se.

Há um ditado alemão que diz: "a fome é a melhor cozinheira". Mas essa cozinheira causa-me terror. Uma noite, estou diante da caserna em Neu-Ulm e vejo prisioneiros de guerra russos sendo trocados de trem no meio da viagem para um novo campo. Ali fora há tonéis em que o pessoal da cozinha havia jogado cascas de batatas e lixo e os soldados haviam descartado os restos de suas refeições, pão embolorado e ossos; os prisioneiros, ao vê-los, lançam-se sobre eles, remexem com as próprias mãos aquela gosma azeda e fedida e enchem as bocas com a lavagem.

Toda vez que deixamos a caserna, lá estão montes de crianças diante do portão, todas desnutridas e mendicantes, felizes por arrumar um mero pedaço de pão.

Em um domingo, viajo em segredo a Krumbach para me encontrar com Gustav Landauer. Pergunto-me por que, numa época como esta, na qual as pessoas aguardam a voz da verdade, esse ardente revolucionário se cala. "Eu trabalhei", ele diz, "minha vida toda para que essa sociedade fundada na mentira e na trapaça, na exploração e na opressão das pessoas, finalmente ruísse. Agora eu sei que essa ruína chegará, pode ser amanhã ou daqui a um ano, e tenho o direito de preservar meu fôlego para esse momento. Quando a hora exigir, estarei lá, pronto para trabalhar."

Passei a noite na hospedaria de Krumbach. De manhã, ao checar o livro de visitantes, vejo que, por acaso, o procurador do tribunal de guerra de Munique está passando suas férias ali. Se ele me descobrir aqui, certamente serei preso de novo. Tenho que partir imediatamente. É arriscado tomar o trem em Krumbach, então Landauer e eu rumamos para a próxima estação, cortando caminho pelos jardins de outras pessoas, pulando cercas e percorrendo campos.

Chego a salvo em Neu-Ulm, na hora certa, pois o sargento havia acabado de chamar por mim. "O senhor precisa se aprontar imediatamente para viajar. Há ordens expressas para que o senhor seja transferido à clínica psiquiátrica em Munique."

Minha mãe não podia imaginar que seu filho fosse acusado de trair a nação. A acusação parecia-lhe terrível, assim como era terrível a punição que se anunciava; ela não entendia como uma pessoa de família burguesa pudesse se dedicar à luta dos trabalhadores. "Ele só pode estar doente", ela pensou, "vou ajudá-lo". Ela chama os médicos da família e envia atestados ao tribunal. Estes mostram que sofro dos nervos desde criança, e a consequência é esse exame psiquiátrico.

No escritório da clínica psiquiátrica, sou recebido por uma bonita moça. Embora ela tenha minha ficha com todas as informações necessárias em suas mãos, ela me pergunta quando e onde nasci e se sou casado. Tenros olhos castanhos brilham em minha direção.

"Dê-me sua faca, senhor", diz a bonita moça.

"Eu não tenho."

"Seu dinheiro, seu lenço e o que mais o senhor tiver em seus bolsos."

Olho atônito para a moça.

"Venha comigo."

Abre-se uma porta, um pesado cuidador recebe-me na entrada.

"Vamos primeiro tomar um banho", ele diz.

Vamos? Nós?

Ele me enfia em uma sala azulejada com três banheiras. Há pessoas em duas delas, uma está dando gritos estridentes, as vogais cortam os ouvidos; a outra vai cantando sem parar três compassos *la-lala-la*, com uma voz queixosa e sem fazer uma só pausa.

"Tire sua roupa."

"Senhor cuidador, eu já tomei banho hoje cedo."

O cuidador nem olha para mim, indiferente. "Já sei, já sei. Tire a roupa."

Ele não acredita em mim, não acredita. Tudo o que digo ele acha que é truque de maluco. Talvez ele pense que a minha doença é justamente fingir que tomei banho de manhã cedo. Estou aos cuidados de uma pessoa que tem ouvidos que não ouvem e olhos que não veem. Tenho que ir embora, e logo. Tenho que voltar para a caserna ou até mesmo para o presídio, por mim, tanto faz, só não posso ficar aqui. Vou gritar, vou me enfurecer; não, desse jeito estou perdido. O que devo fazer para que ele acredite em mim? Ele nunca vai acreditar em mim, nunca. Fico olhando fixamente para a porta, um salto e estou salvo.

"Não há maçaneta aí, assim como na porta do corredor", diz o cuidador.

Dispo-me, fico uma hora entre o que grita e o cantor na banheira, visto a calça que já estava à minha espera e a camisola, e sou conduzido a uma sala em que estão vinte ou trinta loucos "inquietos". Preciso me deitar em uma cama, começo a duvidar de minha sanidade.

Um jovem rapaz que, sobre seu pescoço curto e fino, tinha não uma cabeça, mas uma abóbora inchada que se mexia para lá e para cá como um pêndulo, levanta-se de sua cama, dá passos cambaleantes arrastando os pés em minha direção, para, curva-se solenemente três vezes, volta à sua cama e repete a cerimônia a cada quarto de hora.

Depois de dois dias, sou transferido à sala dos melancólicos. Ah, melhor se eu tivesse ficado com meus amigos dos gritos, canções e gestos. Nas camas desse lugar, trinta pares de olhos dilacerados olham fixa e silenciosamente para a cova de sua própria escuridão.

Meu vizinho, um velho, ergue-se de sua cama. Os olhos perdidos e infinitamente tristes brilham como em êxtase, as mãos murchas tateiam em movimentos furiosos, ele desmorona em orgasmo, e um cuidador o deita de volta em sua cama.

Uma jovem médica visita-nos à noite, a filha do professor Kräpelin. Ela vem à minha cama, seu *pince-nez* tremia de forma simpática. Falando baixo, peço-lhe algo para me fazer dormir, não sei se meus nervos conseguiriam suportar uma terceira noite em claro, e então o *pince-nez* balança violentamente:

"Mas eu sabia! Primeiro trai a pátria e depois é tão frouxo que me pede algo para dormir!"

Logo ela já está se inclinando sobre a cama de um idiota:

"Não é verdade, Sr. Schmidt, o senhor esteve no *front*, o senhor não encorajaria o inimigo, não é?"

A resposta do Sr. Schmidt é um olhar vago e estúpido.

Não se deve mesmo esperar muito dos médicos. Um médico esperto é aquele que logo compreendeu o abracadabra das boas e sábias anciãs e, no lugar de fitinhas de proteção e palavras mágicas, receita as suas próprias. Ele não sabe nada sobre o que oprime as pessoas, e, quando sabe, não entende.

O diretor da clínica psiquiátrica é o famoso professor Kräpelin, que fundou, em uma cervejaria de Munique, uma liga para a supressão da Inglaterra.

"Senhor", ele me diz gritando, quando sou encaminhado a ele, "como o senhor tem a ousadia de negar as justificadas pretensões de poder da Alemanha? Vamos vencer essa guerra, a Alemanha precisa de um novo espaço vital, da Bélgica e das províncias bálticas. Os senhores são culpados por Paris não ter sido conquistada, os senhores atrapalham os Siegfrieds, o verdadeiro inimigo é a Inglaterra."

O rosto do senhor professor ruboriza-se, ele tenta me convencer, com o *pathos* de um orador de assembleia desvairado, da necessidade da política pangermanista; eu aprendo que há dois tipos de doentes: aqueles que são inofensivos em quartos com grades e sem maçaneta e são chamados de loucos, e os perigosos, que demonstram que a fome contribui para a formação de um povo e fundam ligas para derrotar a Inglaterra. São estes que detêm a prerrogativa de trancafiar os inofensivos.

"Falamos duas línguas diferentes, senhor professor", digo, "talvez eu entenda sua língua, mas minhas palavras soam-lhe mais estranhas que o chinês."
"O senhor não vai ficar aqui mais tempo que o necessário", range sua voz.

Sou liberado no quarto dia, dou graças pelo meu destino.

Algumas semanas mais tarde, no verão de 1918, sou dispensado da caserna e então viajo a Berlim.

10. REVOLUÇÃO

A pobreza aumenta na Alemanha, o pão fica ainda pior e o leite, ainda mais ralo, os camponeses expulsam de suas fazendas as pessoas da cidade, os que antes faziam estoques agora voltam para casa de bolsos vazios, os soldados no *front*, furiosos com os banquetes e os festins nas bases e com a miséria em casa, já não aguentam mais a guerra. "Salários iguais e mesma comida, e a guerra já teria sido há muito vencida", cantam os soldados.

Eles lutaram por quatro anos nos *fronts* do leste e do oeste, na Ásia e na África, resistiram ao adversário por quatro anos na lama e na chuva de Flandres, na névoa tóxica dos pântanos da Volínia, no calor escaldante da Mesopotâmia.

Na noite de 3 para 4 de outubro[39], é enviada a nota de paz a Wilson.

A inesperada oferta de paz abre os olhos do povo alemão que nem suspeitava da catástrofe. Então tudo foi em vão, os milhões de mortos, os milhões de aleijados, a matança, a fome, tudo em vão.

---

39 Outubro de 1918. (N. E.)

A vitória da democracia burguesa, que acompanha a oferta de paz, não encontra eco em parte alguma. Não a combatem nem o parlamento nem o povo, ela foi simplesmente ditada, como o cartão de rações, como a nabiça. E houve alguma transformação visível? Os privilégios de classe desapareceram, Liebknecht e os outros presos políticos foram anistiados, mas a imprensa continua sob censura, as assembleias continuam proibidas, os generais mandam como antes, os ministros procedem da velha casta poderosa, os sociais-democratas Scheidemann[40] e Bauer[41] viraram secretários de Estado, excelências, pelo amor de Deus!

O povo só pensa na paz; ele pensou por tempo demais na guerra, acreditou por tempo demais na vitória. Por que a verdade não lhe é dita? Se até mesmo os generais se abatem, como o povo não deveria se desesperar? Nada de outro inverno em guerra, nada de passar fome de novo, de frio e quartos sem aquecimento, de mais sangue. O povo já passou fome o suficiente, já sangrou o suficiente, agora quer paz.

Os homens no comando, que por anos forçaram o povo a uma cega obediência e perderam o contato com ele, agora sentem sua inquietação, seu cansaço, seu desespero, mas eles pensam apenas nos riscos para a monarquia. Acreditam que, se o imperador abdicar, ainda será possível salvar a monarquia. O povo não dá a mínima para a monarquia, faz tempo que Guilherme perdeu o povo. A questão não é mais se Guilherme continua imperador ou se outro tomará seu lugar, mas se haverá guerra ou paz.

---

40 Philipp Heinrich Scheidemann (1865-1939), político social-democrata e publicista. Foi um dos oradores quando da proclamação da República Alemã, em 9 de novembro de 1918, no prédio do parlamento, e acreditava que o grande inimigo da Alemanha não eram as forças estrangeiras, mas o bolchevismo, representado pelas forças de extrema esquerda no interior do país. (N.T.)

41 Gustav Bauer (1870-1944), político social-democrata que viria a se tornar chanceler do *Reich* durante a República de Weimar. Seu gabinete foi o responsável pela assinatura do Tratado de Versalhes, embora Bauer, pessoalmente, recusasse as condições do documento. (N.T.)

Os marinheiros da frota, os jovens em azul do imperador, são os primeiros a se rebelar. A frota de alto mar deve partir em viagem, os oficiais preferem "uma queda honrosa à paz ignominiosa". Os marinheiros, que já foram os pioneiros da revolução em 1917, negam-se a ir. Eles apagam as fornalhas e seiscentos homens são presos. Os marinheiros abandonam os navios, atacam os presídios e tomam a cidade de Kiel; os estivadores aliam-se a eles. A Revolução Alemã começou.

Em seguida vêm Munique, Hannover, Hamburgo, a Renânia e Berlim. No dia 9 de novembro de 1918, os trabalhadores berlinenses abandonam seus postos e as massas seguem para o centro da cidade vindas do leste, do sul e do norte. São velhos homens grisalhos e mulheres que por anos estiveram nos tornos das fábricas de munição, inválidos de guerra, garotos que assumiram os postos de trabalho dos pais. Soldados de licença do *front* juntam-se à passeata, viúvas de guerra, aleijados, estudantes, cidadãos. Não foram líderes que determinaram a hora desse despertar. Os representantes revolucionários das empresas contavam que isso só aconteceria mais tarde, e os deputados da social-democracia estão surpresos e abalados. Nesse momento eles estavam se reunindo com o chanceler do *Reich*, príncipe Max von Baden, para negociar a salvação da monarquia dos Hohenzoller.

A passeata marcha em silêncio, nenhuma canção é entoada, não há júbilo. Ela para ao portão da caserna de Maikäfer. Os portões estão bloqueados, e das janelas e seteiras somos ameaçados com canos de espingardas e metralhadoras. Os soldados vão atirar?

Mas os homens vestidos de cinza-esverdeado são irmãos dessas massas desnutridas e famintas. Eles lançam suas armas ao chão, os portões se abrem, e o povo entra na caserna e confraterniza com os soldados do imperador.

O brasão imperial é recolhido e a bandeira vermelha, hasteada. Do balcão do castelo, Liebknecht anuncia a república socialista alemã.

As autoridades no poder cedem sem luta, sem resistência. Os oficiais rendem-se, com a exceção de apenas um em toda a Alemanha, o capitão do navio König, que permanece fiel a seu imperador e morre por ele. E o que fazem os príncipes? O príncipe Heinrich, irmão do imperador, amarra uma faixa vermelha no braço e foge; o príncipe real bávaro, Ruprecht, abandona sua tropa em um carro do conselho de soldados de Bruxelas que ostenta uma bandeira vermelha; Guilherme II foge para a Holanda. Um espetáculo patético, mas perigoso para o povo. Será que o povo queria a revolução? Ele queria a paz. O poder caiu em suas mãos sem luta. Ele vai aprender a preservar esse poder?

A princesa real recolhe-se ao castelo em Potsdam. Ela reuniu seus filhos e pensa no destino de Maria Antonieta, no destino da tsarina; logo os revolucionários vão atacar o castelo e matar a ela e a seus filhos. Um velho criado anuncia, com uma voz pálida, que o conselho revolucionário de soldados de Potsdam deseja falar com a alteza imperial. O representante do conselho entra na sala e à porta bate os calcanhares. Ele não veio dar voz de prisão, mas fala respeitosamente: "em nome do conselho de soldados de Potsdam, devo perguntar à Alteza Imperial se Vossa Alteza Imperial sente-se suficientemente segura, e dizer que, em todo caso, o conselho de Potsdam determinou que dez soldados revolucionários assumam a proteção de Vossa Alteza Imperial". Ele fala, bate os calcanhares e vai embora.

Um conto de fadas? Não, quem me contou isso foi o segundo filho da princesa real, ele próprio. "Essa era a cara da revolução de vocês", ele disse.

Em Hamburgo, os independentes ocuparam o prédio do jornal social-democrata. Aos brados, indignados, os sociais-democratas correm ao velho juiz imperial, que expede uma liminar, e então eles invadem o prédio da editora com o papel em mãos. Os revolucionários independentes leem a ordem, veem o selo da autoridade e deixam a casa ocupada rangendo os dentes.

A Revolução Alemã encontrou um povo ignorante e uma camada de comando feita de burocratas pequeno-burgueses. O povo bradava pelo socialismo, sem nunca ter formado, nos anos anteriores, uma ideia clara do que seria o socialismo. Ele se voltava contra seus opressores, sabia o que não queria, mas não sabia o que realmente queria. Os sociais-democratas e os líderes dos sindicatos estavam mancomunados com os poderes da monarquia e do capitalismo, cujos pecados eram também seus pecados. Eles tinham se resignado ao *juste milieu*[42] burguês, seu ideal era a superação do proletariado por meio da ascensão da pequena burguesia. Faltava-lhes confiar nas doutrinas que eles haviam proclamado, confiar no povo que neles confiava.

Eles começaram a luta no dia seguinte à revolução, e não contra os inimigos da revolução, nada disso, mas contra seus precursores mais apaixonados. Eles os caçavam e perseguiam até que os capturassem, e então recebiam o agradecimento nos salões da fina sociedade. Eles odiavam a revolução, Ebert[43] teve a coragem de dizer em alto e bom som.

O povo, alijado pela monarquia da administração de seu próprio destino, agora renunciava a isso voluntariamente. O covil de lobos da velha burocracia reacionária, em vez de ser destruído, foi bajulado e bem cuidado, e ele não demorou a dar sua resposta.

Já nos primeiros dias, os oficiais tiveram as ombreiras arrancadas de seus uniformes. O povo não queria fazer mal a seus portadores, ele queria destruir o símbolo do domínio e da obediência a cadáveres, pois reconhecia instintivamente que as tradições, os sentimentos e os desejos da clas-

---

42 Equilíbrio. (N.E.)
43 Friedrich Ebert (1871-1925), político do Partido Social-Democrata alemão, primeiro presidente (1919-1925) da chamada República de Weimar. (N.E.)

se dominante viviam nesses símbolos. Mas logo os oficiais já eram senhores novamente e estavam cientes disso.

Cheguei a Berlim no fim de outubro. Falei nas assembleias de cidadãos e estudantes, nas quais a convocação de Walter Rathenau para uma resistência nacional, para um *levée en masse*[44] era objeto de acalorada discussão. Se o homem individual pode ter o direito de escolher livremente a morte, por outro lado, é uma insanidade instigar um povo ao suicídio porque seus líderes fracassaram. Essa convocação equivale a implorar, de forma estúpida, a devastação da Alemanha. Nós, os estudantes de Heidelberg, agora mais experientes e maduros, encontramos novamente nosso equilíbrio e tentamos combater essa insanidade. Nós vimos a revolução chegando e reunimos os camaradas.

No dia 9 de novembro, estou em Landsberg, na casa de minha mãe, acamado devido a uma forte gripe. Enquanto o médico, com uma cara preocupada, observa a febre que só faz subir, minha irmã traz notícias da revolução. No dia seguinte, viajo para Berlim.

Hugo Haase, o comissário popular, sugere que eu acompanhe, como secretário, a Georg von Arco, que será mandado a Munique como enviado do *Reich*. Mas, nesse meio-tempo, Eisner tinha requisitado minha presença.

Também na Baviera o povo estava cansado de guerra, e a esse cansaço juntou-se o temor de que as tropas italianas marchassem para lá depois da queda da Áustria. Os camponeses haviam visto a guerra na França e na Rússia, eles pensavam nas valas abertas pelas granadas, nas vilas metralhadas, na terra devastada. O tradicional ódio contra a Prússia, contra os Hohenzoller despertou novamente; que continuassem a guerra, mas sem eles. Da Casa Wittelsbach

---

44 Levante em massa. (N.T.)

eles não esperavam mais nada. O rei, diziam os camponeses, fora engambelado por Berlim, pois de que outra forma ele não teria se voltado contra os órgãos administrativos de controle criados durante a guerra, contra as medidas impostas ao setor agrário? Apenas porque era a vontade de Berlim, eles na Baviera não podiam moer seu milho; porque os porcos prussianos tomavam cerveja de má qualidade, eles tinham que engolir água suja.

O instinto psicológico de Eisner ajudou-o a compreender o humor do país. Ele conquistou os camponeses e os trabalhadores para lutar pela derrubada da monarquia, e isso contra a resistência dos sociais-democratas, que negociavam a criação de um regime de governo constitucional.

Kiel era o farol. No dia 7 de novembro, duzentas mil pessoas saíram em passeata, com Eisner e o camponês cego Gandorfer à frente, de Theresienwiese em direção à cidade. O rei fugiu e a revolução tomou a Baviera. À noite, o conselho de trabalhadores e soldados elegeu Eisner primeiro-ministro do Estado Livre da Baviera.

Em Munique, sou nomeado conselheiro-chefe do conselho de trabalhadores, camponeses e soldados bávaros, no qual reencontro vários camaradas da greve de janeiro como vice-presidentes. No trabalho de formiga do dia a dia passo a compreender a infinidade de necessidades práticas dos camponeses e trabalhadores.

Em meados de dezembro, viajo a Berlim para o congresso dos conselhos. É aqui que a vontade política da Revolução Alemã deveria finalmente se mostrar. Mas que dispersão, que ignorância, que falta de vontade de potência esse congresso demonstra!

O congresso dos conselhos alemães abre mão voluntariamente do poder, o presente inesperado da revolução. Os conselhos abdicam, deixam o destino da República nas mãos do acaso, dos resultados de eleições questionáveis de um povo não esclarecido. Em toda república parlamentarista, os ministros devem responder ao parlamento, mas os conselhos determinam que os comissários populares devem poder governar sem o controle e independentemente da vontade do conselho central. A república emitiu sua própria sentença de morte.

Karl Liebknecht e Rosa Luxemburgo, os pioneiros da revolução, querem falar aos conselhos. O congresso rejeita ouvi-los.

Um mês mais tarde, durante a revolta espartaquista, que irrompe contra a vontade de Liebknecht e Rosa Luxemburgo, ambos foram mortos. Baleados durante a fuga, diz o comunicado oficial. A notícia chega a mim em Munique; invado uma assembleia geral dos sociais-democratas e brado "Liebknecht e Luxemburgo foram assassinados", e a multidão, a cega multidão, grita: "Bravo! Bem feito para eles, aqueles agitadores!".

Na Baviera, a reunião das forças da reação dificulta a atividade dos conselhos de trabalhadores, camponeses e soldados. Ela encontra aliados entre os ministros social-democratas, e um grupo de justiceiros é formado com a ajuda de Auer, que o apoia abertamente e lhe fornece as armas. Esse grupo de justiceiros é a primeira liga que organiza as forças da contrarrevolução, precursor da Orgesch, do Stahlhelm, do Einwohnerwehr[45] e das tropas de assalto nacional-socialistas[46]. Vai chegar o dia em que estes últimos vão perseguir seus padrinhos. Além dos grupos legais, agem também os ilegais; fabricantes dão dinheiro para o pagamento de tropas de mercenários. Os antigos oficiais têm de novo o que fazer, eles orquestram planos para a to-

---

[45] Organizações paramilitares de veteranos da Primeira Guerra, com tendência revanchista e nacionalista. (N.E.)
[46] As S.A. hitleristas. (N.E.)

mada de prédios do governo, organizam agências de espionagem e esquadrões de bombas, e até mesmo sistemas de alarme com sinos e sirenes são preparados. A justificativa que eles dão para seus ataques é a de que eles devem proteger a assembleia nacional dos bolcheviques, mas na realidade essa tentativa de golpe visa à derrubada da república.

No conselho nacional provisório, obedecendo às instruções do conselho dos trabalhadores, eu revelo os planos que chegaram ao nosso conhecimento. O grupo de justiceiros continua agindo em segredo, isso não vai demorar a vir à tona.

No começo de fevereiro, viajo com Eisner para o congresso da Segunda Internacional. O proletariado de todos os países depositava nessa Internacional suas mais ardentes esperanças.

Nunca mais os senhores do capitalismo conseguiriam incitar guerras e cegar os trabalhadores, nunca mais alguém iria acreditar no conto de fadas do país que ataca e do que é atacado. Os povos não são mais massas obedientes, eles acordaram e impedirão o fratricídio. Preferirão virar suas armas para si mesmos a tolerar novos crimes contra a humanidade.

No dia 4 de agosto de 1914, no primeiro dia da guerra, foi dissolvida a Segunda Internacional. Nem os líderes nem as massas tentaram salvá-la, apenas pequenos grupos permaneceram fiéis a seus ideais. O torpor nacionalista colocou por terra as ideias internacionais, o chauvinismo triunfou, os proletários de todos os países esqueceram as juras de irmandade e atiraram uns nos outros. A pátria já não era mais a humanidade, mas o Estado capitalista; o inimigo não era mais o burguês, mas o camarada do outro lado da fronteira; os ideais do passado tinham mais força que os ideais do futuro, os instintos cultivados pela classe dominante eram mais fortes que os fugazes lampejos intelectuais.

Os náufragos da Segunda Internacional encontram-se em Berna. Eles não têm coragem de confessar sua bancarrota e de investigar as razões políticas, morais e psicológicas dela. Ficam discutindo por dias quem são os maiores culpados pela guerra; ministros de munição, socialistas monarquistas, sociais-democratas devotos dos militares afogam-se uns aos outros com acusações, todos buscam e encontram os pecados do outro e esquecem os próprios. Eisner, Friedrich Adler[47] e alguns outros, que se declaravam socialistas durante a guerra, tentam salvar a Segunda Internacional. Os manifestos de unidade não escondem a irremediável cisão. Partidos que podiam verdadeiramente conquistar o mundo inteiro fracassaram e continuam a fracassar. Aqui se dilacera uma grande crença, uma grande esperança para a humanidade; aqui se divorciam a verdade e a mentira, é preciso que se construam novos fundamentos, que se encontrem novas formas, novos caminhos.

O discurso de Eisner em Berna, contra o imperialismo e contra os criminosos de guerra, despertou o ódio encarniçado da reação alemã. No caminho para o parlamento da província bávara, ele é morto pelos tiros de um jovem de 21 anos, o Conde Arco-Valley.

Assim que o parlamento provincial é aberto, Alois Lindner, um trabalhador, invade o salão com um revólver em punho e atira em Auer, a quem ele atribui a culpa pela morte de Eisner. Auer vai ao chão, gravemente ferido. Os deputados fogem dali em grande pânico, abandonando o parlamento, o povo, seus mandatos, seus chapéus e casacos às suas próprias sortes. A Baviera deixa de ter um governo.

Depois do congresso de Berna, viajei a Engadina para ficar alguns dias na casa de amigos. Em St. Moritz, vi a

---

47 Friedrich Wolfgang Adler (1879-1960), cientista e político do Partido Social-Democrata dos Trabalhadores (SDAP) da Áustria. Foi autor do atentado contra o primeiro-ministro austríaco Karl Stürgkh, em 1916, crime pelo qual foi condenado à morte, mas posteriormente perdoado pelo Imperador Karl I, com a pena comutada por 18 anos de prisão, e finalmente anistiado em 1918. Viria a exercer, de 1923 a 1940, o cargo de secretário-geral da Internacional Socialista. (N.T.)

jeunesse dorée[48] de todos os países. Um poeta alemão havia escrito uma peça especialmente para eles, que a encenaram em figurinos de época, decorados com brilhantes e pérolas, representando a paz entre os povos e a reconciliação, fantasmas e espectros de uma época fantástica.

Segui para a Baviera no dia 21 de fevereiro de 1919. Em umas das estações, enquanto escutava lá fora os berros exaltados do inspetor suíço, escutei dentro do vagão a intensa celebração de um alemão provinciano. Não consegui discernir as palavras que atingiam meus ouvidos e tive que finalmente deduzir: Kurt Eisner fora assassinado.

Eisner era um homem de um perfil intelectual diferente de um Ebert, um Schneidemann, um Noske[49] ou Auer. Ele devia sua formação e cultivo à cultura clássica alemã e ao racionalismo romanesco. Seu ideal político era a democracia direta. Ele rejeitava a democracia parlamentar, que levava o povo às urnas apenas uma vez, para depois exclui-lo por anos. O espírito da vida e da verdade deveria vir de baixo e permear todo o funcionamento da sociedade como um espírito crítico, estimulante e encorajador, e por isso ele se declarava a favor da democracia conselhista. Ele também não reconhecia a necessidade de uma rápida reestruturação social. Para o comando da comissão de socialização, cuja implementação havia sido exigida pelo congresso de conselhos, ele indicou o professor Brentano, o conhecido economista defensor do livre mercado. Na primeira sessão dessa comissão, ele fez um pronunciamento que chamou a atenção dos magnatas da indústria: disse que a socialização

---

48 Literalmente, "juventude de ouro". Expressão francesa usada para se referir aos jovens filhos de famílias ricas das cidades grandes, que levam uma vida fácil e repleta de diversões. (N.T.)
49 Gustav Noske (1868-1946), político do Partido Social-Democrata alemão (SPD). Durante a República de Weimar (1919-1920), tornou-se o primeiro social-democrata a estar encarregado das Forças Armadas, como ministro da defesa, na história da Alemanha. (N.T.)

só é possível se há algo para socializar, condição que não é satisfeita pela Alemanha.

Eisner odiava a imprensa, a via como uma ameaça ao povo; ela mente para as pessoas e quer produzir tumulto. Apesar disso, quando alguns revolucionários ocuparam a redação de um dos mais perversos jornais, ele se dirigiu pessoalmente ao prédio onde o jornal funcionava e cuidou da remoção dos invasores. Por mais forte que fosse seu desprezo pelo jornalismo de quinta categoria, mais forte ainda era seu respeito pelo princípio da liberdade de imprensa. "A verdade", escreveu ele durante a guerra, em uma petição dirigida ao comando geral em Munique, "é o maior de todos os bens nacionais. A única coisa a se fazer com um Estado, um povo ou um sistema no qual a verdade é suprimida ou nem mesmo ousa dar as caras é colocá-lo por terra tão rápida e definitivamente quanto possível."

O moralista combateu os desdobramentos em Berlim. Ele acreditava que os homens responsáveis pelo antigo sistema, os quais continuam a governar no Ministério do Exterior e conduzem as negociações com a Entente[50], dificultavam a paz, e que eram necessários novos homens, verdadeiros republicanos, sem parte alguma na culpa da monarquia. Só homens assim alcançariam condições de paz mais brandas para a Alemanha. Ele acalentava a ilusão de que Clémenceau[51] era o campeão da democracia europeia. Eisner gostaria de conversar com ele, convencê-lo de que, por meio da revolução, o povo alemão chegara à liberdade, à responsabilidade por seus atos, que seria um crime contra a Europa humilhar esse povo com uma paz cruel. Clémenceau rejeitou rispidamente o intermediário, chegou

---

50 Países aliados vencedores da Primeira Guerra. (N.E.)
51 Georges Benjamin Clémenceau (1841-1929), estadista da Terceira República francesa que, como primeiro-ministro e ministro da guerra de 1917 a 1920, liderou seu país na Primeira Guerra. Desejava a vitória completa contra o Império Alemão na guerra e exigia a devolução da Alsácia-Lorena. Foi um dos principais arquitetos do Tratado de Versalhes. (N.T.)

até mesmo a ameaçar prendê-lo, sob a acusação de que ele conspirava com o inimigo. Os governantes e militares franceses não pensaram em apoiar a república alemã. Enquanto uns achavam que ela era um embuste dos antigos detentores do poder, outros temiam a vitória do bolchevismo e a contaminação da França.

Eisner, que por toda sua vida foi pobre, modesto e honrado, era baixo e de compleição delgada. Os cabelos loiros acinzentados faziam cachos sobre sua nuca e uma barba desarrumada caía-lhe sobre o peito. Os olhos míopes olhavam estranhamente por sobre o *pince-nez* que repousava frouxamente bem abaixo do osso de seu nariz. As mãos pequenas e bem-cuidadas, de uma delicadeza feminina, não respondiam a um aperto nem de amigos nem de inimigos, e esse gesto mostrava como ele era tímido nas relações humanas.

Uma coisa o distinguia de todos os outros ministros republicanos: sua vontade de agir, seu destemor. Ele sabia que um povo, assim como uma pessoa, só amadurece no trabalho diário, e não quando um muro separa a vida e a ação. O povo sentia isso, e por isso Eisner acreditava nele. Muitos possuem talentos e dons, mas só aquele que superou conscientemente o medo da morte será seguido pelas massas.

11. REPÚBLICA CONSELHISTA DA BAVIERA

O tiro disparado por Arco alarma a república. As massas populares exaltadas exigem vingança por Eisner. O conselho central dos conselhos de trabalhadores, camponeses e soldados assume a função de governo e anuncia greve geral, impondo estado de sítio sobre toda a Baviera e convocando o congresso dos conselhos. A classe trabalhadora, decepcionada com a passividade social da república, exige que a revolução social finalmente siga-se à política: o que já aconteceu na Rússia tem que acontecer aqui, o parlamentarismo fracassou, a ideia da república conselhista conquista as massas.

Se, até agora, o Partido Comunista esteve impotente e sua influência era mínima, neste momento suas palavras de ordem se tornam populares. A central comunista em Berlim envia Leviné[52] a Munique. Ainda estudante, Leviné luta na Revolução Russa de 1905. Ele é preso, encarcerado no Grande Castelo (*Schlüsselburg*), exilado na Sibéria, onde trabalha em uma mina de grafite, foge para a Europa através da Ásia e estuda economia nacional na Alemanha. Em

---

52 Eugen Leviné (1883, São Petersburgo - 1919, Munique). (N.T.)

1918, passa a fazer parte da Liga Spartacus. Esse homem alto e ossudo, com seu nariz grande, carnudo e curvado, brotando de seu rosto magro e cavado, não consegue ganhar imediatamente o ouvido das massas, ele não tem o dom da oratória. Toda vez que vai falar, ele tem que primeiro lutar para conquistá-lo, com seus gestos econômicos e uma dialética incisiva. Em poucas semanas, ele reorganiza o partido e define de uma vez por todas sua postura política.

Por esses dias, eu devia participar de uma conferência dos independentes em Berlim, mas o trabalho no conselho central me atrasa e acabo perdendo o horário do trem. Sigo para Berlim de avião na manhã seguinte.

Meu piloto é um combatente de guerra condecorado com a cruz de ferro de primeira classe e a insígnia dourada dos aviadores. Partimos em meio ao céu azul do sul. Sento-me atrás do piloto em um pequeno espaço livre. Durante a guerra, a abertura quadrada no piso do avião servia para jogar bombas sobre casas e pessoas, agora ela me serve de janela para a Terra que vai desaparecendo atrás de nós. É meu primeiro voo. O preto das florestas, o verde das pradarias, o marrom das montanhas e ravinas tornam-se quadrados coloridos bem delineados e planos, como aqueles da caixa de brinquedos comprada na loja e que são montados pelas mãos de um garoto. As montanhas de nuvens se multiplicam por todos os lados, a Terra é inundada por uma manta de nuvens brancas e macias que exerce sobre mim uma atração sinistra. Uma vontade de cair, de afundar, confunde meus sentidos.

As nuvens se dispersam, o sol está no zênite. Olho meu relógio e vejo que estamos voando há horas. Devemos estar sobre Leipzig, é aqui que o piloto vai abastecer.

Escrevo em uma folhinha: "Quando chegaremos a Leipzig?" e estendo o papel ao piloto.

Ele encolhe os ombros, perdeu a direção. De repente, o avião começa a planar em direção ao solo. Antes mesmo que eu pudesse colocar o cinto, começamos a cair em linha reta e o avião afunda de ponta no campo. Eu voo de cabeça contra a parede lateral do avião e fico desacordado. Quando recobro os sentidos, vejo pessoas; nós não caímos em Leipzig, mas na Baixa Baviera, em Vilshofen.

Os camponeses nos ajudam, o avião está apenas levemente danificado.

"Podemos continuar voando até Berlim?", pergunto ao piloto.

"Não."

"O que vamos fazer?"

"Eu vou arriscar viajar de volta a Munique, mas não me responsabilizo pelo senhor."

"Vou acompanhá-lo, eu assumo a responsabilidade."

Pousamos à noite no campo de voo Schleißheim. Na manhã seguinte, bem cedo, tomo um voo em outro avião e com outro piloto. O céu fica nublado, rajadas de chuva molham nossos rostos. Voamos por horas e mais horas, e nada de Leipzig aparecer no horizonte. Fico pensando na queda de ontem e amarro meu cinto bem firme. Minutos depois, o avião desce em direção ao solo.

Pousamos em um campo argiloso, deslizamos alguns metros adiante e a aeronave capota em um barranco. Fico pendurado no cinto de segurança, com o avião sobre mim. O piloto escalou para fora, sangrando pela boca e pelo nariz.

"Nada mal", ele fala e me puxa de baixo do avião.

Vemos uma vila nas proximidades. Camponeses vêm de todos os lados até onde estamos, mas eles não estão preocupados conosco. Eles trazem nas mãos garrafas, panelas de cozinha, baldes, bacias grandes e pequenas, tudo para coletar o combustível que escorre do tanque, pois combustível, nesses tempos, é mais valioso que ouro, mais valioso que pessoas.

O piloto e eu vamos cambaleando em nossos trajes aeronáuticos até a vila. Encontramos uma hospedaria, onde nos deitamos nos bancos e adormecemos imediatamente, exaustos pelo susto. Devo ter dormido por horas, pois quando acordo já está escurecendo. Como que através de um nevoeiro, vejo camponeses sentados ao redor da mesa. Levanto-me e dou com os olhos em um gendarme à porta.

"Nada disso, francês", ele brada, querendo dizer-me que estou proibido de deixar a sala.

"Não sou francês."

Tiro meus documentos do bolso e estendo-os ao gendarme. Seus olhos se arregalam, ele me faz um sinal e eu o sigo ao corredor.

"Sr. Toller então. Não podemos dizer isso para os camponeses. Eles pensam que o senhor é um francês. Se eles souberem que o senhor é um dos vermelhos, vão matá-lo na hora. Aqui em Wertheim os vermelhos não têm vez."

Viajo de bonde para Ingolstadt.

"Há um trem que sai ainda hoje para Munique?", pergunto ao responsável pela estação.

"Há, sim."

"Vou pegá-lo."

"Não vai."

"Por quê?"

"Hoje só passa o trem oficial, e esse não para."

"O trem tem que parar."

"Ele não para nem que você seja o rei da Baviera."

"Eu não sou o rei da Baviera."

Mostro-lhe meus documentos.

"Não é meu problema."

"Certo", eu digo. Enfio minhas mãos nos bolsos, seguro meu lenço como se estivesse agarrando uma arma e olho furioso para ele.

"O senhor vai parar esse trem."

Ele deixa cair os ombros altivos, as ombreiras balançam de forma agitada. Ele então encolhe a barriga, estufa o peito, leva a mão a seu quepe e murmura:

"Às ordens, Sr. Toller."

Dez minutos mais tarde, estou subindo no trem para Munique. Perdi a conferência em Berlim, mas, se tivesse pousado lá, não teria conseguido deixar a cidade. Dois dias mais tarde, eclode a guerra entre Berlim e Munique.

Ainda antes que o parlamento provincial pudesse começar seus trabalhos, os trabalhadores de Augsburg, cansados das resoluções revolucionárias, enviam delegados ao ministério em Munique com a missão de exigir a proclamação da república conselhista. O governo não prende esses homens como altos traidores, mas os recebe. Os ministros social-democratas, por sua vez, perdem a cabeça. Eles temem pelo comando, pelo cargo, pelos companheiros de partido e estão prontos para atender à exigência. Por acaso, um deles está ausente, o primeiro-ministro Hoffmann. Em um primeiro momento, ele quer renunciar, mas algo o preocupa muito. Ele escreve um cartão-postal para o presidente do conselho central, perguntando se a república conselhista vai pagar as pensões dos antigos ministros.

Os comunistas não participam. Eles desconfiam dos sociais-democratas, que fazem um jogo obscuro e perigoso para a classe trabalhadora, algo já tão frequente na Revolução Alemã. Os trabalhadores não estão prontos, a república conselhista não vai se sustentar sem o apoio do Norte da Alemanha. Mas, isso, eles deviam ter dito semanas atrás, quando exigiam a república conselhista nos parlamentos, congressos, jornais e assembleias como a próxima meta da luta política, e taxaram todos os que duvidavam da possibilidade de logo torná-la realidade de contrarrevolucionários e pequeno-burgueses. Não se podem pronunciar palavras de ordem nas quais não se acredita, pois o resultado da timidez diante da verdade é o autoengano. Não se pode evitar o confronto com uma realidade que se revela diferente da que se desejava e simplesmente dar a desculpa de que as coisas não saíram como planejadas.

Os independentes hesitam. Acaso um partido revolucionário tem o direito de abandonar as massas à sua própria sorte? Líderes revolucionários não podem seguir cegamente as variações de humor das massas. Para não correrem o risco de serem mal interpretados, eles devem se resguardar de atitudes descabidas. Mas trata-se apenas de variações de humor? Não são, na verdade, fatos dados, que agora devem influenciar nossa ação?

Os burocratas do partido discutem, o povo age. Naquele momento, a república conselhista está sendo proclamada em Würzburg, Augsburg, Fürth, Aschaffenburg, Lindau e Hof. Antes de tudo isso, nós tínhamos que ter esclarecido o povo sobre as verdadeiras relações de poder na Alemanha. Não o fizemos, e a culpa disso é unicamente nossa.

Na noite do dia 6 para 7 de abril de 1919, o conselho central se reúne. Reúnem-se no Palácio de Wittelsbach os delegados dos partidos socialistas, dos sindicatos e da liga dos camponeses. Ali onde antes deslizavam suavemente criadas e lacaios uniformizados, agora pisam as botas grosseiras de trabalhadores, camponeses e soldados. Nas cortinas de seda da janela do dormitório da rainha da Baviera encostam-se guardas, mensageiros e secretárias cansadas de seus serões.

Os representantes populares são eleitos. Também aqui fica patente a ignorância, a falta de rumo, a indefinição da Revolução Alemã. Sylvio Gesell, o fisiocrata, o teórico do *Freigeld*[53] e da economia de mercado, torna-se Ministro da Fazenda. Para presidente da Secretaria Central de Economia

---

[53] Teoria econômica proposta por Gesell que tinha a intenção de assegurar uma velocidade uniforme de circulação do dinheiro como forma de evitar crises econômicas agudas. Se o dinheiro, ao contrário das mercadorias e da força de trabalho humana, não perde valor com o passar do tempo, seus detentores podem retê-lo livremente até o momento em que achem adequado gastá-lo. A ideia de Gesell é impedir essa retenção de dinheiro por meio de sua desvalorização constante, de modo que seja muito mais vantajoso fazê-lo circular na economia que guardá-lo. O dinheiro dessa natureza ganha o nome de "*Freigeld*" (literalmente, "dinheiro livre"). (N.T.)

é nomeado o marxista Dr. Neurath. Como esses dois homens vão trabalhar juntos? Três comissariados populares me são oferecidos, um atrás do outro; eu rejeito os três. Dr. Lipp, um homem cujas capacidades ninguém conhece, é nomeado chefe do Comissariado Popular de Assuntos Externos. Ele não tem rosto, apenas uma espessa barba; não veste terno, apenas uma sobrecasaca; esses dois requisitos parecem ser as razões de sua aptidão para o cargo. Um trabalhador a quem perguntei sobre o Dr. Lipp me disse que ele conhece o papa pessoalmente. Cargos foram outorgados a outros homens que certamente não conhecem o papa pessoalmente, mas também não sabem quem é o pároco da vila.

Deixo o Palácio de Wittelsbach quando já está amanhecendo. A revolução venceu. A revolução venceu mesmo? Essa república conselhista é um temerário ataque surpresa da massa trabalhadora, um ato de desespero para salvar a já perdida Revolução Alemã.

O que ela vai conseguir, como ela vai acabar?

Diante da pequena pensão onde moro, um de nossos líderes de seção estava esperando.

"Agora temos o poder."

"E temos mesmo?", eu digo. O camarada estaca, olha pensativo para mim e eu me despeço subitamente.

É o primeiro dia da república conselhista, feriado nacional. Nas ruas, trabalhadores vestidos festivamente. Tímidos e apreensivos, os cidadãos se aglomeram e começam a falar dos acontecimentos da última noite. Caminhões com soldados cortam a cidade, no Palácio de Wittelsbach tremula a bandeira vermelha.

O trabalho começa. Um decreto anuncia a socialização da imprensa; outro, o armamento dos trabalhadores e a criação do exército vermelho; um terceiro, o confisco de casas para aliviar a crise habitacional; um quarto regula o suprimento de produtos de primeira necessidade.

O quartel de Munique despacha representantes para o conselho central, eles saberão defender a república conselhista. Os soldados do Primeiro Regimento de Guarda dão à sua caserna o nome de Karl Liebknecht. Também os antigos advogados do Estado e juízes reais não querem ficar para trás. Eles ficariam "do lado da república conselhista", prontos para levar os inimigos da revolução aos recém-constituídos tribunais revolucionários e condená-los. Enquanto dobram os sinos de todas as igrejas, os sinos de Starnberg estão em silêncio. O próprio antigo representante real do distrito dá a ordem de suprimir a resistência.

Apenas os comunistas continuam a combater a república conselhista. Eles convocam os trabalhadores para protestos e enviam oradores às casernas, dizendo que essa república conselhista não merece a lealdade dos soldados.

Nesse meio-tempo, o primeiro-ministro Hoffmann e os outros ministros, que vieram de avião de Munique, refletiram sobre o que vinha acontecendo. O governo formado pelo parlamento provincial transfere-se para Bamberg e, para sua proteção, convoca o exército de voluntários Epp, formado em Ohrdruf. Este prende os apoiadores da república conselhista nas cidades francas e domina todo o norte da Baviera. Também viajou para Bamberg o comissário de alimentação da república conselhista, Wutzlhofer, da liga camponesa. Ele nem chegou a ter sua nomeação confirmada por mim, e já tem um cargo no gabinete do contragoverno de Hoffmann.

Em Munique, o presidente do conselho central renuncia, e eu sou nomeado seu sucessor.

Nas antessalas do conselho central, pessoas vão se amontoando. Todos acreditam que a república conselhista foi feita para atender a seus desejos privados. Uma mulher gostaria de se casar imediatamente. Até agora ela teve dificuldades, pois lhe faltam alguns dos papéis necessários;

cabe então à república conselhista salvar sua felicidade pessoal. Um homem quer que seu senhorio seja obrigado a perdoar seu aluguel. Formou-se um partido de cidadãos revolucionários, eles exigem a prisão de todos os seus inimigos pessoais, antigamente seus parceiros de boliche e colegas de associação.

Renegados reformadores dos costumes oferecem seus programas para a renovação da humanidade. A obra de suas vidas, atacada por décadas, agora deve finalmente garantir que a Terra se transforme em um paraíso. Eles querem curar o mundo todo partindo de um único ponto. Se aceitarmos as premissas, a lógica deles é impecável. Uns veem a raiz de todo o mal no consumo de comidas cozidas; outros no padrão-ouro; outros no uso de roupas de baixo muito fechadas; outros no trabalho mecanizado; outros na falta de uma língua e um sistema de abreviação unificados, prescritos por lei; outros responsabilizam as lojas de departamento e a educação sexual. Eles todos me trazem à lembrança aquele sapateiro suábio que escreveu um extenso panfleto para demonstrar que a humanidade só estava moralmente doente porque se aliviava de suas necessidades elementares em espaços fechados e se utilizava de papel artificial. Ele ensinava que, se as pessoas passassem esses momentos nas matas e se limpassem com musgo natural, os conteúdos tóxicos de suas almas se evaporariam no cosmos, de modo que, purificados de corpo e alma, elas voltariam ao trabalho como boas pessoas e seu sentimento social seria fortalecido, o egoísmo desapareceria, o verdadeiro amor pela humanidade despertaria e esta seria a aurora do reino de Deus na Terra, que há tanto tempo esperamos.

O Comissário de Assuntos Externos, Dr. Lipp, faz valer seu cargo: ele envia telegramas para o mundo inteiro como um estadista, realmente acaba conhecendo o papa pessoalmente e em seguida telegrafa ao núncio:

"Assumo como meu dever sagrado garantir a segurança de Vossa veneranda pessoa e de todo o Instituto da Nunciatura em Munique. Esteja seguro de minha devoção."

Ele telegrafa ao emissário bávaro em Berlim:

"Uma vez que o *opus primum sed non ultimum* do Sr. Preuß nunca chegará a ter força de lei na Baviera, acima da constituição alemã, uma vez que eu não posso trair o Direito de Reserva[54] da Baviera, conquistado com sangue bávaro em Wörth e Sedan[55], solicito que o senhor encaminhe imediatamente seu pedido de renúncia ao conde Brockdorff-Rantzau."

Nossos controladores no escritório de telegrafia leem os despachos balançando as cabeças. Finalmente, eles perdem a paciência: trazem-me o despacho ao papa e me perguntam se o conselho central autoriza o envio. Eu leio:

"Proletariado da Alta Baviera felizmente unido. Os socialistas mais os independentes mais os comunistas unificados e firmes como um martelo, unidos aos camponeses. Tanto a burguesia liberal como os agentes prussianos completamente desarmados. Bamberg é onde está refugiado Hoffmann, que levou consigo a chave do banheiro de meu ministério. A classe política prussiana, da qual Hoffmann é o capacho, tenta nos isolar do Norte, de Berlim, Leipzig e Nuremberg, e também de Frankfurt e das minas de carvão de Essen. Além disso, ela tenta ao mesmo tempo levantar contra nós, na Entente, a suspeita de que não passamos de assassinos sanguinários e saqueadores. Nisso tudo estão as mãos peludas do gorila Gustav Noskes. Recebemos carvão e também alimentos em abundância da Suíça e da Itália. Queremos a paz para sempre. Immanuel Kant, *Sobre a Paz Perpétua*, 1795, teses 2 a 5. A Prússia só deseja o armistício para preparar sua vingança."

---

[54] Prerrogativas extraordinárias asseguradas a certas regiões da Alemanha quando da unificação em 1871. (N.E.)
[55] Locais de importantes batalhas da Guerra Franco-Prussiana. (N.E.)

Não há dúvida: Lipp ficou louco. Decidimos transferi-lo imediatamente para um sanatório. Para evitar comoção pública, ele deve anunciar sua renúncia voluntariamente.

No Ministério do Exterior, as salas das secretárias estão decoradas com cravos vermelhos. O Sr. Lipp os trouxe pela manhã para fazer um agrado às moças, e depois foi embora, ninguém sabe para onde. Provavelmente está emitindo novos despachos. Finalmente nós o localizamos, e ele comparece à minha sala no Palácio de Wittelsbach sem fazer ideia do que o espera. Eu devo convencê-lo a renunciar.

"O senhor já viu o banheiro do último rei da Baviera?", ele me pergunta. "Que vergonha. Vejo lá um remo minúsculo e fico espantado. Questiono os lacaios e tenho que ouvir que Ludwig von Wittelsbach, em vez de governar, tomava banhos quentes de horas e se divertia brincando de remar em sua banheira."

Eu conheço o banheiro do antigo rei. Mas são questões mais urgentes que me levam a falar com o Sr. Lipp.

"O senhor enviou este telegrama?"

Lipp lê o telegrama com cuidado. "Eu até mesmo o escrevi de próprio punho."

"O senhor vai renunciar. O texto de sua declaração já está pronto. Faça a gentileza de assiná-lo."

Lipp se levanta, puxa as lapelas de sua sobrecasaca cinza, tira um pequeno pente do bolso e ajeita com gestos elegantes sua barba à *la* Henrique IV. Enfia o pente de novo no bolso, pega a pena, apoia-se por um momento sobre a escrivaninha e diz com uma voz triste:

"O que eu não faço pela revolução."

Ele assina o documento e vai embora.

À tarde, ele retorna a seu gabinete no ministério, presenteia as secretárias e redige telegramas. Bons samaritanos o retiram de seu local de trabalho.

O comissário das finanças Gesell tenta resolver o problema capitalista a partir da questão do dinheiro. Com a criação de um valor monetário flexível, ele quer colocar um fim aos juros e, com isso, à exploração. Ele envia um telegrama aos diretores do banco do *Reich* em Berlim:

"A transferência do conflito diplomático para o campo monetário dificultaria a reanexação de forma lamentável. Eu quero restaurar a saúde da moeda com o auxílio de medidas drásticas. Abandonem o caminho da economia do dinheiro vivo e sem sistema, passem para a moeda absoluta e solicitem um anúncio oficial de suas posições."

O presidente da secretaria econômica central não se interessa pelas relações políticas de poder. Ele nem mesmo sabe que em Bamberg foi constituído um contragoverno, ele não enxerga os conflitos nem no conselho central nem no país. Ele quer conceder um distrito da Baviera aos comunistas, para que ali eles tentem, com seu auxílio financeiro, tornar o comunismo uma realidade. Ele telegrafa a todos procurando apoio, ele faz até mesmo Walther Rathenau vir de Munique, o qual parte de volta depois de uma discussão de uma hora. Ele está prestes a implementar a socialização completa.

Os sociais-democratas fazem um jogo duplo. Seu pessoal de confiança em Munique sela um pacto com o contragoverno em Bamberg.

Na noite de 9 de abril, irrompe em minha sala um de nossos chefes de seção.
"O Partido Comunista indicou delegados revolucionários próprios nas fábricas e os convocou para uma assembleia no porão do Mattäser. Vocês serão derrubados hoje à noite."
Eu balanço a cabeça, sem conseguir acreditar naquilo. O Partido Comunista não tinha rejeitado, há poucos dias, a criação da república conselhista? Não tinha profetizado, e com razão, que sua dissolução precoce teria consequências funestas para os trabalhadores? Que novos

eventos políticos o levam a querer conquistar o poder? A situação é a mesma de alguns dias atrás, na verdade as perspectivas são ainda piores. A questão é que o Partido Comunista não queria ter representação minoritária em um governo. Muito embora não liderasse a classe trabalhadora, ele exigia a liderança do governo, ditando sua vontade política. Era essa pretensão de poder que ele esperava levar à frente agora.

Leviné está falando quando entro no porão do Mattäser. A república conselhista não é uma república conselhista de verdade. O governo é incapaz, é preciso derrubá-lo e eleger um novo conselho para ocupar o lugar do conselho central e assumir o poder.

A assembleia concorda com Leviné.

Eu peço a palavra, mas o presidente da mesa não me concede. Então eu me volto para a assembleia e ela exige que me deixem falar. O conselho central, que tanto querem dissolver, foi eleito pelo congresso dos conselhos de trabalhadores, camponeses e soldados da Baviera. Os delegados do país estão lá representados, o governo tem o apoio da liga camponesa e da ampla maioria dos camponeses.

"Se hoje vocês acabaram revendo sua postura política", falo aos comunistas, "e acreditam que a culpa de tudo o que está acontecendo é do governo incapaz, então cabe a vocês, por meio de seu trabalho, salvar a revolução. Se vocês nos derrubarem, formarem um novo governo e os camponeses não participarem, o que vocês vão fazer? Como vocês vão alimentar Munique?"

"Nós vamos fazer como na Rússia", Leviné responde, "nós vamos levar a luta de classes às vilas, vamos usar expedições punitivas para forçar os camponeses a fornecer grãos e leite."

"Essas expedições punitivas não tiveram sucesso nem mesmo na Rússia; na Baviera, um primeiro passo como esse conduziria a um fiasco completo. Na Baviera, vocês não podem tirar partido da pobreza das vilas, os donos de fazendas na Baixa Baviera não são como os mujiques russos. O camponês bávaro não é como o camponês russo, ele possui armas e vai resistir. Vocês vão invadir as vilas e travar uma batalha por cada litro de leite?"

A assembleia concorda comigo.

Mas novamente um comunista toma a palavra e novamente os delegados mudam de ideia. O secretário do Partido Comunista deve ir ao Palácio Wittelsbach para informar ao governo que ele foi derrubado.

A assembleia elege um novo governo. Afora os líderes comunistas, não conheço nenhum dos novos membros. Alguns foram escolhidos porque possuem a carteira de membro do Partido Social-Democrata. Pois hoje é uma virtude louvável aquilo que, em nosso caso, era uma traição: a cooperação com os sociais-democratas. Pouco importa se esses homens são capazes ou não, se eles têm ou não influência em seu partido.

A assembleia decide instaurar-se de forma permanente. Ela aprova um manifesto que convoca os trabalhadores de Munique para uma greve geral e exige o desarmamento dos regimentos e da polícia de Munique.

O governo recém-nomeado deixa a sala. Eu tenho que ficar; fui preso.

Mensageiros vão e vêm, comitês se organizam, procurações são escritas e seladas – por precaução, já haviam trazido até mesmo o selo do novo conselho.

As pessoas se sentam às mesas e garçons sonolentos trazem cerveja e salsicha. As vozes ficam mais brandas, os gestos mais cansados, o ar pesado e fumoso pesa sobre as cabeças.

Às duas da manhã ouvimos um estrondo lá fora, todas as portas se escancaram e soldados da tropa da guarda republicana invadem o salão com seus revólveres em punho. O chefe da tropa vai abrindo caminho em meio à multidão e me alcança rapidamente. Eu me encolho, mas ele grita para mim: "Nós viemos te libertar!".

A multidão não sabe se o ataque surpresa era para eles ou para mim. E então o chefe da tropa se vira para a multidão com o revólver destravado:

"Mãos ao alto! Deixem imediatamente o salão! Quem estiver aqui depois de três rufos do tambor será alvejado!"

O primeiro rufo não demora a reverberar com seu som abafado. A multidão é cercada pelos soldados, centenas de canos de espingardas apontam para o salão. Alguns trabalhadores correm às janelas, abrem-nas e saltam para fora. A maioria, porém, permanece.

"Atirem, se vocês tiverem coragem!"

Eu agarro o comandante.

"O senhor está louco? Retire sua ordem imediatamente!"

"Não."

"Então eu vou fazê-lo."

O soldado, tremendo de raiva, coloca o revólver diante de meu rosto, enquanto eu já estou falando à assembleia:

"Ninguém vai atirar em vocês."

Os soldados se retiram e eu os acompanho até o quartel-general da cidade.

"As tropas sabem", diz-me o comandante municipal, "que serão desarmadas. Todas as casernas estão em estado de alerta, os soldados estão entrincheirados. À primeira tentativa de ataque às casernas por parte dos trabalhadores, eles serão recebido com uma chuva de balas. Munique vai viver o mais terrível banho de sangue."

São seis horas quando deixo o quartel-general da cidade. Vejo os primeiros bondes passando e fica claro que os condutores não aderiram à convocação de greve.

Eu vou à Maffei e à Krupp e falo nas assembleias das fábricas. Os trabalhadores rejeitam a proposta de uma marcha até as casernas. As outras fábricas também não seguem a convocação dos comunistas.

O novo governo se dissolve. Algumas horas mais tarde, ninguém mais se lembra dele, nem mesmo o Partido Comunista.

Os revolucionários combatem entre si em Munique e os opositores vão se agrupando no norte da Baviera. O social-democrata Schneppenhorst, que uma semana atrás dava sua cabeça pela defesa da república conselhista, hoje formava batalhões contra nós.
É necessário dar um fim às lutas internas em Munique. O conselho central exorta os comunistas a defender a revolução, uma vez que a república conselhista está ameaçada. O Partido Comunista envia delegados ao conselho central – tarde demais.

A república conselhista não vai sobreviver. A incompetência dos líderes, a resistência do Partido Comunista, a cisão dos sociais-democratas, a desorganização da administração, a crescente escassez de produtos essenciais, a confusão entre os soldados, todas essas circunstâncias tornam inevitável a queda do governo e fornecem força e elã à contrarrevolução que vai se organizando.
Em minha inexperiência política, não ouso apresentar a situação nua e crua à classe trabalhadora.
Nada torna um ator político mais culpado que o silêncio. Ele tem que falar a verdade, não importa quão pesada ela seja, apenas a verdade estimula a força, a vontade, a razão.
Essa república conselhista foi um erro, e todo erro deve ser reconhecido e erradicado. Os conselhos de soldados e os sociais-democratas já estão negociando por conta própria com o contragoverno. Não podemos perder tempo, a contrarrevolução já nos ameaça em meio a nossas próprias fileiras.

No sábado, dia 12 de abril, toca o telefone.
"Quem fala? É o Toller?", uma voz pergunta.
"Ele mesmo. Quem está falando?"
"Isso não importa. Eu quero avisar ao senhor que estão preparando um golpe contra a república conselhista."

Apenas ruídos ao telefone. Eu chamo, mas ninguém responde. Nossa posição é arriscada demais para que eu possa ignorar esse telefonema de alerta. À noite, dou o sinal de alarme aos turnos das grandes fábricas.

Uma sensação difusa me faz não voltar para casa. Acabo dormindo na casa de um amigo. Pela manhã, sou acordado por sua voz. Ele está ao telefone, me faz um sinal e vai repetindo as palavras que um conhecido dele, o advogado Kaufmann, diz:

"O golpe contra a república conselhista foi bem sucedido... tropas do governo de Hoffmann tomaram a estação... todos os membros do conselho central foram presos... Mühsam... Hagemeister... Wadler... apenas Toller e Leviné ainda estão sendo procurados, já estamos no rastro deles."

Meu amigo coloca o telefone no gancho.

Ao mesmo tempo, toca a campainha.

Meu amigo se assusta e olha para mim.

Eles me acharam, penso comigo, e procuro uma forma de escapar.

"Já é tarde demais para fugir", diz meu amigo.

A campainha toca de novo.

"Há uma pequena câmara atrás da estante de livros. Rápido, vamos arrastar a estante."

Nós o fazemos, eu me escondo na câmara e meu amigo arrasta a estante até a frente da porta.

Após alguns instantes, ele me libera de meu esconderijo.

"Você está com sorte", ele diz, "veio mesmo um tenente, mas ele acaba de chegar da Turquia e não quer mais saber da monarquia desde que Guilherme fugiu para a Holanda. Além disso, ele não está procurando um socialista, mas uma mulher, e odeia a política, tanto faz se de esquerda ou de direita. Ao menos ele trouxe novidades".

O oficial conta que o governo de Hoffmann cooptou, com a ajuda de alguns sociais-democratas de Munique, as tropas da guarda republicana, prometendo 300 marcos a cada homem. À noite, os soldados haviam ocupado a estação ferroviária e os prédios do governo. Eles dominavam a cidade, a república conselhista teve um fim inglório.

Mas os trabalhadores, fracos demais para construir a revolução, não querem entregar passivamente a cidade aos brancos[56]. Eles se reúnem em assembleia em Theresienwiese, as tropas revolucionárias se unem a eles e têm início os confrontos.

A rua diante de nossa casa está sendo patrulhada por soldados do governo. Eu peço ao oficial que me empreste seu uniforme.

"Com prazer", ele responde, "eu o dou de presente a você com todas as condecorações e insígnias. Só peço uma coisa em troca. Se os senhores reconquistarem o poder, quero um avião de presente. Quero voar até a terra dos esquimós, casar-me com uma esquimó e esquecer a maldita Europa."

"É uma bela de uma viagem."

"Mas vale a pena", ele diz, "as mulheres europeias são todas recrutas enrustidas. Quero casar-me com uma mulher de verdade, não com um futuro suboficial."

Eu visto o uniforme do tenente e saio à rua.

Encontro soldados brancos no caminho, eles cumprimentam o tenente. Um trabalhador, carregando uma arma no ombro, vem ao meu encontro.

"Onde é a luta, camarada?"

O trabalhador estaca, olha para mim, vê meu uniforme de tenente e seu rosto se contorce:

"Deixe-me em paz!"

"Onde é a luta, camarada?"

O trabalhador empunha a arma, faz a mira e a abaixa de novo:

"Vamos, saia da frente!"

---

56 Exército formado por tropas prussianas e de Württemberg, bem como por membros de exércitos de voluntários *(Freikorps)*. (N.T.)

Eu me esqueci de que estou vestindo o uniforme do tenente. Saio dali rapidamente.

No meio-tempo, os trabalhadores e soldados atacaram e tomaram a estação. As tropas brancas sumiram dali em trens que já estavam de prontidão para a viagem.
A única companhia da tropa da guarda republicana que ainda continua do lado do governo de Hoffmann está no colégio Luitpold. Os camaradas e eu invadimos o prédio, as tropas se rendem.

Nas horas em que eu estava participando das lutas, os conselhos das fábricas se reuniram em assembleia. Eles acreditavam que todos os membros do conselho central haviam sido presos, e assim elegeram um novo conselho central, que passa a ser dominado pelos comunistas.
Eu vou ao quartel-general da cidade, a sede do novo conselho. Antes que eu possa dizer qualquer coisa, sou preso. "Agora temos o rei do sul da Baviera", brada Levien[57]. As massas de trabalhadores podem estar unidas, mas os líderes dos partidos continuam se digladiando. Uma vez que sou presidente do antigo conselho, acreditam que eu possa vir a ser perigoso para o novo conselho. É só depois de muita argumentação que sou liberado.

À noite, em minha pensão, a gorda criada solta um grito. Ela acha que sou um fantasma. Ela apalpa meu braço e se convence de que ele é mesmo de carne e osso.
"Nós achávamos que o senhor estava morto. Um carro com um jovem homem em seu interior estacionou diante da casa à hora do almoço. 'É o Toller', alguns berraram, e então outros pularam sobre ele, o espancaram e o arrastaram dali inconsciente. Até algumas horas atrás, havia soldados brancos aqui na pensão. Mas, assim que os vermelhos

---

57 Max Levien (1885, Moscou - 1937, local ignorado na União Soviética). (N.T.)

triunfaram, todos correram daqui, eles e suas gravatas. Não ficou uma só para trás."

A "pseudorrepública conselhista", como os comunistas a chamavam, foi aniquilada. A "verdadeira" república conselhista começa seus trabalhos.

Não passou nem uma semana desde que o Partido Comunista declarou que essa república conselhista era incapaz de sobreviver. Segundo ele, faltavam as condições externas e internas para tanto, a classe trabalhadora não estava suficientemente madura, a situação no restante da Alemanha era extremamente desfavorável e a tomada do governo não faria mais que prestar um serviço à reação. Mas a vitória dos trabalhadores joga todas as reservas dos comunistas pela janela. A luta armada construiu a unidade do proletariado. Ao contrário da pseudorrepública conselhista, essa nova república conselhista é obra das massas. O Partido Comunista, nesse momento, faz parte da linha de frente das lutas. Talvez ele sustente a república conselhista até que a revolução comunista triunfe também na Áustria e torne-se possível a formação de um bloco revolucionário Áustria-Hungria-Baviera.

São eleitas comissões que devem reorganizar o exército vermelho, combater a contrarrevolução, estruturar as finanças e a economia, e regular o abastecimento de produtos essenciais. A polícia é dissolvida e a guarda vermelha assume o serviço de segurança da cidade, passando a ser comandada pelo comunista Eglhofer. Eglhofer foi um dos líderes da revolta dos marinheiros em Kiel, no outono de 1918. Os marinheiros foram incitados a ela e um em cada dez deles, inclusive Eglhofer, foram condenados à morte. Mais tarde, porém, ele recebeu perdão e sua pena foi comutada em prisão perpétua. A revolução de novembro veio então para libertá-lo. Ele não possuía nenhuma capacidade de organização, de modo que dependia de uma equipe de colaboradores que saiu recrutando sem nenhum critério.

A primeira ação popular do governo é o confisco dos estoques de mantimentos, mas fica só nisso. Os jornais moderados já não podem mais circular. O informativo do comitê executivo dos conselhos dos operários e soldados torna-se órgão do governo. As fábricas estão paradas, é anunciada uma greve geral de duração indefinida.

Em Bamberg, o governo de Hoffmann convocou o povo bávaro às armas e solicitou auxílio militar do governo do *Reich* em Weimar. Duas divisões do exército se instalam no norte da Baviera. Os jornais de Berlim trazem notícias horripilantes sobre Munique. Eles dizem que a estação ferroviária foi transformada em ruínas por tiros, que os cidadãos seriam reunidos na Ludwigstraße e constituiriam alvos vivos para os exercícios de tiro da guarda vermelha. Gustav Landauer, que nem mesmo fazia mais parte do governo conselhista, teria apresentado o comunismo às mulheres.

Está calmo em Munique. O tribunal revolucionário assusta mais pelos seus anúncios que pelas suas ações. Ninguém é condenado à morte, ninguém é fuzilado, ninguém é roubado ou maltratado.

No dia 15 de abril, à noite, Leviné fala em uma assembleia dos conselhos das fábricas. Sinos de alarme soam durante seu discurso. Ninguém sabe quem deu a ordem ou conhece as causas daquilo. Circulam rumores de que um golpe civil está sendo tramado na cidade.

Sinos de alarme. Não o som retumbante e abafado dos grandes sinos, nos quais o badalo bate com um ímpeto contido. Centenas de sinetas de mão choramingam em uma monotonia queixosa, agitada, fraca. Mas essa monotonia chorosa, sinistra e ameaçadora dilacera os nervos, ferve o sangue e oprime o coração.

Diante da sede da Hofbräu, guardas destravam seus rifles.

"De onde vem esse som?", pergunto.
"Das torres de Frauenkirche."

Um ano atrás, quando me prenderam durante a greve, eu me neguei a vestir o uniforme e carregar um rifle. Eu odiava a violência e havia jurado a mim mesmo que nunca faria uso dela, mesmo que a sofresse. Agora que a revolução estava sendo atacada, eu tinha o direito de quebrar esse juramento? Mas eu tinha que fazê-lo. Os trabalhadores haviam depositado sua confiança em mim, haviam me tornado seu líder e responsável por eles. Eu não estaria traindo sua confiança se agora me negasse a defendê-los, ou até mesmo se eu os convocasse a abdicar da violência? Eu tinha que ter levado em conta a possibilidade de haver consequências sangrentas para a revolução e não devia ter aceitado um cargo nela.

Quem hoje deseja lutar no plano da política, lidando com os interesses econômicos e humanos, tem de saber com clareza que o princípio que orienta sua luta e as consequências dela são determinados por poderes bem diferentes de suas boas intenções. Que muitas vezes lhe serão impostas formas de resistência e contra-ataque que ele não deixará de sentir como trágicas, formas que podem fazê-lo sangrar, no sentido mais profundo da palavra.

"Vocês têm certeza de que foram os brancos que soaram o alarme?"
"Sim, eles já tomaram a estação."
"Há voluntários para me acompanhar?"
Sete trabalhadores dão um passo à frente.
Estamos passando por uma rua estreita e quieta, aproximando-nos da Theatinerstraße, e chega uma rajada de metralhadora, vinda de Marienplatz.
"Abaixem-se!"
Vamos nos arrastando adiante. Um carro passa pela Theatinerstaße.

"Alto lá!", eu brado e dou um tiro para cima.

O carro para de uma vez. Um senhor corpulento desce, com as mãos repletas de caixas de cigarros.

"Não atire!", ele grita. "Tenho cigarros austríacos."

Os olhos de meus camaradas brilham. Dez mãos se estendem em direção aos cigarros.

"Quem é o senhor?"

"Ah, desculpe-me. Sou o cônsul austríaco."

"O senhor está vindo de Marienplatz?"

"Sim."

"Quem estava atirando?"

"Não sei."

"O senhor encontrou soldados brancos?"

"Eu não vi nada. Por favor, pegue os cigarros, eles são austríacos genuínos."

"O senhor tem que nos dizer o que o senhor sabe."

"Eu não sei de absolutamente nada. Estou apenas com medo. O senhor não quer mesmo pegar os cigarros?"

"Urra", berra meu pessoal, "austríacos!"

"Aliados", diz o cônsul.

"Belo tabaco", diz o meu pessoal.

"Agora posso voltar para casa?"

"Agora sim!", diz um de nós, acendendo um Memphis.

Vamos nos aproximando da Frauenkirche furtivamente, como índios, as torres bulbosas sobre as naves da igreja causam uma impressão sombria. Batemos à casa do sacristão. Uma mulher abre a janela e dá um grito: "Ai, Jesus!", fechando as venezianas de uma vez. Batemos à porta como se ela fosse um tambor.

A porta da casa é aberta. De camisola, a mulher do sacristão treme diante de nós.

"Onde está o sacristão?"

Um velho homúnculo se esconde às costas da mulher, trajando uma camisola.

"Tenham misericórdia dele e não atirem, ele tem ciática!"

"Ninguém vai atirar em seu marido, senhora. Quem deu a ordem para o senhor soar o alarme?"

"Eu não soei nada."

"Mas o alarme não acabou de soar aqui?"

"Não, não. Eu juro que não. Não atirem em mim!"

Eu tranquilizo o velho.

"O senhor pode me dizer que igreja soou os sinos?"

"Não, não consigo dizer qual. Conheço o som de todos os sinos de Munique, até melhor que meus próprios filhos. Quando o vento vem do oeste, em seguida batem os sinos de São Pedro, como quando uma moça ri, e os da Ludwigkirche, como quando uma jovem moça tem seu primeiro filho. Quando o vento vira, em seguida..."

"Pare com isso e nos diga logo que igreja soou o alarme."

"Agora, eu acho que foi a de Paulskirche. Mas, com esse vento, à noite, não posso dizer com certeza."

"Certo. Agora vá dormir, senão o senhor vai se resfriar."

"Como se a ciática não fosse o bastante", chia a mulher e bate a porta da casa.

Nós continuamos nosso caminho. Não há ninguém na Marienplatz. Marchamos pela Kaufingerstraße em direção à estação ferroviária. Atrás do restante de nosso grupo, vai mancando pesadamente um inválido, com uma bengala em uma mão e na outra o rifle. Com sua bengala ele vai marcando o ritmo de nossa marcha.

Os nossos estão acampados na estação central.

"Onde estão os brancos?"

"Eles tomaram a Paulskirche."

Uma metralhadora estava abandonada junto a uma pilastra. Nós a pegamos e nos arrastamos para a Paulskirche. Cinquenta passos antes da igreja, nós montamos a metralhadora. Agitado, o homem operando a metralhadora dispara uma rajada contra a torre. Um eco grave reverbera em nossa direção.

"Vocês ouviram?", diz o atirador. "Essa foi no alvo."

Janelas se abrem por toda parte. Uma voz grunhe com seu baixo grave:

"Assim não dá! Agora atiram até mesmo no meio da madrugada!"

Avançamos rapidamente e em formação até a igreja que está ocupada pelo inimigo. Este nem dá sinal de vida. O sino mantém seu silêncio pacífico.

Como da outra vez, vamos bater à porta do sacristão.

"Quem lhe deu a ordem de dar o sinal de alarme?"

"Como se eu soubesse!"

Um trabalhador pega o sacristão pelo colarinho.

"Seu cachorro! Você está mancomunado com os brancos!"

"O quê, com os brancos? De onde eu conheceria esses trouxas da Spartacus? A ordem para soar os sinos veio da seção de Sendling."

Na seção do diretório do Partido Comunista, dizem que a ordem veio do quartel-general municipal. Os brancos marchavam em direção a Munique e os trabalhadores iam de encontro a eles.

Na rua, paramos uma carreta e embarcamos. Descemos em uma hospedaria na rua Nymphenburger e ficamos por ali.

"Onde estão os brancos?"

Ninguém sabe.

No bar estão sentados três soldados do regimento de cavalaria pesada, bebendo de suas jarras e reclamando da qualidade da cerveja. Os cavalos estão amarrados nas árvores. Um soldado me dá seu cavalo, os outros dois me acompanham.

Cavalgamos pela terra pacífica sob o luar de uma noite de abril estrelada. Ao ouvirmos vozes, entramos com nossos cavalos na escuridão da floresta para nos proteger. Mas ficamos tranquilos quando ouvimos xingamentos a Leviné ou a Toller: sabemos que são amigos.

Nós nos aproximamos da casa do vigia da ferrovia antes de Allach e vemos um homem entrar apressado. Descemos dos cavalos e o perseguimos. O homem está ao telefone, com o fone à mão.

"Com quem o senhor está falando?"

Sem resposta. Eu tomo o fone de sua mão.

"Uma patrulha?", pergunta uma voz do outro lado da linha.

"Um regimento", eu respondo.

"Um regimento?"

"Uma divisão."

Silêncio.

"Quem está aí?", pergunta uma voz.

"Sou eu."

Ouço o telefone ser desligado do outro lado.

"O senhor estava falando com os brancos ao telefone", grito com o vigia da ferrovia. Ele se cala.

Não temos tempo a perder, devemos seguir. Antes de partir em nossos cavalos, cortamos as linhas telefônicas.

Em Karlsfeld, alcançamos trabalhadores e soldados de Munique que espontaneamente, sem nenhum tipo de liderança militar, forçaram as tropas brancas – que queriam atacar Munique vindo do norte – a dar meia-volta e bater em retirada. Agora que eles impediram o ataque e perderam contato com as tropas brancas, desfaz-se o ímpeto que unificava as massas em seu avanço e agora não restam mais que grupos desorientados.

Seguimos cavalgando pela estrada na direção de Dachau. De repente vêm assobios de balas e meu cavalo se encolhe.

"Recuar!", eu berro.

Quando eu me volto para trás, vejo o cavalo de um dos soldados da cavalaria empinar. O cavaleiro, alvejado, despenca ao chão. Só conseguimos enterrar o morto na manhã seguinte. Encontramos uma carta em um de seus bolsos:

"Mãe querida, como você está? Eu estou bem, instalado aqui na hospedaria, aguardando os brancos. Eles vão atacar Munique. Não sei o que as próximas horas vão trazer. A meu ver, é melhor morrer de forma honrada."

A gente de confiança dos trabalhadores de Munique está reunida em assembleia na hospedaria de Karlsfeld.

"A liderança deve ficar com o Toller!", um deles fala.

"Liderar um pelotão de artilharia?", eu respondo. Lembro-me que fui oficial de artilharia na guerra.

"Não, um exército", brada um velho trabalhador de cabelos brancos da Krupp.

Eu resisto e tento explicar que o líder de um exército precisa ter outras qualidades.

"O senhor só precisa manter o nariz empinado, senão o chiqueiro não vai respeitá-lo. E, se o senhor não entende nada, logo vai aprender. O principal é que nós o conhecemos."

Eu não sei como responder a isso. Que razões podiam abalar essa confiança tola e tocante de homens que acabavam de vencer uma tropa ativa e liderada por militares?

Torno-me, assim, líder de um exército.

Nas fileiras dos trabalhadores, encontro alguns jovens oficiais que serviram no antigo exército imperial. É formado um "estado-maior", os trabalhadores são distribuídos em batalhões e assumimos posições antes de Dachau, que está ocupada pelo inimigo.

"Um estado-maior precisa de mapas", diz o chefe da infantaria, um estudante de dezenove anos.

"Ele tem razão", diz um cervejeiro que, na guerra, foi aspirante.

Nas primeiras horas da manhã, sigo ao Ministério da Guerra em Munique, acompanhado do chefe da infantaria. Mesmos os oficiais reacionários no Ministério da

Guerra sabiam que um estado-maior precisa de mapas. Eles tiveram o cuidado de preparar à parte mapas do terreno de Dachau.

Voltamos a Karlsfeld. Foram enviados reforços de Munique: quinhentos trabalhadores da fábrica da Maffei, armados e divididos em unidades militares.

Uma ordem do comissário de guerra Eglhofer me é transmitida.

"Dachau deve ser imediatamente bombardeada pela artilharia e invadida."

Eu hesito obedecer a essa ordem. Os camponeses de Dachau estão do nosso lado, devemos evitar perturbações inúteis, devemos organizar nossas forças.

Emitimos aos brancos um ultimato com prazo até a tarde daquele dia:

"Recuo das tropas brancas até antes do limite do Danúbio, libertação dos membros do conselho central sequestrados em 13 de abril, revogação do bloqueio de mantimentos a Munique."

Pois desde o segundo dia da república conselhista, Munique está sofrendo um bloqueio por parte do governo em Bamberg. Todos ficaram indignados quando os ingleses impuseram o bloqueio sobre o povo alemão. Agora o governo em Bamberg tenta fazer seu próprio povo passar fome.

Os brancos enviam um tenente-coronel e um membro do conselho de soldados como negociadores de paz. Negociamos apenas com o membro do conselho. "Camarada, você está lutando contra seus camaradas, você está obedecendo àqueles que o oprimiram, que o fizeram sofrer, contra os quais você mesmo se revoltou em novembro."

"E vocês?", ele responde. "O que vocês fizeram com Munique? Vocês são assassinos e saqueadores."

"Quem diz isso?"

"Isso é o que escrevem nossos jornais."

"Você quer tirar a prova? Damos a você permissão de viajar a Munique, ninguém lhe fará nada. Assim você pode verificar tudo com seus próprios olhos e ver que mentiram a você."

O oficial, irado e impaciente, grita com o soldado:

"Não responda! Nem mais uma palavra!"

"Ah, vocês já passaram dos limites!"

O oficial se levanta e sai, abrindo caminho aos empurrões. O soldado cochicha comigo:

"Não vamos atirar em vocês."

Acompanhados de dois dos nossos, os negociadores retornam a Dachau. Duas horas depois, ficamos sabendo que o governo em Bamberg aceitou nossas exigências, deixando de ceder apenas em um ponto: as tropas brancas não recuariam até Pfaffenhofen, o governo não quer abrir mão de uma base deste lado do Danúbio.

Às quatro horas da tarde estrondam tiros de artilharia. Os brancos quebraram o acordo?

Não, nossa própria artilharia havia atirado, por ordem de um membro desconhecido do conselho dos soldados.

Um de nossos negociadores retorna de Dachau. O comandante havia ameaçado levar os dois outros negociadores ao paredão, dizendo que eles não mereciam outro destino, uma vez que o exército vermelho agiu de forma desonrosa violando o cessar-fogo.

Como líder das tropas, eu sou o responsável pela vida de nosso pessoal. Assim, decido seguir de carro a Dachau, a fim de esclarecer pessoalmente o incidente.

Quando o carro alcança nossa linha mais avançada, não vejo nenhum soldado. Continuamos a viagem e alcançamos as barricadas que os brancos ergueram na estrada para Dachau. Elas estão destruídas. De repente o carro é varrido pelo fogo de metralhadoras e de armas de infantaria.

"Não pare!", eu brado ao motorista.

Vejo nossas tropas avançando em formação cerrada.

"Quem deu a ordem?", pergunto ao líder do pelotão.
"Um mensageiro."
Não me veio à mente que esse avanço fosse obra de um provocador. Só depois venho a descobrir que um dos conselheiros dos soldados, Wimmer, que marchou ao lado das tropas brancas na tomada de Munique, deu por iniciativa própria, a fim de causar confusão, ordens de ataque e fogo de artilharia.

O que devo fazer? Não é possível ordenar o recuo em meio a uma batalha. Nada resta senão fornecer apoio às tropas que avançam.

Regresso a Karlsfeld, envio o reforço da reserva e passo a integrar um dos pelotões.

O fogo inimigo se intensifica.

Meu grupo vacila. Ele demanda o apoio de um pelotão de artilharia. Eu me recuso a expedir essa ordem e me lanço à frente com um punhado de voluntários. Os outros nos seguem e assim alcançamos nossa infantaria e atacamos Dachau.

Quando as batalhas se iniciam, os trabalhadores e trabalhadoras da fábrica de munição de Dachau lançam-se sobre os soldados brancos; as mulheres são as mais determinadas. Elas desarmam as tropas, encaram-nas de frente e as expulsam da vila. O comandante dos brancos foge em uma locomotiva. Nossos negociadores, prestes a serem fuzilados, conseguem salvar-se em meio à bagunça da fuga.

Cinco oficiais e trinta e seis soldados brancos são presos. Nossas tropas tomam a cidade.

Eu, o "vencedor de Dachau"? Quem conquistou a vitória foram os trabalhadores e soldados da república conselhista, não seu líder. Deixando de lado as diferenças partidárias, eles se apressaram a defender a revolução, sendo acompanhados até mesmo por sociais-democratas e trabalhadores sem partido. Não era necessária nenhuma convocação ou palavras de ordem, a frente unificada dos trabalhadores formou-se no ato.

Os brancos recuam até Pfaffenhofen. Eglhofer envia um mensageiro que traz a ordem para conduzir imediatamente os oficiais presos à corte marcial e depois fuzilá-los. Eu rasgo a ordem. Creio que a magnanimidade em relação aos opositores vencidos é a virtude da revolução.

Os soldados presos podem circular livremente. Eles recebem os mesmos cuidados que nossas próprias tropas, pois não passam de irmãos que foram desencaminhados. Eles vão reconhecer que nossa causa é justa, vão se convencer de que foram enganados e então decidirão livremente se ficarão conosco ou se querem voltar para casa.

Ainda que as leis da guerra civil sejam mais que brutais, pois eu sei que a contrarrevolução assassinou presos vermelhos em Berlim sem nem pensar duas vezes, nós lutamos por um mundo mais justo, nós exigimos humanidade e por isso temos que ser humanos.

Os soldados presos que voltavam para casa em poucos dias já estavam lutando de novo contra nós.

Nós nos instalamos nos quartéis de Dachau, nos quais trabalham antigos oficiais das forças armadas imperiais.

Enquanto o exército imperial era regido pela autoridade e pela obediência cega, o exército vermelho deve se fundar na voluntariedade e na compreensão. Não podemos adotar o detestável militarismo de outrora. O soldado vermelho não pode ser uma máquina, ele reconheceu que sua batalha é por uma causa que é também sua, sua vontade revolucionária está a serviço da criação da ordem necessária da sociedade.

Ah, o trabalhador alemão ficou por tempo demais acostumado à obediência, ele quer obedecer. Para ele, brutalidade significa força, gestos afetados significam liderança, a omissão da própria responsabilidade é o mesmo que a disciplina. Ele tem saudade dos ideais de sempre, acredita que a nova situação é a aurora do caos.

Soldados que por quatro anos se sacrificaram cegamente pelas causas da monarquia, que suportaram o horror da guerra, a fome e a miséria, em poucos dias ficam insatisfeitos com a luta pelas suas próprias causas, uma vez que o *front* vermelho não é tão bem organizado quanto as casernas imperiais.

Por volta de dois mil homens tomaram Dachau; depois de três dias, mil já voltaram a Munique. Somos forçados a colocar um basta nessas licenças sem autorização. Temos que adotar as regras da velha disciplina militar para estancar a sangria de nossos números, temos que proibir os bares de vender álcool aos soldados.

O instinto de liberdade e livre-arbítrio está submerso e alquebrado. Seriam necessários anos para superar os vícios do militarismo. A força do antigo estado provinha da sujeição de seus cidadãos, que era cultivada nas escolas, casernas, associações e jornais. A nova sociedade só pode ser construída por pessoas livres. O espírito de sujeição é capaz apenas de destruí-la.

As pessoas foram diláceradas pela guerra, todas elas, burgueses e trabalhadores, e especialmente os jovens.

Uma noite a porta de meu quarto é escancarada e soldados trazem para dentro uma jovem garota em uma maca. Sua respiração vem aos solavancos, em seu rosto transtornado bruxuleiam olhos mais que aflitos e com um brilho apagado, sua blusa e saia estão amassadas e rasgadas.

Um soldado anuncia:

"Para receber cuidados."

"Cuidados?"

"Sim, nós a encontramos nos alojamentos dos soldados."

"Nesse estado?"

"Mais de vinte membros da guarda vermelha a violentaram."

"Levem-na ao hospital militar, eu vou acompanhá-los."

Peço que me contem a história no caminho. Primeiro foi um, que a recomendou ao próximo, enquanto um terceiro já esperava e os outros seguiram em um arroubo abissal de devassidão.

Sou arrebatado pelo destino dessa criança dilacerada. Vejo nela a guerra nua em toda sua brutalidade. Guilherme II a chamou de forja da nação. Os professores alemães dizem que ela desperta as forças morais e os bons costumes do povo. Por favor, meus senhores, pensem o que quiserem, mas não digam que a história demonstra a depravação dos vermelhos. Seus heróis, se é que eles realmente são honrados, poderiam relatar-lhes milhares de episódios similares da "grande" guerra.

No caminho para o hospital, encontro um soldado com uma segunda garota, igualmente resgatada dos alojamentos. Quero levar também essa garota ao médico. Mas, uma vez que ela queria descansar sentada em um banco, eu a deixo para trás com um vigia. Quando volto do hospital para pegá-la, o vigia desapareceu com a garota.

A derrota militar enfraqueceu moralmente o governo em Bamberg. Não podemos dar tempo às tropas brancas para que elas se reagrupem, nós somos fortes o bastante para empurrá-los para além do Danúbio. Se o suprimento de alimentos para Munique for interrompido, nós podemos avançar e tomar Hollerdau, uma importante região agrícola habitada por camponeses simpáticos à nossa causa.

O avanço é proibido pelo estado-maior de Munique. Os independentes estão no comando da frente de Dachau, os comunistas não confiam neles.

As tropas brancas tomam Augsburg, de modo que nossas tropas devem reconquistar a cidade. Mas, a meu ver, é loucura mover a importante seção do *front* que está em Dachau. É disso que tento convencer o estado-maior quando vou ao Ministério da Guerra em Munique. Levien, o comissário político, apresenta-me um plano que lembra os despachos do Sr. Lipp. As tropas vermelhas vão retornar a Munique e um cordão de aproximadamente cento e cinquenta homens se postará ao redor da cidade para vigiá-la. Esses homens estariam em contato telefônico uns com os outros e com o Ministério da Guerra. Quando um dos vigias avistar o inimigo, ele vai informar o Ministério da Guerra, este vai dar o alarme aos trabalhadores e a batalha final terá lugar diante dos portões de Munique.

Esse plano é de autoria de um antigo cavador de trincheiras, de nome Hofer. Depois de seu fracasso, fica-se sabendo que ele trabalhava como informante a serviço do general branco. Não nos espantamos com o fato de que um homem como esse faça parte do estado-maior. Como é fácil ganhar a confiança das patentes militares mais altas. Um jovem comerciante desejava emigrar para o Brasil; ele visita no Ministério da Guerra um conhecido que lhe pergunta se ele esteve na guerra, ao que o comerciante responde que havia sido oficial encarregado dos mantimentos. Meia hora depois ele já está encarregado de conduzir a artilharia.

As noites são frias, os trajes de nossas tropas são precários. Precisamos de mil casacas, não conseguimos obtê-las. Eu falo no conselho executivo sobre a desorganização militar em Munique, sobre os planos infantis do Sr. Hofer. Entro em conflito com Leviné e assim recorro aos conselhos das fábricas.

Eu não tinha o direito de fazê-lo, mas, para mim, mais importante que os "canais oficiais" era a defesa da revolução.

Em 16 de abril, Gustav Landauer havia escrito ao comitê de ação:

"Eu me coloquei mais uma vez à disposição da causa da libertação e do bem-estar da república conselhista... Os senhores até agora não fizeram uso de meus serviços. Nesse meio-tempo, eu vi como os senhores trabalham e tomei conhecimento de suas ideias e do modo como conduzem a luta. Eu vi como se parece sua realidade, em oposição àquilo que os senhores chamam de 'pseudorrepública conselhista'. Temos opiniões bem diferentes, eu e os senhores, do que seja uma luta que deseja produzir as condições que permitam a todas as pessoas participar dos bens da terra e da cultura. O socialismo, que traz essa luta à realidade, dá imediatamente vida a todas as forças criativas: na obra dos senhores, porém, eu vejo – e lamento que tenha de ver – que os senhores não se entendem nos domínios científicos e intelectuais. Está fora de meu alcance perturbar o mínimo que seja a pesada tarefa de defesa que os senhores realizam. Mas o que mais me dói lamentar é que apenas uma pequena parte de minha obra, a obra do fogo interior e da enlevação, da cultura e do renascimento, está agora disseminada."

Ficam manifestas as consequências da greve geral de dez dias. Falta carvão, falta dinheiro, os mantimentos ficam escassos. Até então, os camponeses enviavam por dia 150.000 litros de leite a Munique; agora enviam apenas 17.000 litros. Um edital do governo proíbe o processamento do leite em manteiga e queijo, caracterizando essa atitude como contrarrevolucionária.

Como sempre na Revolução Alemã, os grandiosos planos econômicos socialistas não saem do papel. Aumenta a insatisfação dos trabalhadores, que tinham esperança de que a revolução lhes trouxesse ajuda rapidamente, pois não bastava que eles se tornassem os detentores do poder político, eles queriam sentir a melhoria das condições cotidianas de vida.

Os conflitos no interior do governo não são segredo.

O comissário das finanças Männer, que só veio a ocupar esse cargo porque tinha ideias vermelhas mesmo trabalhando no setor bancário, recusa-se a implementar as medidas do comissário político que lhe foram transmitidas. Nas comissões atuam vários homens de conhecimentos e caracteres duvidosos. Comissários de polícia, superintendentes e servidores públicos se revezam nos cargos porque eles se revelam incapazes para as tarefas que se apresentam. No começo de toda revolução, pessoas desonestas se acumulam nos postos de responsabilidade; só depois de consolidada a revolução é que ela encontra as forças para expurgá-los.

O trabalhador mais experiente era justamente aquele que temia assumir as posições de maior responsabilidade. Talvez ele não confiasse em si mesmo porque os fracos líderes nunca depositaram confiança nele. Ele estava sempre pronto para transferir a liderança e os cargos para o primeiro que aparecesse. Ele tinha coragem para morrer pela revolução, mas, nas barricadas da vida revolucionária, era tímido e medroso.

Alguns russos acabam conquistando uma influência política decisiva apenas porque seus passaportes atestam que são cidadãos soviéticos. O grande feito da revolução russa confere a esses homens uma aura mágica; mesmo comunistas alemães experientes olham para eles como se estivessem ofuscados por seu brilho. Uma vez que Lênin é russo, os alemães acreditam que eles têm as mesmas capacidades dele. A frase "Não foi assim que fizemos na Rússia" derruba qualquer decisão.

Essa mesma influência perniciosa é compartilhada por algumas mulheres que visitaram a Rússia soviética por algumas semanas. Elas se apoiam em suas experiências de turistas e acreditam que, por terem visto de passagem a realidade revolucionária, tornaram-se aptas a ser as condutoras estratégicas de todas as revoluções futuras. E homens que trabalham há anos no movimento socialista dobram-se, sem hesitar e com uma estranha alegria, a seus lemas e panaceias.

Munique está cercada pelas tropas contrarrevolucionárias. Já faz tempo que não reforçamos a Alta Baviera, de modo que os regimentos bávaros, prussianos e de Württemberg estão marchando de todos os lados sobre Munique. Avanços isolados do exército vermelho não são capazes de deter a marcha deles.

Inicialmente não será fácil para o governo em Bamberg cooptar voluntários bávaros para a marcha sobre Munique. Os trabalhadores se recusam, não dá para contar com os soldados e mesmo os camponeses apenas se juntam esporadicamente aos exércitos de voluntários. É aí que entra a propaganda: espalham-se histórias de terror sobre os planos do governo de Munique. Ele quer roubar a casa e os rebanhos dos camponeses, tomar as economias dos burgueses, destruir a família alemã, assassinar o padre, saquear os mosteiros. O efeito dessa propaganda é potencializado pela promessa de pagamentos extras para os que vão à luta.

O governo tem que solicitar ajuda do *Reich*. As primeiras a chegar foram as tropas de Württemberg, que tomam Lindau e Augsburg e avançam sobre Munique a partir do oeste. Em pouco tempo, os generais se tornam os mandachuvas políticos, o governo em Bamberg não passa de uma ferramenta deles.

Aproximadamente cem mil soldados foram convocados para marchar sobre Munique. Nós, por outro lado, dispomos de uns poucos milhares.

Eis a questão: devemos precipitar o confronto militar ou evitar a luta? Devemos dar dois passos atrás a fim de mais tarde, fortalecidos e mais preparados, sermos capazes de dar um passo à frente? Não temos o direito de convocar a classe trabalhadora para uma luta que vai conduzir inevitavelmente à derrota, a um estúpido derramamento de sangue. Enquanto os adversários não souberem como estamos fracos, possuímos ao menos uma aparência de força. Nós temos que salvar o que há a ser salvo para a classe trabalhadora.

Os comunistas também sabem que nossa situação é insustentável, mas eles pressionam pelo confronto militar, taxando cada negociação com o governo em Bamberg de traição. Eles esperam que a derrota sirva de um poderoso impulso revolucionário, acreditando que a derrota vai deixar o proletário mais maduro e mais ativo. Mas o povo já suportou derrotas demais. Sofrimento, miséria e opressão agem como impulso revolucionário apenas enquanto servem para despertar nas pessoas a convicção de que sua situação precária não é necessária e de que elas são capazes de mudá-la. Se essa situação se torna um hábito ou parece uma força insuperável, intransponível, as pessoas acabam se tornando apenas um joguete nas mãos de charlatães que lhes prometem o reino dos céus na Terra com um passe de mágica, ou mercenários de um explorador qualquer que apenas lhes paga o pão do dia seguinte.

Renuncio a meu posto como comandante das tropas, não posso mais ser responsabilizado por trabalhar em conjunto com o conselho executivo e o estado-maior, cuja política eu rejeito. Os conselhos das fábricas não têm ideia do que realmente está acontecendo, é perigoso continuar em silêncio.

Na assembleia dos conselhos das fábricas, no dia 26 de abril, as discordâncias se intensificam, dando lugar a um conflito aberto. Depois de uma moção de censura, o comitê de ação e o conselho executivo comunista renunciam, e os conselhos das fábricas formam um novo governo a partir de suas próprias fileiras. Mas os comunistas determinam que os trabalhadores não sigam as determinações desse novo governo e os guardas comunistas postados no palácio de Wittelsbach se recusam a defendê-lo.

Desse modo, são constituídos dois governos distintos em Munique. Com o passar das horas, a luta intestina dos revolucionários fica cada vez mais furiosa.

As negociações com o governo em Bamberg não dão qualquer resultado. Os generais detentores do poder não queriam saber de um entendimento.

Eles odeiam a Baviera. Era só aqui que a república tinha algum poder, só aqui o povo defendia a revolução de novembro. A supressão da república conselhista tinha na verdade a intenção de atingir a república.

No dia 30 de abril, não há uma só pessoa andando pelas ruas da cidade. Os cidadãos continuam se escondendo em suas casas, pequenos destacamentos de soldados da guarda vermelha e trabalhadores armados continuam marchando através da cidade, a bandeira vermelha ainda tremula no Palácio de Wittelsbach e no Ministério da Guerra, os sinos de alarme ainda soam chorosamente e demovem as senhoras aterrorizadas de sair às ruas e aos mercados. Apenas as crianças se alegram ao ver os carros militares rodando pela cidade. Elas imitam os adultos, brincam de exército vermelho, derrotam o inimigo, conquistam cidades e tomam prisioneiros, gritando "Vivam os vermelhos!" e "Abaixo os brancos!". Elas prendem os contrarrevolucionários e, triunfantes, os trancam em galpões e celeiros. É terrível assistir a essas brincadeiras infantis, mas ainda mais terrível é a realidade.

A guarda vermelha saiu prendendo pessoas a torto e a direito nos últimos dias; nós temos que libertá-las. Telefono para as prisões, as ações desesperadas da comuna de Paris não podem voltar a se repetir.

Retornam os negociadores enviados pelo comitê de ação ao governo de Hoffmann. Os generais exigem a rendição incondicional da cidade e a entrega de todos os líderes. Eles sabem que os conselhos das fábricas não podem aceitar essas condições.

A desconfiança mútua nas fileiras revolucionárias é tão grande que muitos nem mesmo ousam dormir em suas próprias casas. Todos se veem como inimigos, todos têm medo de serem presos pelos outros.

Uma camarada me traz um passaporte, dizendo que devo fugir. Eu rasgo o passaporte.

Até os últimos dias eu tive esperança de que o horrendo banho de sangue seria evitado. Mas agora não se trata mais de defesa ou recuo, o governo nos força a partir para a luta.

Nós fracassamos, todos nós. Todos cometemos erros, todos somos culpados, todos fomos incompetentes – os comunistas, assim como os independentes. Nossa aposta foi vã, o sacrifício foi inútil. Os trabalhadores confiavam em nós, o que podemos dizer a eles agora?

Tomado pelo desespero, vou ao Ministério da Guerra. Eles vão me permitir voltar a Dachau como soldado.

Sem dormir, com o rosto abatido e os olhos cansados e irritados, lá está Eglholfer em seu escritório no Ministério da Guerra. Soldados não param de entrar e sair, sempre com novas notícias desastrosas.

"Augsburg foi tomada pelos brancos."

"As tropas vermelhas estão se dispersando."

"Grupos de justiceiros estão se formando por toda parte."

"Os soldados da guarda vermelha estão sendo desarmados pelos camponeses nas vilas, para depois serem espancados e fuzilados."

Eglholfer recebe esses relatos sem dizer uma só palavra. Também sem dizer nada, ele emite meu visto.

Eu saio do Ministério da Guerra e vou da Schönfeldstraße à Ludwigstraße.

"Toller, Toller!"

Eu me viro e vejo Eglhofer à janela. Ele acena para mim e então retorno à sua sala.

"Você não vai mais para Dachau, as tropas de lá já estão recuando. Os brancos estão em Karlsfeld. Todas as posições avançadas dos vermelhos foram desfeitas. Acabo de receber o informe pelo telefone."

Enquanto olhamos mudos um para o outro, um soldado irrompe na sala:

"Os brancos tomaram a estação ferroviária de Munique."

Isso é o que o soldado grita; depois ele corre para a sala ao lado e grita de novo, corre para fora e vai berrando as palavras pelo corredor. E antes que pudéssemos entender direito o que estava acontecendo, o Ministério da Guerra se esvazia. Apenas o assistente de Eglhofer, um marinheiro que mal completou vinte anos, entra na sala e se posiciona ao lado de Eglhofer. Este coloca seu boné, enfia um revólver no bolso e pega duas granadas de mão que estão diante de si, sobre a escrivaninha.

"O que você vai fazer?", eu pergunto.

"Ficar aqui."

O jovem marinheiro diz com uma voz branda e tímida: "também vou ficar aqui, Rudolf".

O telefone toca.

"O informe era falso", diz Eglhofer, "os brancos ainda não estão em Munique".

Os adversários de Eglhofer o chamavam de sanguinário, mas na verdade ele era um homem sensível que só se tornou duro e impiedoso depois de ter vivido a revolta dos marinheiros em Kiel.

À noite, os conselhos das fábricas se reúnem em assembleia pela última vez. Impotentes, eles não fazem mais que aguardar o fim. Seu poder se foi, a classe trabalhadora está em ruínas, o exército vermelho está se dispersando. Eles ordenam que o proletariado de Munique deponha as armas e aceite sem reagir a entrada dos brancos na cidade – a revolução foi derrotada.

Eis que um homem salta ao palanque e brada que nove presos foram fuzilados no colégio de Luitpold, todos eles cidadãos de Munique. O horror toma conta da assembleia. Esses trabalhadores, sabendo que amanhã talvez já sejam colocados no paredão, levantam-se silenciosamente de seus assentos. Quando é que os brancos reagiram de forma parecida à notícia do fuzilamento de trabalhadores presos?

Sejam quais forem as consequências dessa ação desvairada, é certo que centenas de pessoas do nosso lado pagarão por ela.

Eu corro para o colégio Luitpold e vejo que a guarnição já deixou o local. Encontro ali alguns jovens rapazes e dois ex-prisioneiros russos que passaram a integrar o exército vermelho. Eu aconselho os rapazes a sair dali e os russos a se livrar do uniforme e se esconder. Mas os russos não haviam recebido roupas para o dia a dia, de modo que um dia desses eles seriam foras da lei e presas fáceis para qualquer pequeno-burguês raivoso. Mais tarde, um dono de uma editora pangermanista de Munique se vangloriaria, em um jornal cristão, de tê-los posicionado em um poço de cascalho e os utilizado como alvos vivos para seus exercícios de tiro. Apenas nos subúrbios de Munique, mais de vinte russos foram assassinados. Sob a mira das armas do pelotão de execução, eles demonstravam a mesma serenidade e coragem que haviam caracterizado suas vidas como soldados da revolução.

Ouço gritos de trás de uma porta trancada.

"Ainda há presos aí", diz alguém.

"Cadê a chave desta porta?"

Ninguém sabe responder.

Nós forçamos a fechadura, a porta não cede. Nós então começamos a arrombá-la.

O choro e os gritos ficam mais agudos e desesperados, mas de repente eles cessam. A porta se abre e lá dentro vemos seis homens agachados e encolhidos nos cantos da sala, temendo por suas vidas.

Quando dizemos a eles que não viemos para fuzilá-los, mas para libertá-los, eles não conseguem acreditar.

Quem eram aqueles presos? Eles não são líderes da contrarrevolução, mas apenas pequenos pobres coitados. Entre eles há um velho caixeiro que, em um dia de chuva, arrancou de uma pilastra um pôster da guarda vermelha para cobrir sua carroça, um dono de hotel que foi denunciado por um garçom demitido, um trabalhador descontente.

Um soldado me leva ao galpão onde os corpos dos fuzilados estão guardados. Não se trata de reféns, como mais tarde as mentiras dos jornais vão querer fazer acreditar. Oito eram membros da associação popular Thule que foram flagrados com selos falsificados do governo conselhista e cópias das assinaturas de seus líderes. Assim que chegou a notícia de que as tropas brancas estavam impiedosamente matando todos os presos do exército vermelho e até mesmo os membros do corpo médico, o comandante postado no colégio Luitpold, sem entrar em contato com o líder responsável, deu a ordem para que eles fossem fuzilados. Entre os mortos, há uma mulher e um pintor judeu. Eu acendo um palito de fósforo e uma luz fraca e bruxuleante ilumina essas formas sinistras.

O soldado me conta que eles morreram altivos e sem medo. Um deles até mesmo acendeu um cigarro e seguiu com ele na boca para o paredão.

Amanhã os nossos morrerão com a mesma coragem.

Ali, diante dos mortos, eu penso na guerra, no pandemônio em Priesterwald, nos inúmeros assassinados por toda a Europa.

Quando é que as pessoas vão colocar um fim à perseguição, ao tormento, à tortura, ao assassínio de seus semelhantes?

De outro galpão víamos sair um facho de luz. Entre sacos e caixas de provisões, lá estava nosso tesoureiro de Dachau, debruçado sobre seus livros-caixa.

"Estou colocando ordem nos livros", ele diz, "os brancos não vão poder dizer que nós, revolucionários, não mantemos nossos livros em ordem. Há um débito de cinquenta fênigues que não está batendo. Preciso encontrar o erro, não me atrapalhe."

Ele continua fazendo suas contas.

Eis aí o revolucionário alemão, bonachão e ingênuo. Ele vai somando números e controlando estoques, para que tudo esteja em ordem quando ele for fuzilado.

"Se os brancos o encontrarem aqui, você vai ser levado ao paredão."

"Se eu for embora, você assume a responsabilidade por isto aqui?"

"Sim."

Olhando triste para as contas ainda em aberto, ele vira-se mais uma vez, já à porta, corre até a mesa, traça com uma régua uma linha abaixo do balanço e escreve: "Um débito não contabilizado de cinquenta fênigues", e então vai embora.

Ainda esta noite, devo cuidar para que os cadáveres sejam retirados do colégio Luitpold, pois a mera visão deles desencadearia a sede de vingança dos brancos. Eu vou até a clínica cirúrgica, falo com o assistente do professor Sauerbruch e lhe imploro que retire os cadáveres de lá imediatamente. Ele não fez isso.

No dia seguinte, depois da vitória dos brancos, pôsteres e jornais contam a história dos cadáveres mutilados, cujos órgãos sexuais foram descobertos em tonéis de lixo. Na verdade, o que estava nos tonéis eram pedaços de carne de porcos que haviam sido sacrificados; ninguém havia sido mutilado. Mas, quando a verdade foi finalmente revelada, dois dias depois, essa deplorável mentira já havia tido seu efeito. Centenas de pobres pessoas, que não tinham culpa nenhuma daquilo, pagaram o preço com sofrimentos desumanos e mortes horrendas.

No amanhecer do dia primeiro de maio, eu caminho pelas ruas silenciosas e não sei para onde ir. Encontro soldados que me contam da derrocada do *front*. Um deles me mostra um exemplar do periódico "Bandeira Vermelha".

"Os comunistas estão convocando as pessoas para defender Munique", ele diz, "por que eles não organizam a defesa?"

Eu me lembro de uma amiga dos tempos de universidade. Ela mora em Schwabing, pode ser que lá eu consiga algumas horas de sono.

Deito-me na cama sem nem me despir. Cansado, eu penso: "Hoje é primeiro de maio...".

12. FUGA E PRISÃO

Os brancos entram em Schwabing em grossas colunas, como um enxame. Os cidadãos estão com suas janelas abertas, eles estão jubilantes, cobrindo os soldados com presentes. Uma mulher vestindo roupas esfarrapadas corre até um oficial e lhe entrega uma rosa.

Um grupo de soldados se posta diante da igreja, em frente ao nosso prédio.

É primeiro de maio.

Estou à janela, minha amiga se aproxima e toca minha mão.

"Estamos sendo vigiados. Agora mesmo, quando acabei de subir pela escada, a porta do terceiro andar foi aberta. Alguém deve ter visto o senhor e suspeitou de algo."

"Meu amigo, doutor Berut, mora na rua ao lado."

"Vou chamá-lo."

Alguns minutos depois, já estou falando com doutor Berut.

"Você tem que ir embora. Acabam de matar um homem só porque ele era vagamente parecido com você. A multidão não sabe que você queria salvar os presos, ela acha que você é o assassino."

"Para onde devo ir?"

"Venha para casa. Aqui é que você não pode ficar. O apartamento pertence a um estrangeiro e certamente será vasculhado."

Visto minha sobrecasaca e levanto o colarinho. Enquanto estamos descendo pela escada, uma porta se abre no terceiro andar.

"Não pare!", Berut murmura para mim.

Dois oficiais estão diante da porta do prédio. "Eu vou à frente", diz Berut, "siga-me." Um dos oficiais olha desconfiado para mim e eu me aproximo dele, dizendo: "O senhor é prussiano ou bávaro?"

"Bávaro, é claro", ele diz entre os dentes, em um alemão militaresco de sotaque prussiano.

Eu o cumprimento, ele me cumprimenta, sigo em frente.

Aviões cruzam o céu da cidade lançando panfletos. Não ouso abaixar ao chão para pegar um deles.

Berut me aguarda na entrada de seu prédio. Ao seu lado, está a zeladora, lendo um dos panfletos.

"Eu poderia ganhar um belo dinheiro se soubesse onde estão escondidos esse Leviné e o Toller."

"A senhora gostaria de ganhar esse dinheiro?"

"Precisar, não preciso. Mas dinheiro nunca faz mal."

Subo as escadas rapidamente e entro no apartamento de Berut.

Ouvem-se tiros de artilharia disparados ao longe. Então ainda estão lutando.

"Os vermelhos estão postados em Stachus, os brancos cercaram a praça."

"Tenho que ir a Stachus."

"Você não vai conseguir passar. Vão reconhecê-lo e fuzilá-lo. Como você quer passar pelo cordão de isolamento feito pelas tropas?"

Berut sai de casa. Depois de um tempo, ele retorna, dessa vez acompanhado de um desconhecido.

"Não sou seu camarada", diz o desconhecido, "também não sou socialista. Mas querem matar o senhor, e por isso eu vou ajudá-lo. Venha para meu apartamento e fique lá até que o senhor possa seguir para outro lugar."

"Por que seu apartamento não seria vasculhado?"

Berut solta uma risada.

"O pai dele é um duque bávaro que fugiu por medo de nós. Se há um lugar em que você estará seguro, é na casa dele."

Eu espero anoitecer e então sigo para o apartamento de uma dessas pessoas sem nome que sempre aparecem quando precisamos de ajuda.

"Vou dizer à cozinheira que o senhor é um amigo que veio de Berlim. Para todos os efeitos, o senhor está doente e ainda não pode partir."

No dia seguinte, recebo a visita de Berut. Ele me cumprimenta com um grande sorriso:

"Seu corpo está sendo velado."

"Meu corpo?"

"Aqui está o jornal com a nota oficial. Encontraram seu corpo alvejado de tiros e o levaram ao necrotério. Policiais detiveram o motorista que o levou a Dachau. Ele reconheceu seu corpo e chorou de emoção. Você pode ficar tranquilo pelos próximos dias, ninguém vai procurar por você."

Eu leio a notícia de minha morte e penso em minha velha mãe, que também deve tê-la lido. Ela passou três dias agachada sobre um escabelo, com todos os espelhos da casa cobertos, em luto pela morte de seu filho. Só no quarto dia ela descobriu que ainda estou vivo.

A única pessoa que me visita em meu esconderijo é Berut. Nesse meio-tempo, a polícia também já havia ficado sabendo que ainda estou vivo. Um dia Berut não vem; ele foi preso. No quartel de polícia, um investigador apontou um revólver para sua testa e o ameaçou dizendo que atiraria se ele não revelasse meu esconderijo imediatamente. Berut conduz os investigadores a outro apartamento. Ele diz que se enganou, que já não se lembra bem onde eu estava. Um oficial acaba salvando-o de levar um tiro.

O governo estabeleceu um preço de dez mil marcos por minha cabeça. Nos postes da cidade, está colado o cartaz:

"10.000 marcos de recompensa. Alta traição.

"De acordo com a cláusula 2 do § 81 do código penal alemão, foi expedida uma ordem de prisão contra o estudante de direito e filosofia Ernst Toller, cujo retrato está acima. Ele nasceu ao dia primeiro de dezembro de 1893 em Samotschin, Posen, Distrito Governamental de Bromberg, região de Kolmar, foro de Margonin, filho do casal de comerciantes Max e Ida Toller, nascida Kohn.

"Toller possui compleição delgada, tem entre 1,65 e 1,68m de altura, possui rosto fino e pálido, não usa barba, tem grandes olhos castanhos, olhar agudo, cerra os olhos quando está pensando, tem cabelos ondulados escuros, quase negros, e fala o alto-alemão.

"Por sua captura e por informações que levem à sua captura, oferece-se a recompensa de:

"10.000 marcos.

"Informações úteis para sua localização podem ser dirigidas à procuradoria, ao comando da polícia de Munique ou ao quartel-general de Munique – seção de buscas.

"Para uma busca mais efetiva, solicitamos que a notícia de sua apreensão seja repassada por telegrama e que esta descrição seja divulgada da forma mais ampla possível.

"Em caso de apreensão no exterior, será feito um pedido de extradição.

"Munique, 13 de maio de 1919.

"O procurador da corte marcial de Munique."

O retrato é ruim, e no meio-tempo deixei crescer um bigode. Mas não dá para confiar na cozinheira, talvez ela venha a me reconhecer. Tenho que procurar outro lugar para ficar.

Ninguém quer me abrigar. Os intelectuais estão aterrorizados. Os apartamentos dos trabalhadores são vasculhados diariamente.

Uma manhã sou acordado pelo passo retumbante de uma coluna marchando. Dou um pulo até a janela e vejo que há um pelotão de soldados diante do prédio.

Agora acabou, penso.

Meu anfitrião não sabe o que fazer. "Nós dois seremos fuzilados."

Ele aponta para os varões das cortinas: "Essas varas ocas estão abarrotadas de munição. Meus pais a esconderam aí no momento em que os vermelhos exigiram que os cidadãos de Munique entregassem suas armas e munição".

Ele coloca os óculos, tira-os, pule-os e fica me olhando perplexo com seus olhos cegos.

"Temos que tentar alguma coisa", eu digo. "O senhor tem um traje elegante por aí?"

"Sim, um fraque."

"Vista-o. O senhor possui um monóculo?"

Ele abre uma gaveta: "Aqui está toda uma coleção de meu pai".

"Encaixe o pedaço de vidro no seu olho."

Ele fica olhando para mim com a boca aberta, embasbacado e sem entender nada.

"Talvez esses acessórios nos ajudem. Todo oficial bate os calcanhares para um fraque e um monóculo."

Minha ideia era uma loucura. Que bem me traria um cavalheiro abrindo sua porta, às seis horas da manhã, de fraque e monóculo? Mas nesse instante isso parecia minha única salvação. Ajudo meu amigo a se vestir, procuro a gravata adequada e ele fica realmente esplêndido, a imagem da honradez, acima de qualquer suspeita.

Enquanto isso, os soldados vasculham o prédio. Eles começam pelo ateliê de cima, onde mora um pintor, um conhecido nacionalista. Antes que ele pudesse falar de suas convicções, vem uma saraivada de tapas em suas orelhas:

"Pintor?", brada o sargento. "Um trambiqueiro, isso sim!"

Ouvimos passos pesados sobre nós. O apartamento do primeiro andar está sendo vasculhado, daqui a poucos os soldados virão bater à nossa porta.

Gritos ecoam do pátio. A mulher do porteiro chora e lamenta, pois os soldados prenderam seu marido e o arrastaram para a rua.

Ficamos esperando. Trocamos palavras sem importância e não tiramos os olhos da porta. Então ouvimos uma campainha. Dirigimo-nos ao corredor e vemos que não foi à nossa porta. A tensão nos deixa nas pontas dos pés. Agora eles devem estar vindo. Ah, venham e acabem com isso logo! Os segundos se dilatam de forma insuportável.

Ouço alguém dando ordens. Vou à janela e não acredito nos meus olhos. Vejo os soldados em formação, levando embora o porteiro preso, que vai cambaleando em meio à marcha com as mãos levantadas.

Eles nem desconfiam de nós? Será que deixaram guardas à nossa porta?

Ninguém vem.

Mais tarde ficamos sabendo que, assim que o oficial leu o nome da alta nobreza na placa da porta, ele fez aos soldados um sinal para recuar. A Revolução Alemã sabe quem deve respeitar.

O destino me poupou mais uma vez. Mas agora não há tempo a perder, tenho que deixar o prédio. Para onde vou?

Fuzilamentos, espancamentos e prisões intimidaram até mesmo os mais corajosos. Mas finalmente, à noite, uma jovem moça se prontifica para me esconder por uma noite no apartamento de seus pais.

Soldados estão postados diante do prédio no qual ela mora. Vejo-os flertando com a empregada. Eu hesito, mas não posso mais retroceder. Passo sorrateiramente por eles e não sou reconhecido. Consigo entrar no prédio.

O pai da jovem moça é médico. Seu quarto fica num dos lados do andar; no outro ficam seu consultório e o quarto da filha. Ele não pode perceber nada, não tenho dúvidas de que ele me denunciaria.

Cansado das agitações desse dia, deito-me no sofá da pequena sala de estar. Em todo momento que estou quase pegando no sono, ouço a voz da jovem moça:

"Acabaram de destrancar a porta."

"Agora bateram à porta."

"Pessoas estão vindo."

Concentro-me para tentar ouvir algo. Nada.

Olho para o relógio. São cinco e meia.

A jovem moça está no meu quarto.

"Já, já a empregada vai limpar a sala de estar. Esconda-se."

Eu me encolho sobre o chão do dormitório e ela joga sobre mim uma pilha de roupas e lençóis. Mal consigo respirar. A empregada está limpando ao lado e eu não posso fazer o menor movimento, pois ela consegue ver o dormitório no espelho da sala de estar.

A empregada vai embora.

"Daqui a pouco meu pai vem me dar bom-dia, vá para o banheiro. Fique agachado na banheira. Cubra-se com a cortina do chuveiro."

Sento-me na banheira fria e fico escutando. Ouço passos, ouço a porta se abrir. Aguardo. Ouço passos novamente, que agora se afastam. Entro com cuidado no dormitório.

"Meu pai não percebeu nada, mas não o senhor não pode ficar mais uma noite."

"A senhora conhece alguém?"

"Talvez Rainer Maria Rilke o acolha. Vou perguntar a ele."

Rilke vem me ver à tarde.

Sempre que o vejo, lembro-me de uma imagem que encontrei em algum livro: ela mostrava um tártaro montado num pequeno cavalo da Mongólia carregando espólios de uma batalha através do deserto de um amarelo calcinante. Ele traz rosas Marechal Niel à jovem moça, que claramente foram escolhidas com muito cuidado. Elas não são mais botões, mas tampouco flores abertas; estão naquele doce balanço em que não sabem se devem fechar-se ou desabrochar.

Seus olhos de um cinza pálido, sob pesadas pálpebras, olham-me tristes e acanhados. Em seguida seu olhar e as pontas de seu longo bigode mergulham em suas mãos.

"Estou muito abatido. O senhor não estará seguro comigo, meu prédio já foi vasculhado duas vezes. Meu apartamento havia sido colocado sob a proteção da república conselhista. Esqueci-me de tirar o aviso da porta e essa foi minha desgraça. Dois dias atrás a polícia apareceu de novo. Em meio às fotografias, os detetives encontraram uma pasta na qual uma foto sua estava ao lado de uma minha. Essa fortuidade serviu de pretexto para novas perseguições."

Rilke vai embora e pouco tempo depois ele é expulso de Munique. Ele nunca se interessou pelas lutas políticas. Mas o fato de que ele era um poeta o tornava suspeito aos olhos da polícia.

Finalmente uma pessoa se prontifica a me abrigar, o pintor Lech. Não posso hesitar por mais tempo, mas como é que vou chegar a ele? Meu retrato falado está afixado em todos os postes, gente demais já conhece meu rosto. Disfarço-me com a ajuda ator Werin. Visto uma sobrecasaca, meus cabelos e sobrancelhas são branqueados com pó de arroz e maquiagem, e alguns minutos depois deixa a casa um velho senhor elegante, visivelmente com problemas de coluna e um passo levemente aberto.

O pintor Lech mora em uma casa com jardim em Schwabing. Passo três semanas escondido lá. Durante o dia, desloco-me agachado pelo quarto, para que ninguém me veja pela janela. À noite, arrisco-me por alguns minutos no jardim e respiro o ar da primavera. Lech e sua esposa não têm muito o que comer, mas o pouco que têm, eles dividem comigo. Os dias vão escoando. Leio nos jornais que estou sendo procurado pela polícia. Quase não há cidade em que não aleguem que eu tenha sido visto. Trens são parados, vilas são cercadas. Chegam a procurar-me na Áustria. Soldados invadem o castelo Ottensheim, às margens do Danúbio, onde moram alguns parentes. As autoridades de fronteira suíças prendem um médico que supostamente me ajudou a cruzar a fronteira em segredo. Além disso, ameaçam meu irmão que vive no leste da Alemanha.

Prendem meu primo, muito embora ele sirva como tenente da guarda branca no exército de voluntários Epp e tenha jurado que me executaria sem piedade, caso me encontrasse.

Meu retrato falado está afixado até mesmo nos menores povoados da Alemanha. Trabalhadores e trabalhadoras tentam me ajudar, destruindo meu retrato nos pôsteres.

Procuram por mim no ateliê do pintor Sohn-Rethel, o neto do desenhista da *Totentanz*[58]. Rethel tem que acompanhar a busca com as mãos levantadas. Uma vez que não me encontram, ele recebe tapas nas orelhas e é espancado.

Policiais, soldados e informantes, todos querem receber o prêmio de dez mil marcos pela minha cabeça.

Dois investigadores invadem um apartamento na Römerstraße. Enquanto eles vasculham o quarto, toca a campainha. O investigador Gradl abre a porta cuidadosamente, ali fora estão soldados do governo de Hoffmann.

"É o Toller", brada o comandante.

Os revólveres disparam, o investigador desaba morto ao chão.

Leio a notícia no jornal. Sei o que me aguarda, e mesmo assim não quero deixar a cidade. Mas tenho que me prote-

---

[58] Alfred Rethel (1816-1859), autor da série de gravuras *Auch ein Totentanz*. A "dança dos mortos" é uma representação bastante difundida na Alemanha, especialmente no fim da Idade Média. (N.E.)

ger. Uso água oxigenada para descolorir meu cabelo, que depois de algumas lavagens fica ruivo. Eu mesmo mal consigo me reconhecer quando me olho no espelho.

Uma porta secreta leva do ateliê à câmara situada em uma varanda anexa. Cobrimos a porta com quadros e serramos as cabeças dos pregos do outro lado dela. Ninguém, além de meu amigo, sabe de meu esconderijo.

Uma noite recebo a visita de uma mulher. Ela diz que é membro do partido há anos e deseja me levar para fora de Munique, pois já ajudou outros a fugir. Ela nos faz mostrar-lhe o apartamento, o ateliê, a câmara atrás da porta secreta.

Na manhã seguinte, às quatro horas, ouço murros na porta do apartamento. A polícia! Pulo de minha cama, corro para a janela: o prédio está cercado por soldados.

"Eles estão aqui!", brado aos meus amigos que estão dormindo no outro quarto. "Um de vocês tem que ir rápido para minha cama."

Como sempre, à noite eu havia colocado minhas roupas na pequena câmara. De túnica, corro para meu esconderijo, agarro a maçaneta da porta por dentro e aguardo.

Passos se aproximam. Ouço vozes, ouço como vão batendo nas paredes do quarto. As pancadas vão se aproximando cada vez mais, elas vão chegar até mim a qualquer segundo. Agora batem na minha porta, agora não é possível que não me encontrem. Prendo a respiração. Batem de novo, e de novo. As pancadas vão se afastando, ouço passos e depois de um instante tudo fica quieto.

Eles não me encontraram. Impressionante! Não estou feliz, pois sei que eles vão acabar me encontrando. Se ao menos eles não me torturassem, como fizeram com Landauer, com Eglholfer e tantos outros.

Do lado de fora, Lech chama-me falando baixo: "Fique aí, eles ainda estão no prédio!".

Pessoas novamente se aproximam. Ouço uma voz esganada:

"Onde está a porta secreta que vimos num apartamento igual ao seu, no primeiro andar?"

Uma outra voz grita:

"Ali!"

Quadros são retirados e a luz passa pelos vãos da porta. Abro a porta com um empurrão e vejo superintendentes de polícia e soldados.

"Vocês buscam o Toller. Sou eu mesmo."

"Mãos ao alto!", grita um soldado.

Os superintendentes de polícia me olham intensamente, eles não me reconhecem. Um soldado se apoia sobre um dos joelhos, aponta sua arma para mim com os olhos esbugalhados, destrava-a e mantém seu dedo vacilante no gatilho.

"O senhor é ...?"

"Sim, sou o Toller. Não vou fugir. Se eu for alvejado agora, não terá sido em meio à fuga. Todos vocês são minhas testemunhas."

Os investigadores se lançam sobre mim e prendem minhas mãos com algemas.

"Meus senhores, eu vou acompanhá-los à polícia apenas de túnica?"

Soltam minhas algemas e permitem vestir-me.

Ao passarmos ao lado de meus anfitriões, quando estou sendo levado embora, digo umas palavras, a fim de evitar que eles sejam presos:

"Essas pessoas não sabiam quem eu era."

Mas isso não serve de nada a Lech. Ele é condenado a vários meses de prisão.

Seguimos pelas ruas vazias ao amanhecer. À frente marcham três soldados, os dois superintendentes me seguram pelos ferros em meus pulsos, e três outros soldados nos seguem com os fuzis a postos.

O relógio bate cinco horas quando estamos na Luitpoldstraße. Uma velha mulher se apressa para a missa da manhã. À porta da igreja, ela se vira e olha para mim.

"Vocês o pegaram?", ela grita. Com os olhos fixos no chão, ela faz as contas do rosário deslizarem por entre os dedos enquanto reza. Então, à porta da igreja já aberta, a boca enrugada vocifera:

"Matem-no!"

13. UMA CELA, UM PÁTIO, UM MURO

No corredor diante de minha cela, estão postados dois soldados com as baionetas montadas. Notícias de minha prisão se espalharam rapidamente pela delegacia, e assim cabeças se espremem contra as janelas das celas em todos os andares, mãos acenam para mim, velhos camaradas me cumprimentam, e até mesmo as prostitutas renunciam à profissão. "Somos todos presos políticos!", elas gritam em coro. E continuam: "Viva a república conselhista!".

Forma-se um grande desfile de funcionários da polícia diante de minha cela. A todo momento o visor da porta é aberto e um olho esbugalhado me espia. O olho humano pode assumir uma aparência horripilante, a pupila saltando, curiosa, do branco do globo ocular. Dou minhas costas para a porta.

A porta da cela é destrancada e entram pisando duro dois funcionários, o inspetor de polícia Lang e um ferreiro.

"Que tipo de correntes?", o ferreiro pergunta.

"O mesmo de Leviné", Lang responde.

O ferreiro pega um pedaço de corrente pesada, rebita uma ponta em minha algema esquerda e a outra ao tornozelo. Eu rio.

"O senhor não vai ter mais motivos de riso!"

"Se o senhor pudesse acorrentar meus pensamentos, talvez."

Eles saem batendo a porta com força. Curiosamente, agora estou tranquilo e alegre. Desfez-se a tensão dilacerante das últimas semanas, não me desloco mais agachado e às escondidas, agora estou livre para ficar em pé de novo, posso andar livremente por minha cela.

Sou conduzido ao fotógrafo. Tenho que me sentar em uma cadeira que ostenta meu "número criminal". O fotógrafo me enfia um boné de viagem na cabeça e me fotografa de todos os lados. Mais tarde, os jornais trazem a foto, com retoques para que meus lábios pareçam inchados e meus "olhos de criminoso" estejam saltados, a fim de intimidar os leitores.

"Se as fotos ficarem boas, dê-me algumas, está bem?", eu digo.

De cima do colarinho alto e armado, ele dispara a resposta:

"Quando elas ficarem prontas, você já terá virado comida para os vermes."

Quando um oficial vem tomar minhas impressões digitais, eu protesto:

"Não sou criminoso."

"Não me venha com essa, seu patife, seu canalha", ele agarra minha mão, passa-a na tinta e toma minhas digitais.

Sou levado à sala de interrogatório. À mesa está sentado o procurador Lieberich, um homem pequeno e magrelo, com o rosto enrugado e repleto de vincos, olhos baços, cercados de inúmeros pés de galinha, lábios finos e agudos.

"Onde estão os soldados?", ele berra.

Soldados com baionetas montadas se colocam à direita e à esquerda de minha cadeira.

"Os senhores não poderiam tirar as correntes?", pergunto.

A resposta vem curta e grossa: "Não... o senhor vai depor contra Leviné!".

"Contra Leviné? Leviné não tem nenhuma culpa no fuzilamento dos presos."

"O senhor o combateu na república conselhista?"

"Sim, mas estávamos do mesmo lado das barricadas."

A voz de Lieberich fica oleosa:

"Sr. Toller, o senhor tem agora uma oportunidade de melhorar sua situação."

"Por favor, registrem minha declaração."

"Como o senhor quiser. Qual é sua religião?"

"Não tenho religião."

Ele se vira ao estenotipista:

"Escreva isto: judeu, agora sem religião... Então o senhor quer defender os assassinatos?"

"Quem cometeu assassinatos? Quem matou Gustav Landauer? Quem fuzilou inúmeros inocentes?"

"Não vou tolerar esse tom! Gustav Landauer era um rebelde, ele foi condenado de forma absolutamente legal."

Sou interrogado por horas a fio. O Sr. Lieberich vai tomando pequenas notas e então dita a declaração, que às vezes reproduz minhas palavras, mas frequentemente distorce seu sentido.

Depois do interrogatório, peço permissão para ler os jornais.

"Pelo bem dos seus nervos, eu não posso conceder-lhe essa permissão. Cuide de si mesmo, não se exalte... Levem-no!"

À noite, em minha cela, acordo com um homem estranho se inclinando sobre minha cama:

"O senhor assinou este documento aqui?"

"Deixe-me dormir, agora não é hora pra isso."

"Não quero fazer-lhe mal. O senhor quer fumar um cigarro?"

"Quero dormir."

Viro-me para a parede e fico quieto.

A portinhola do visor se abre. Lá fora estão dois guardas, dois trabalhadores vindos de Stuttgart. Nós conversamos como camaradas, sobre a guerra, sobre a revolução. Por um momento, esqueço-me que sou um prisioneiro e que eles são meus carcereiros.

Um dos soldados me traz um pacotinho de manteiga. Duas horas mais tarde ele é dispensado e punido. Mas a portinhola se abre novamente à noite e alguém me passa alguns jornais.

"Leviné fuzilado!", leio.

Meu coração para. Esse fuzilamento é fruto de um erro judicial, e os sociais-democratas não fizeram nada para impedi-lo. O ministro da guerra, que dava sua cabeça pela república conselhista, não fez valer sua voz enquanto o conselho de ministros discutia o perdão. A falta de esforços por parte dos líderes social-democratas para impedir esse assassinato mostra sua impotência, sua fraqueza, sua desgraça moral – e mesmo assim seus milhões de apoiadores não os lançaram ao opróbio, como mereciam.

E que argumentação jurídica infame fundamentava a condenação à morte de Leviné! Quando Leviné se tornou membro do governo conselhista, ao qual ele inicialmente se opunha, a república conselhista já tinha uma semana de existência, de modo que a suposta alta traição já havia sido cometida. Nos termos da lei, as atividades de Leviné o tornavam apenas cúmplice de um ato de alta traição, um crime que pode ser punido com prisão de segurança média ou segurança máxima, mas não com a morte. Não obstante, Leviné viria a ser condenado à morte e executado. Os obedientes juízes tinham os meios para tanto. A "primeira" república conselhista, eles argumentaram, havia sido apenas uma "revolta"; foi apenas com a intervenção de Leviné que a alta traição realmente teve início. Eles o desonraram e o condenaram à morte. Ontem os mesmos juízes decidiram que homens que haviam participado na "revolta" eram culpados da alta traição completa, e os condenaram a muitos anos de cadeia e segurança máxima, até mesmo à morte. E depois eles ficaram se perguntando quando é que o povo deixou de confiar nos vereditos dos juízes. Sua memória era tão fraca que eles se inflamavam com a maior indignação quando alguém se insurgia e os acusava de legislarem em favor dos poderosos.

Munique inteira continua sob o comando de seus velhos senhores. Eles agora defendem a república. Os mesmos homens que, a mando da monarquia, perseguiam pacifistas e socialistas, hoje perseguem os revolucionários a mando da república. Alguns anos mais tarde, eles virão a encarcerar seus próprios patrões, Roth e Pöhner[59].

Passados alguns dias, levam-me ao presídio de Stadelheim. No carro, vou sentado, acorrentado, entre dois investigadores; à minha frente, um oficial com seu revólver destravado. Somos escoltados por um caminhão em cuja carroceria estão soldados armados com metralhadoras prontas para disparar.

O caminho nos leva pela Maximilianstraße, e ali posso ver como a cidade mudou de cara. Pela calçada vai passando um militar, com a farda repleta de condecorações e um monóculo ao olho; damas bem-vestidas flertam com ele. A burguesia está no topo novamente. Nos bairros dos trabalhadores, as pessoas se encolhem diante de nosso carro e olham furtivamente. Elas viram muita gente ser presa nos últimos tempos.

Paramos diante do portão do presídio de Stadelheim. Escrito em giz branco, reluzia o *mene mene tequel* dessa época: "Aqui o sangue dos espartaquistas vira chouriço e linguiça, aqui a morte dos vermelhos sai de graça".

---

[59] Ernst Pöhner (1870-1925), chefe de polícia de Munique de 1919 a 1921. De extrema direita e antissemita virulento, participou da malfadada tentativa de golpe de estado liderada por Adolf Hitler e pelo General Erich Ludendorff (o Putsch da Cervejaria, 1923), e foi, juntamente com Hitler, condenado à prisão em 1924. (N.E.)

Somos recebidos aos urros e xingamentos por um bando de soldados. Um investigador vem me ajudar a levar minha pequena mala.

"Ninguém vai ajudar esse cachorro!", berram os soldados. "Ele vai ser fuzilado!"

Chegando à recepção, tenho que me despir. Sou revistado e minhas roupas, pente, fósforos, lenço e espelho de bolso são tomados de mim. Sou conduzido a uma cela e, quando batem a porta e a trancam atrás de mim, sou envolvido pelo silêncio mortal do bloco de celas de Stadelheim.

Sou alojado no corredor dos condenados por crimes graves.

As paredes são desoladoramente cinza e vazias, a janela de vidro opaco está bem alta, próxima ao teto; quando a abro, vejo um pedaço do céu. Uma mesa de dobrar, uma banqueta, um catre com lençóis grosseiros de um xadrez cinza, no canto o fedorento balde de dejetos.

No presídio policial, pude sentir a vida de muitas centenas de outros presos, eu via seus rostos, ouvia suas vozes e, às vezes, à noite, o reconfortante ruído da cidade. Agora estou muito sozinho. Em meio ao silêncio opressivo desta jaula, torno-me presa da angústia e do completo abandono. Falo algumas palavras em voz alta apenas para ouvir a voz de alguma pessoa, mas as palavras soam ocas e sem eco, de modo que minha voz quebra no meio da frase.

Leio a lista de regulamentos, procuro por sinais dos presos anteriores nas paredes e encontro entalhes com nomes de pessoas que estiveram encarceradas por anos neste espaço. Em um canto, vejo palavras escritas com um lápis e consigo decifrá-las:

"Eles já estão vindo me pegar para o fuzilamento. Morro inocente, ao dia 2 de maio de 1919."

A portinhola do visor se abre suavemente. Um jovem carcereiro em uniforme militar enfia sua cabeça na cela:

"Camarada..."

Corro à porta; não estou mais sozinho.

"Eu era da guarda vermelha. Assim que os brancos invadiram a cidade, nós arrancamos nossas braçadeiras vermelhas. Você está na cela de Leviné."

A portinhola se fecha com força. Eugen Leviné habitou esta cela antes de ir ao paredão. Lá do outro lado, no presídio feminino, sua mulher está chorando em uma cela. Ela aperta as mãos contra as orelhas para não ouvir os tiros que o matam.

Ruídos reverberam pelo prédio. *Clack*, recuam as trancas; *clack*, a portinhola de serviço é escancarada. Hausel traz o almoço, um pedaço de um toucinho americano fedido e chucrute.

"Quem está na cela à minha direita?", eu pergunto.

"Um condenado por latrocínio que aguarda a execução."

"E à esquerda?"

"Um condenado à prisão perpétua."

"Onde estão os outros prisioneiros políticos?"

"Lá no outro bloco de celas."

À noite, sou acordado pelo som de metralhadoras. O que isso significa? Novos confrontos? Nós seremos libertados? Os disparos cessam, começam de novo, tiros isolados atravessam a noite, rajadas varrem os muros de tijolos da prisão. Pela manhã, o carcereiro me conta que sempre há tiros à noite. Essa é a diversão dos soldados, ele já está acostumado. Ele me alerta para não ficar próximo à janela, pois senão esse seria o novo alvo dos rifles.

O fuzilamento de Leviné agitou as pessoas. Todos temem que o mesmo esteja reservado para mim. As forças da solidariedade se levantam em todos os países.

No segundo dia, sou levado para uma caminhada pelo pátio. Caminho sozinho pelo quadrilátero do pequeno pátio pavimentado enquanto dois carcereiros me vigiam. Soldados se penduram nas janelas da prisão e lançam urros e xingamentos em minha direção.

Deparo-me ali com as sombras de meus camaradas mortos. Vejo o muro contra o qual trinta e seis pessoas foram fuziladas; ele está todo perfurado por inúmeros buracos de balas, grudados nele há pedaços de carne ressequida, farrapos de cérebro e cabelos, e poças secas de sangue esterilizam a terra à sua frente. Eu conto os buracos de bala no muro, e o carcereiro me explica por que eles estão tão baixo: os soldados de Württemberg, bêbados, miravam na barriga e nos joelhos. "Você não tem o direito de morrer rápido, seu cachorro espartaquista. Um tiro na barriga deve dar jeito em você", eles diziam.

Fico diante do muro e sinto um calafrio.

Aqui foi fuzilado o garoto que havia trazido munição a um membro da guarda vermelha.

Ali morreu a mulher que, para salvar seu amado, escondeu sua granada de mão entre seus seios.

Aqui sucumbiu Leviné, com o brado "Viva a revolução mundial!".

Uma pequena porta nos separa do pátio da prisão feminina, no qual Gustav Landauer foi morto.

Através do pátio, vai andando um jovem rapaz com um rosto rechonchudo e amigável, como o de uma criança. "O assassino de Eisner, conde Arco", diz o carcereiro.

Esse garoto risonho é o assassino de Eisner. Ao ato dessa criança se seguiram os tiros contra Auer, a confusão, a república conselhista, sua derrocada, a fúria dos brancos.

À noite, não consigo dormir por conta da voz que não para de lamentar:

"Sou inocente, sou inocente!"

Ela cessa quando vai chegando o amanhecer.

Enquanto estou fazendo minha caminhada, duas mulheres atravessam o pátio, uma jovem apoiada em uma senhora. A senhora está em silêncio, com os lábios pressionados; a jovem grita incessantemente.

"Meu marido, meu marido. Quero meu marido!"

Os carcereiros levam as mulheres a um pequeno galpão num dos cantos do pátio. Ali há um estoque de toscos caixões de madeira, eu os observo todos os dias. A jovem arremessa-se sobre um caixão e esmorece:

"Quero meu marido", ela diz em voz plangente, "dê-me meu marido." De repente, ela dá um salto. "Que caixão horrível vocês arrumaram para ele!"

Um dia o carcereiro me conduz a uma sala da administração para ser interrogado. Enxergo seis pessoas em uniformes no corredor do piso térreo; suas expressões faciais e gestos deixam claro que se trata de estudantes e oficiais.

"Lá está ele", um deles fala.

Depois do interrogatório, o carcereiro me leva novamente para cima. Os seis soldados, que ainda estavam em pé no corredor, nos seguem bem de perto e vão soltando xingamentos.

"Seu patife vermelho, seu cachorro vermelho, seu porco espartaquista. Você não perde por esperar. A bala já tem seu nome, sua hora chegou!"

O carcereiro abre a porta de ferro que leva ao bloco de celas. Eu entro e os seis permanecem antes da porta.

Depois de uma hora, um jovem carcereiro abre a portinhola de serviço.

"Seu Toller, não deixe que o levem para a caminhada no pátio. Eu estava atrás da porta da sala de interrogatório e ouvi o que os seis soldados estão tramando para o senhor. Eles disseram que agora é uma boa oportunidade para dar cabo do senhor. Quando um deles perguntou como, o outro sugeriu que eles o acompanhassem quando o senhor fosse levado para a caminhada no pátio e algum deles pisasse em seu calcanhar para que o senhor tropeçasse, o que faria parecer que o senhor estaria tentando fugir."

O carcereiro do bloco berra "caminhada no pátio", eu o sigo.

Realmente, lá estão os seis, à espreita, diante das barras de ferro. Descemos as escadas e os seis nos seguem em silêncio. Por alguns segundos, fico com medo. Eu havia lido várias vezes sobre esses tais "morto a tiros durante a fuga". Mas em seguida não sinto mais nada, eu vejo. Vejo que pedaços de argamassa se soltaram de alguns lugares da parede. Vejo que o colarinho do carcereiro está ensebado e que ao lado de sua orelha esquerda uma grande espinha vermelha e supurada está prestes a romper-se.

Ficamos diante das barras de ferro do bloco de celas no piso térreo, passando pelas quais uma porta lateral leva ao pátio de exercício. O velho carcereiro, Müller, que assim como o jovem devia saber do plano dos seis, não havia ousado me alertar. Ele tinha que me conduzir ao pátio de exercício, é o que o regulamento exige. Mas, ao chegarmos ao portão de ferro, ele não age de acordo com o regulamento. Ele escancara o portão, me empurra, segue-me rapidamente e então tranca o portão por dentro. É desse modo que ele salva minha vida.

Relato o ocorrido ao diretor da prisão e, uma semana mais tarde, ele me chama. O carcereiro havia confirmado minhas informações, mas não havia sido possível confirmar que tropa estava de serviço em Stadelheim naquele dia. Todas as investigações em busca dos seis soldados não dão em nada.

Fico doente e necessito passar por uma operação. Na clínica de cirurgia, sou alojado na enfermaria destinada aos presos. A janela possui barras bem próximas umas das outras – não é porque alguém está ardendo em febre que se deixa de suspeitar de uma possível fuga. À porta estão dois soldados com revólveres e granadas de mão; na sala ao lado investigadores estão de vigia.

Na primeira noite após a operação, sem conseguir dormir, toco a campainha para pedir um gole d'água. Embora a sede me atormente, não consigo me mexer.

Uma jovem freira abre a porta com cuidado. Ao entrar, ela para um instante ao lado da bacia de água benta, mergulha seus dedos e se benze.

"Água, por favor", eu digo.

Ela sai apressadamente e, depois de uns momentos, volta com um copo de água nas mãos. Suas mãos tremem, seu rosto está pálido, seus pés apreensivos dão alguns passos com dificuldade, e com a mesma apreensão ela para, com os olhos tremeluzindo de terror.

"Posso benzê-lo?", ela sussurra.

Olho para ela sem entender.

"Todas as irmãs dizem que o senhor é o diabo."

Eu rio, e a risada me machuca. Ela fica ruborizada e coloca apressadamente o copo de lado.

"Permita-me", ela diz suplicante e, em seguida, faz o sinal da cruz sobre minha cama, dá-me de beber e some dali.

Na noite seguinte, ela vem novamente ver como estou, sem que eu nem tivesse tocado a campainha, e agora ela vem toda noite. Ela já não tem mais medo, ela se senta ao meu lado na cama e fala, sem nenhuma desconfiança, de seu vilarejo natal na Alta Baviera e de seu irmão, que possui uma fazenda. Este leva uma vida de penúria, se matando de trabalhar e passando dificuldades, pois ainda tem que cuidar da velha mãe, a vaca dá pouco leite e os comerciantes da cidade pressionam os preços para baixo. Ele também tinha um cavalo branco; antigamente ela o alimentava quando cruzava a fazenda em direção ao estábulo, ele rinchava para ela. Agora ela não vai mais para casa, ela é noiva de Jesus e deu adeus ao mundo.

Um dia ela me pergunta: "O senhor acredita em Deus?".

Ela não me deixa responder e continua falando. Sua voz denuncia que ela teme qual seja minha resposta.

"Muitas pessoas dizem que não acreditam em Deus, mas mesmo assim Deus mora em seus corações."

Na noite anterior à minha liberação, ela se inclina sobre minha cama e me beija.

Pela manhã, quando lá fora já me aguarda o carro de transporte de presos, uma noviça se aproxima timidamente de mim e me passa um pacotinho em segredo:

"A irmã Ottmara lhe dá de presente esta pequena cruz. Ela é muito sagrada, é uma relíquia. Ela vai proteger o senhor, sempre, por toda sua vida."

14. CORTE MARCIAL

Um dia antes do julgamento, recebo a visita do barbeiro, que corta meu cabelo bicolor. Ele revela que, por ordem do próprio procurador, as pontas vermelhas têm que ficar, a fim de que assim os juízes, os senhores da imprensa e a população vejam quão engenhosos eram meus métodos para escapar das garras da justiça. "Não fique chateado, seu Toller", ele me diz, "cabelo em duas cores é moderno, todo mundo gosta de ver."

De manhã, um carro seguido por um caminhão com a carroceria repleta de soldados fortemente armados me conduz ao tribunal. Escoltado por dois gendarmes, entro na sala e sento-me no banco dos réus. Não vejo ninguém, nem os "senhores da imprensa" nem membros da "população", vejo apenas um grande quadro em moldura dourada, pendendo na parede acima da cadeira do juiz vazia: é o bom rei Ludwig. Seu povo o chamava de Millibauer. A última vez que eu o vi foi durante a guerra. Seus joelhos se dobravam impetuosamente naquelas calças largas enquanto ele inspecionava o *front* dos voluntários de guerra. Agora ele vive em uma propriedade na Hungria, embora tenha continuado a ser, em seu retrato heroico, o padroeiro do *Reich* republicano.

"Muito honrado, majestade", eu digo e dou uma piscadela para o quadro.

"Levante-se, aí vêm os membros da corte", sussurram os gendarmes.

Então, pela porta aberta, vão entrando os juízes, em solene passo de ganso. Três togas, dois uniformes e duas sobrecasacas.

Cabeças brotam desses figurinos e essas cabeças têm olhos. Duros olhos dissecantes e frios olhos de peixe morto, inquietos olhos curiosos e imóveis olhos azuis-escuros.

É engraçado como eles dão uma impressão bem pouco solene. Não consigo me livrar da sensação de que, lá em cima, eles estão apenas brincando de juízes, assim como nós, quando crianças, brincávamos de padres e mestres de capela.

Na prisão, todo dia uma velha trabalhadora me trazia uma garrafa térmica com sopa. Para que eu tenha algo quentinho, ela costumava dizer-me.

Segundo os juízes da corte marcial, o que fiz deve ser caracterizado como alta traição, e para corroborar essa decisão eles apontam com o dedo para o código imperial segundo o qual legislam. Eles são, sem dúvida, mais sábios que a velha trabalhadora, pois desprezam o sadio senso comum, que entende que o parágrafo desse código sobre a alta traição tinha a função de proteger a monarquia, e esta já foi destronada há muito tempo.

A acusação de que eu teria atacado a Constituição também era um assunto delicado. Pois esses ministros que estão diante de mim hoje no tribunal derrubaram a velha constituição, e ainda não há outra em seu lugar. A velha trabalhadora sabe muito bem disso. Mas os juízes não precisam sabê-lo, assim como os dois oficiais que estão sentados em uniforme de gala ao lado dos amarelados senhores em togas pretas, incapazes de novas ideias, ou ainda ambos os assessores "populares", escolhidos não para julgar, mas para monitorar se tudo transcorre como previsto e os parágrafos do código são seguidos. Esses assessores estão apavorados diante de uma tarefa da qual eles não poderiam estar à altura, mesmo que fossem cem vezes mais inteligentes do que são. Com seus lenços, eles enxugam o suor que escorre de suas testas e narizes, e respiram aliviados quando veem um conhecido no auditório, seja esse a esposa cheia de orgulho ou algum amigo invejoso. Ah, não vejo a hora disso acabar.

Pobres acusados, vocês são arrancados da morna pasmaceira da vida, colocados diante de seus juízes e agora devem responder por algum ato. Demonstram a vocês que esse ato tem uma razão, que ele se seguiu a um ato anterior com uma necessidade inexorável. Vocês devem nomear essa razão, mas vocês não a conhecem; vocês sabem de muitas razões e desconhecem muitas outras, pois aí entram em jogo sentimentos, desejos, lembranças, talvez até mesmo o sol, a tempestade, um tempero, uma bebida, os ancestrais. Uma luz pode se extinguir por muitas razões: o pavio pode não queimar mais, pode estar faltando óleo, o vento pode tê-la apagado ou a chuva tê-la sufocado. Mas, diante do juiz, as palavras de uma pessoa só podem ter um sentido; suas ações, apenas uma interpretação e uma razão. Sua trajetória só tem um par de trilhos, a vida é simples e prosaica.

Em uma estalagem, um jovem rapaz matou um camarada em um momento de descontrole emocional. Depois do ocorrido, o senhorio e os hóspedes correram horrorizados dali, e ele permaneceu sozinho com o morto, já sem compreender o que havia feito. Ele sentia apenas sede, uma grande sede. Ele foi à torneira de cerveja, serviu-se de um copo, esvaziou-o de uma só vez e olhou para o chão. Lá estava o morto, e ao lado dele uma faca. Ele viu que era sua faca e fugiu. O fato de ele ter bebido cerveja, disse o juiz, não é prova de que ele tinha sede, mas de sua crueldade, e por isso lhe foi negada clemência. A cerveja lhe saiu caro, custando-lhe vários anos na segurança máxima.

Não há como não pensar nisso enquanto os juízes me interrogam. Parece que eles não se interessam muito por minha alta traição, mas lhes é importante se eu mantive relações íntimas com uma atriz famosa. Eles me perguntam se eu já tive doenças venéreas; digo que não e eles trocam olhares bem significativos e fazem sinais com a cabeça. Não sei qual é a relação causal entre vida sexual e alta traição, não sei se eles vão julgar meu crime de forma mais branda ou mais severa.

A seriedade do julgamento é interrompida por um animado interlúdio. A primeira testemunha a ser interrogada é Eisenberger, um deputado camponês. Ele se apresenta ao tribunal em culotes, meias altas e chapéu de lã verde. O juiz o alerta de que essa vestimenta não está de acordo com a dignidade do tribunal. "Certo, não está de acordo", ele diz, "uma vez que já posso ir embora, eu quero dizer uma coisa aos senhores. Foi assim que apareci na assembleia nacional e lá estava bem de acordo, e a assembleia nacional é muito mais digna que este tribunal." Além do mais, o tribunal não tinha direito algum de convocá-lo como testemunha, uma vez que ele é um deputado e, portanto, imune. Quando uma pessoa é imune, é preciso primeiro perguntar à assembleia nacional se ela pode se pronunciar. Apesar disso, ele dá sua declaração. Ele não sabe o que dizer, de modo que acaba falando a partir de sua experiência de vida: "Ou nós, os velhos, não sabemos de mais nada", ele diz, "ou os outros são mais inteligentes", e ele não passava de um simples camponês. Mas o presidente da mesa lhe dá uma piscadela, querendo dizer que ele não deve agir assim, que ele não é de forma alguma apenas um simples camponês. Finalmente, ele acaba declarando sob juramento que o acusado lhe deu uma impressão desagradável. Ele se despede com um "Deus o abençoe, senhor presidente" e pergunta, antes de passar pela porta, onde ele pode buscar sua cota de alimentos. Ele não tem muito tempo, pois deve viajar até Weimar para a assembleia nacional, a fim de finalmente dar ao povo alemão sua Constituição.

Meus defensores querem demonstrar, por meio de testemunhos, que os ministros do governo em exercício tiveram parte na construção da república conselhista e apoiaram a alta traição. Essa simples questão é complicada demais para os juízes. Eles se livram dela dizendo que o assunto em pauta é outro; parece-lhes mais importante determinar se os livros do exército vermelho em Dachau eram mantidos em ordem e se, como alegou um cidadão de Dachau, eu de fato não havia deixado uma gorjeta para a empregada ao partir do campo de guerra.

Muitas testemunhas são interrogadas. Umas falam bem de mim, outras, mal; vejo como as respostas desejadas são obtidas por meio de um habilidoso questionamento. Se o procurador faz uma pergunta, a testemunha chora; se o defensor a faz, ela ri. Uma vez que não aceito que me matem, tenho que me defender da acusação de covardia. Tenho que batalhar para provar que sou o único responsável por meus atos, pois sei que gostariam de usar minha estada na clínica psiquiátrica no ano anterior para me prejudicar. E se me negarem essa responsabilidade, o partido, do qual eu era presidente, é que será condenado.

Eu aceito que pessoas como Thomas Mann, Björn Björnson, Max Halbe e Carl Hauptmann elogiem meus poemas, e me envergonho de que esses elogios venham a ter como efeito uma sentença mais branda.

O acolhimento de provas já estava encerrado quando o procurador anunciou que convocaria novas testemunhas.

Estas declarariam que uma ordem militar, que eu havia negado conhecer, trazia minha assinatura. Essa ordem não me preocupa seriamente, embora um súbito medo me tenha levado a negá-la. Estou convencido de que, se agora me flagrassem em uma mentira, a sentença necessariamente seria mais severa. A coragem me abandona, minha fala fica confusa, eu queria ser forte, mas sou pequeno. Enquanto falo, penso que estou sendo tão pequeno quanto fui quando não quis admitir ter escrito o panfleto da greve. Eu queria que os juízes não acreditassem em mim, mas eles acreditam e o acolhimento de provas permanece encerrado.

Agora quem tem a palavra é meu advogado, Hugo Haase. Essa é sua última oportunidade de defender a justiça contra a arbitrariedade, pois pouco tempo depois ele será fuzilado, assim como tantos outros homens na nova Alemanha. "Trata-se de uma ideia incompreensível", ele diz, "a de que os revolucionários de ontem possam trazer os revolucionários de hoje, sob a acusação de alta traição, diante de juízes que foram nomeados para defender a Constituição monárquica original. É um disparate o fato de que um governo que obteve o poder por meio de uma revolução envie para a prisão ou até mesmo para a guilhotina, como traidores, aqueles que não fizeram outra coisa senão o que ele mesmo fez. Quando o parlamento bateu em retirada depois da morte de Eisner, ele deixou *ipso facto* de ser um órgão legislativo. Mas também o velho ministério abdicou de suas funções. Era quase impossível encontrar os ministros, e apenas três deles continuaram negociando com o conselho central dos conselhos de trabalhadores e soldados. Com isso reconhecia-se que, em lugar do Estado parlamentarista, eram os conselhos que detinham o maior poder na Baviera. De forma geral, passou-se a considerar as decisões desse corpo como dotadas de autoridade. A decisão por instaurar uma república conselhista, justamente por pressão do Partido Social-Democrata, deu-se quando Toller não se encontrava em Munique. Ele aceitou os fatos e passou a trabalhar em prol do novo governo. Não consigo me esquecer de como, depois de 9 de novembro de 1918, o general-marechal de campo Hindenburg, o general Groener, o antigo secretário de estado das relações exteriores Von Hintze e um grande número de outros altos oficiais e militares, aceitando os fatos ocorridos, ofereceram seus serviços, de forma enfática e expressa, ao governo revolucionário. As autoridades de acusação pretenderão sustentar a afirmação de que todos esses homens são traidores?

"Uma das pessoas mais nobres vivas hoje, e que também provou seu valor na guerra, Romain Rolland, sai calorosamente em defesa de Toller. Além disso, no dia 7 de julho, os estudantes socialistas franceses elegeram Toller como seu presidente de honra.

"O procurador acreditou poder rebaixá-lo ao chamá-lo de 'forasteiro'. A mesquinhez dessa opinião me parece particularmente flagrante neste momento, quando a nova Constituição do *Reich* advoga, de forma ainda mais incisiva que antes, o princípio de que todo alemão goza de plenos direitos em toda parte na Alemanha. A declaração do procurador soa ainda mais estranha, na medida em que ele certamente não considerou o prussiano Toller um forasteiro quando, depois da eclosão da guerra e nutrido por seu entusiasmo juvenil, ele se alistou em uma tropa bávara. Os camaradas e oficiais bávaros que se apresentaram como testemunhas em seu favor e confirmaram sua reputação de camaradagem, coragem, intrepidez e senso de dever, não poderiam discordar mais do estreito ponto de vista do procurador. Até mesmo o órgão dos sociais-democratas de Munique, o *Münchener Post*, já escreveu que as massas de trabalhadores depositavam sua confiança em Toller.

"Estou profundamente convencido de que Toller deve ser inocentado."

Eu dou a última declaração do acusado. Nesse momento, eu já havia me restabelecido e encontrado o equilíbrio.

"Senhores juízes", eu digo, "todas as ações que pratiquei tiveram razões objetivas e foram friamente refletidas. Eu demando que os senhores me tomem como o único responsável por essas ações.

"Eu não me referiria a mim como revolucionário se dissesse que nunca estou inclinado a usar a força para alterar o estado de coisas presente. Nós, revolucionários, reconhecemos o direito à revolução se percebemos que o estado de coisas, no que diz respeito à totalidade de suas condições, já não deve mais ser suportado, que ele está paralisado. É nesse momento que temos o direito de colocá-lo por terra.

"Os senhores não vão exigir de mim que eu peça desculpas por minhas opiniões acerca da corte marcial. Eu me pergunto, por que é que se criam cortes marciais? Acaso creem que, se alguns líderes forem fuzilados ou mandados à prisão, será possível represar a força do movimento revolucionário da população trabalhadora explorada em toda a Terra? Isso equivale a subestimar esses fundamentais movimentos de massa, e superestimar a nós, seus líderes!

"A revolução é como um grande recipiente, repleto com os corações pulsantes dos milhões de trabalhadores. O espírito revolucionário só morrerá quando os corações dessas pessoas deixar de bater.

"Alguns dizem que a revolução é um movimento que se aproveita do proletariado, tentando com isso torná-la algo desprezível.

"Senhores juízes! Se um dia os senhores se preocuparem em conhecer os trabalhadores, então os senhores compreenderão por que essas pessoas têm que satisfazer suas necessidades materiais antes de qualquer outra coisa.

"Mas nessas pessoas também vive uma profunda luta pela libertação espiritual, um profundo anseio pela arte e pela cultura. A batalha começou, e ela não será suprimida pelas baionetas e cortes marciais mobilizadas pela união dos governos capitalistas de todo o mundo.

"Estou convencido de que os senhores emitirão o veredito com a consciência absolutamente tranquila. Uma vez que não penso como os senhores, os senhores devem permitir-me dizer que não acatarei esse veredito como um veredito do direito, mas como um veredito do poder."

Fui condenado a cinco anos de prisão. Eu havia cometido o crime de alta traição, embora pelos motivos mais honrosos.

15. A FACE DA ÉPOCA

Quinhentos ou seiscentos trabalhadores defendiam as estações, ruas e praças de Munique contra um exército de cem mil soldados.

Dois regimentos cercaram a praça Stachus, e meu amigo Alisi os deteve por dois dias inteiros com apenas duas metralhadoras e quatro homens. As metralhadoras riscavam as ruas de acesso, quatro homens deram um xeque-mate em toda uma divisão.

Quem finalmente o derrotou não foi a superioridade do inimigo, mas sua antiga senhoria. Eis o que aconteceu:

No terceiro dia, um oficial se aproximou da praça Stachus para negociar a paz. Alisi foi ao seu encontro, que ocorreu diante de um hotel na Sendlingerstraße.

"Coloque seu revólver sobre a calçada!", gritou o oficial.

"Claro, sem problemas", disse Alisi.

"Se o senhor evacuar a praça, daremos passagem livre ao senhor."

"Com as armas ou sem?", perguntou Alisi.

"Sem armas."

"Certo, para que então vocês nos possam metralhar. Não vou entrar nessa, não."

De uma janela do hotel transbordou um par de seios, e atrás dele apareceu uma pequena e agitada cabeça, movendo-se eletricamente.

"Então vocês não vão selar a paz, malditos moleques? Há dois dias não podemos sair do prédio, nossos hóspedes não podem partir. Já me irritei o bastante com você quando você era engraxate aqui no hotel. Lembra-se de quando você disse que havia deixado os sapatos brilhando e eu disse que você havia feito uma porcaria de trabalho? Pois é, agora digo que você não melhorou em nada, pois você se juntou aos vermelhos. Sele logo essa paz, senão vou aí embaixo dar um jeito em você."

O que o exército inimigo não conseguiu, conseguiu a Sra. Sonnenhuber.

Alisi olhou de soslaio, desconcertado, para a janela do primeiro andar:

"Como a senhora quiser, Sra. Sonnenhuber."

E para o oficial:

"Eis aí a sua paz, irmãos. Seus idiotas." Triste, ele se virou para a praça e desapareceu por sobre os telhados acompanhado de seus camaradas.

Os últimos defensores foram vencidos. Eles lutaram heroicamente, mas a superioridade dos brancos era grande demais.

O terror branco irrompeu com uma fúria bestial. Setecentas pessoas foram fuziladas, homens, mulheres e crianças. Milhares foram presos, ninguém estava a salvo dos informantes. Os necrotérios eram pequenos demais para conter esse sacrifício, de modo que foram cavadas valas comuns como na guerra.

Wilhelm Creowdy, um amigo do conde Arco, faz um relato dos assassinatos ocorridos no pátio do presídio de Stadelheim:

"Doze homens, prestes a ser fuzilados, não fazem ideia de que esse será seu destino. Eles são levados com as mãos sobre a cabeça em grupos de dois e três. Diante da igreja, um dos homens ri: 'O que eles vão fazer conosco? Talvez eles nos metam na prisão.' Eles continuam o caminho ao longo dos muros da igreja e então veem corpos jogados no pátio. Agora eles compreendem o que os espera e começam a chorar. Rompem os disparos mortais.

"Agora vêm duas mulheres. Elas viram na rua os corpos de seus maridos, que foram baleados sem direito a julgamento, apenas com base em denúncias. As duas mulheres se jogaram, gritando, sobre os corpos de seus maridos, e um soldado berrou: 'Agarre as mulheres, elas vão terminar como seus maridos!'. Elas são levadas a Stadelheim. Um frade capuchinho vai rezando adiante e as mulheres, de cabelos soltos e desgrenhados, vão cambaleando atrás. Elas morrem com as palavras de Jesus nos lábios. Os corpos são despidos e os mortos têm seus anéis e brincos roubados."

Schleusinger, um funcionário público em estágio probatório de Starnberg, conta: "Não há mais dúvida, a derrocada chegou. Já bem cedo, às seis horas, sou acordado por surdos disparos de canhão, e logo depois já posso perceber o som de metralhadoras e o crepitar do fogo da infantaria. Às oito horas, toca o telefone. Do outro lado, está um meirinho do tribunal municipal: 'Sr. Schleusinger, as tropas do general Epp estão prestes a entrar em Starnberg, elas estão fuzilando todos os revolucionários sem pensar duas vezes.'

"Às nove horas tem início a sessão do conselho dos trabalhadores, a sua última. É tirada uma resolução: nenhum membro do conselho dos trabalhadores vai abandonar seu posto. No momento em que os conselheiros começam a divergir, o comandante supremo das tropas vermelhas aparece com seus oficiais-adjuntos. Ele não foi capaz de manter Starnberg e teve que bater em retirada. O colapso das defesas vermelhas causa um turbilhão que suga também a nós, sociais-democratas. Starnberg é a chave para a capital. Se Starnberg cai, Munique fica sem defesas ao norte e completamente exposta aos ataques da guarda branca.

"Fazemos as contas: as tropas do general Epp estarão em Starnberg à uma hora, por isso, nesse horário, o conselho dos trabalhadores tem que se reunir no palácio municipal.

"As tropas brancas chegam já ao meio-dia, de modo que sou surpreendido enquanto almoço. Ouço passos pesados subindo as escadas; não se trata de soldados brancos, mas de dois jovens membros do grupo de justiceiros que, com a entrada da guarda branca na cidade, se prontificou para ajudá-la com as prisões.

"Quando vou saindo do prédio acompanhado pelos dois, dobra a esquina um tenente com uma dúzia de soldados em capacetes de aço. O tenente está em uniforme de gala, monóculo no olho. Uma voz chiada: 'O senhor é o Sr. Schleusinger?' –'Sim, senhor tenente.' –'O senhor está preso.' Um meneio de cabeça e os dois justiceiros vão embora. Dois capacetes de aço me levam pelos braços.

"Logo já estou diante do comandante das tropas avançadas: 'O senhor é o presidente do conselho revolucionário dos trabalhadores?' – 'Isso mesmo.' O major bate com o pé no chão: 'Tire sua mão do bolso.' Eu tenho uma deficiência no braço que me faz trazer a mão no bolso a maior parte do tempo. 'Senhor major, o senhor não é meu superior.' Mal termino de dizer isso e chovem de todos os lados golpes com o bastão de granadas de mão e coronhadas, e sou repetidamente chutado pelos coturnos dos soldados. Caio sangrando ao chão, e talvez me tivessem matado ali mesmo, caso um conhecido meu, um oficial austríaco residente em Starnberg, não tivesse emergido daquele bando furioso e protestado contra as bárbaras agressões. Quase inconsciente, sou arrastado para a prisão.

"Eu não sou o único membro da guarda vermelha a ser preso. Quase todos, uns mais seriamente feridos que os outros, e também alguns trabalhadores, já foram presos antes de mim. Depois das formalidades de costume, sou levado a uma cela no primeiro andar. Não se passam nem dez minutos e a porta é aberta. Quem adentra a cela é meu amigo Maier, membro do conselho dos trabalhadores; sua cabeça está enfaixada, há sangue escorrendo por baixo das bandagens. Ele me conta que quase todo o conselho dos trabalhadores foi preso e enviado ao presídio. Ao deixarem a sede do conselho, a multidão os xingou, cuspiu e bateu neles. Os militares que os acompanhavam também se exaltaram, e um soldado golpeou a cabeça de meu amigo com a base de seu fuzil.

"Depois de uma meia hora, sou levado à sala do administrador da prisão, no piso inferior. Um capitão e um suboficial estão sentados a uma mesa sobre a qual estão algumas convocações e decretos com minha assinatura. Perguntam-me se é a minha assinatura naquelas convocações. 'Sim', eu digo. 'Então o senhor é culpado de alta traição.' Depois de uma breve pausa: 'O senhor está condenado à morte. Levem-no.'.

"Um interrogatório informal. Depois fico sabendo que essa era a corte marcial de campo. Uma corte marcial, com juiz e tudo.

"Nesse meio-tempo, já são quatro horas, e então começa a hora mais terrível de minha vida.

"Eu tomo um susto quando percebo, destacando-se da confusão de vozes da prisão, normalmente interrompida apenas por ordens dadas aos berros, o passo arrastado do administrador da prisão subindo a escada, aproximar-se de minha cela e a chave ranger no cadeado. 'Sr. Schleusinger, a coisa está feia.' Dois capacetes de aço sobem a escada correndo. 'O senhor será fuzilado!' Um tenente está parado na base da escada e me empurra escada abaixo. 'Vamos logo, rapaz!'

"Eu me recomponho, saio da prisão e sigo para a rua. Um oficial vem correndo em minha direção e, apontando para a prisão, grita comigo: 'O que o senhor fazia lá dentro? Já para a fila!'.

"Para a fila? Sim, lá está ela, mais de vinte jovens, a maior parte com faixas e bandagens, membros da guarda vermelha e trabalhadores feridos, sempre cercados por duas fileiras de soldados brancos: o pelotão de execução. Não sei por quanto tempo ficamos ali.

"O líder do comboio parece ainda esperar por algo. De fato, pois eis que surge o chefe do tribunal da região. Ele vem em minha direção e risca sua caderneta; pergunta o nome de cada um dos condenados à morte e anota o meu também, tudo com muito capricho, *sine ira et studio*. Ouve-se um comando, depois um curto rufar de tambores.

"Nesse momento o terror toma conta de mim.

"Mantenho minha postura de forma mais ou menos automática, como um boneco que foi colocado em determinada posição. O comboio vai cruzando a praça principal, centenas de espectadores tomam conta das ruas. O comboio se aproxima do Bleichwiese, o local de execução.

"Então acontece algo terrível: no meio da rua está uma grande carroça cinza que assume a dianteira de nosso comboio e vai seguindo adiante de nós. Ela exala um cheiro peculiar, doce e alcoólico, como o dos desinfetantes que encontramos nas caixas de primeiros-socorros, mas o problema é que não precisamos mais de primeiros-socorros.

"A carroça parece ficar cada vez maior. De repente tenho a sensação de que essa carroça, cinza e gigantesca, marca o término de minha vida.

"Chegamos ao Bleichwiese. Ele é limitado a oeste por uma estrada de ferro sobre um barranco e a uma distância de cem metros estão bandos de curiosos. Somos colocados de costas para o barranco, soldados tomam posição a uma distância de mais ou menos oito metros de nós, e então um de nós sai correndo em direção ao tenente que comanda o pelotão. Agitado, com a voz falhando repetidamente, ele gagueja que durante a guerra foi marinheiro em um submarino da marinha imperial alemã, mas ficou sem trabalho depois da desmobilização; seu pai também estava sem trabalho, sua mãe doente. Ele não sabia o que o exército vermelho pretendia, mas a fome é cruel, então ele decidiu se juntar à guarda vermelha. Ele pede, ele suplica. Mas isso não o ajuda em nada, capacetes de aço o empurram de volta para a fila.

"Nesse momento acontece algo inesperado. Outro homem determinado, aproveitando a confusão gerada pelo avanço do marinheiro, dá um salto que lança dois capacetes de aço para longe e desfere um murro na cara de um terceiro, cujo nariz começa a sangrar imediatamente. Depois de um momento de surpresa geral, alguns soldados disparam com seus fuzis e revólveres na direção do fugitivo, mas não o acertam, e outros saem em sua perseguição. Isso, porém, não faz mais que atrapalhar os soldados que ficaram para trás, uma vez que eles não puderam mais atirar no fugitivo. Este, em quem o medo da morte colocava asas nos pés, corre para os pântanos do rio Würm. Se ele alcançar o campo dos juncos, estará a salvo. No último momento ainda parece que um obstáculo vai detê-lo. Um trabalhador se coloca no caminho do fugitivo com os braços abertos, tentando devolvê-lo a seus carrascos. O medo da morte lhe dá as forças de um gigante e o sujeito recebe um encontrão que o faz rolar por vários metros. Enfim o fugitivo alcança o junco salvador.

"A atenção dos carrascos retorna a nós.

"O oficial aponta para mim: 'Este é o chefe do bando, ele tem que ficar por último, para assistir o que vai lhe acontecer.' Sou levado para um lado.

"'Mãos ao alto!' Os pobres coitados colocam as mãos para cima. 'Vocês empunharam armas contra seu governo legitimamente constituído, e a punição para isso é a morte.' A resposta é um tênue choramingo. Meu coração quase para, viro-me meio de lado para evitar ver qualquer coisa. Empunhar armas? Assim como outros ali, eu nunca empunhei uma arma na vida.

"Então ouço a voz do oficial, em alto e bom som: 'Com revólveres em cada um dos lados da sua cabeça, você vai olhar, seu cachorro?!'. Eu tenho que obedecer e olho. Olho os infelizes sucumbirem sob o fogo dos fuzis, caindo para trás como sacos. Depois da primeira salva, alguns tiros esparsos são disparados. Um dos condenados ainda grita depois do segundo tiro, então um soldado avança até ficar a dois metros dele e dá o tiro de misericórdia.

"O oficial vira-se para mim.

"Eis que se aproxima alguém, muito ofegante: 'Sr. Schleusinger, o senhor não vai... senhor tenente, espere... lá!'. Ele aponta para a rua pela qual viemos, de onde vem agora um homem correndo com todas as suas forças, e já de longe pode-se vê-lo acenando com uma folha branca. É o administrador regional, que entrega o papel ao oficial sem dizer nada. Este o lê e faz uma cara de decepção.

"'O homem deve ser reconduzido à prisão, ele será transferido para o tribunal civil.' Sou reconduzido à prisão.

"De volta à minha cela, caio exausto na cama. Estou salvo.

"Às dez horas, recebo a visita de um velho amigo, que me conta que mais um condenado à morte foi salvo. Dois tiros no pulmão não foram capazes de matar esse homem, que voltou a dar sinais de vida depois de várias horas. Brutos soldados queriam apagar de vez o coitado, o qual, assim como os outros fuzilados, havia sido deixado apenas com a roupa do corpo pelos guardiões da lei e da ordem. Contudo, um jovem professor e seu irmão o colocaram sobre uma maca e o levaram ao hospital. Os soldados, que depois de alguns minutos já estavam diante do hospital, exigindo a entrega do sacrifício que lhes fora arrancado, não permitiram que o médico entrasse no prédio.

"Às onze horas é fuzilado um amigo que era como um pai para mim, o chefe da estação de Starnberg. Terríveis gemidos, gritos e súplicas preenchem todos os corredores da prisão e deixam todos assustados. De repente tudo fica quieto. Estala um tiro, depois mais um. 'Ele acabou de ser fuzilado, ele queria explodir a ponte férrea para Munique', sussurra o administrador da prisão. Eu sei que isso foi um assassinato. Quatorze dias atrás, quando o telegrama enviado de Bamberg pelo governo de Hoffmann caiu como uma bomba em uma reunião do conselho dos trabalhadores, deixando os sociais-democratas muito impressionados, ele pediu a palavra: 'Camaradas, eu sou um servidor público, sou chefe da ferrovia, tenho família. Não posso me dar ao luxo de assumir riscos, perder meu sustento. Anuncio agora minha saída do conselho dos trabalhadores'. Nós não o detivemos. Agora ele está morto, fuzilado por ordem de uma corte marcial, a despeito de toda a precaução. O homem nunca explodiu ponte alguma.

"Às cinco da tarde, ouço à frente da prisão um grande rumor de vozes, gritos, passos de várias pessoas. Três membros da guarda vermelha são trazidos para dentro, todos cobertos de sangue. Um deles, um jovem camarada, foi espancado a ponto de ficar irreconhecível; seu rosto está todo inchado e exibindo todas as cores possíveis. Ele foi colocado duas vezes contra o paredão, mas desferia murros como um maluco para todos os lados, mordia, rolava no chão e levantava-se com um pulo."

Os brancos não perguntavam pelo livro de registro dos membros do partido. Diante do cano do fuzil, todos os republicanos eram iguais, comunistas e sociais-democratas, independentes e sem partido.

Eles assassinaram Eglholfer. A esposa de um médico tentou dar-lhe fuga em seu carro, mas quando o carro foi parado em um cruzamento ele foi reconhecido, preso e arrastado para um porão da sede do governo em Munique. Ele não se intimidou com as agressões dos cidadãos. Já no porão, alguns oficiais se reuniram para uma corte marcial. Bastava que ele admitisse ser Eglholfer; o veredito era a morte. Os oficiais abandonaram o porão, deixando um soldado para vigiar Eglholfer. Assim que os oficiais se foram, o soldado sacou seu revólver, colocou-o ao lado de Eglholfer e já ia partindo, quando Eglholfer o chamou de volta: "Camarada, você se esqueceu do seu revólver. Você não pensou que eu podia atacá-lo?".

"Nós sabemos quem é você. Se você não quiser..."

Ele encolheu os ombros.

O soldado pegou o revólver de volta. Alguns minutos mais tarde foi executada a pena de morte.

Eles assassinaram Gustav Landauer, o que custou à Revolução Alemã um de seus homens mais virtuosos, um de seus espíritos mais grandiosos. Eis o relato de um trabalhador que esteve ao lado de Gustav Landauer em suas últimas horas:

"Ao som de gritos, 'Landauer! Landauer!', uma tropa de soldados bávaros e de Württenberg vem trazendo Gustav Landauer. No corredor diante da sala de interrogatório um oficial dá murros no rosto do preso e enquanto isso os soldados berram: 'O agitador tem que morrer, acabe com ele!'. Landauer é conduzido, sob uma chuva de coronhadas, através da cozinha e é jogado no pátio. Landauer diz aos soldados: 'Não sou nenhum agitador. Vocês mesmos não sabem como vocês estão agitados.'. No pátio, eles encontram o grupo de *Freiherr* von Gagern, que o golpeia com uma clava grande como um pernil e Landauer acaba sucumbindo sob as pancadas do major. No entanto, ele se levanta de novo e quer começar a falar. Um sargento de cavalaria atira em Landauer, o tiro o acerta na cabeça. Mas Landauer ainda está respirando, e o sargento diz: 'Esse animal tem sete vidas, é impossível matá-lo'.

"Um sargento do Regimento de Guarda brada: 'Arranquem seu casaco', e ele é despido de seu casaco. Uma vez que Landauer ainda está vivo, ele é colocado de bruços, enquanto gritam: 'Volte aqui, para darmos mais um tiro nele', e então o sargento de cavalaria atira nas costas de Landauer. Mas Landauer ainda está se contorcendo, o que faz o sargento matá-lo aos pontapés. Em seguida, ele é completamente despido e seu cadáver é lançado na lavanderia."

Ludwig Spörer, que eu conheci na prisão, não podia nem falar nem ouvir. Sua testa era marcada, entre as sobrancelhas, por uma cicatriz profunda e avermelhada. Eu lhe pedi para escrever-me sua história em uma pequena folha de papel:

"Eu era da guarda vermelha. Fui preso no dia 2 de maio. Membros da guarda branca me conduziram à cervejaria Mattäser. Fui levado para ver um oficial. Ele registrou meus dados pessoais. Depois ele me passou para um sargento. Este me conduziu para o pátio de uma escola. Lá, ele me disse: 'Para que tantos rodeios? Vá lá, meu chapa, fique contra a parede!'. Sem refletir muito, eu me coloquei contra a parede. Eu já estava com medo, mas tudo foi tão rápido que eu nem cheguei a me dar conta do que acontecia. O sargento sacou seu revólver, mirou, atirou.

"Estou deitado no chão do pátio. Minha cabeça pende para trás. Sinto algo úmido. Ela deve estar em uma poça. Mas como? Abro os olhos. Sobre mim, o céu. Recapitulo o que aconteceu. Penso bem rápido. O sargento sacou seu revólver, mirou, atirou. Aquilo não tinha sido um sonho. Mas não estou morto. Provavelmente estou apenas ferido. Onde, eu não sei. Tento me levantar. Não, não, não posso fazer isso. Talvez o sargento esteja em seu escritório e veja que ainda estou vivo. Então ele viria para terminar o serviço. Fico deitado, completamente imóvel.

"Não sei quanto tempo passou. Ouço vozes: 'Ei, olha aqui um vermelho.'. Sinto que enfiam as mãos em meus bolsos e me roubam. Mas eu devo ter feito algum movimento. Um deles diz: 'Olha, ele ainda está vivo.' – 'Então dê o tiro de misericórdia', diz o outro. Sinto algo frio em minha testa.

"Quando acordo, estou deitado sobre uma mesa de operações em um grande salão. Vejo homens em jalecos brancos e enfermeiras. Vejo seus lábios se mexerem. Mas não ouço nada. Quero falar. Som nenhum. De repente eu me lembro: Só posso estar morto! E agora? Faço sinais. As pessoas ao meu redor percebem que não consigo falar nem ouvir. Gradualmente vou descobrindo tudo o que aconteceu.

"O tiro do sargento ricocheteou em minha cigarreira. O medo e o terror me fizeram desmaiar. O soldado que me deu o tiro de misericórdia encostou o revólver em minha testa. Mas, uma vez que minha cabeça pendia para trás, a bala não penetrou a testa. A cicatriz é tão funda que é possível até colocar o dedo dentro dela. Fiquei abandonado no pátio, tido por morto. À noite, os soldados jogaram os mortos em uma caminhonete, sobre a qual já havia alguns cadáveres. Eles nos levaram para o cemitério, o Ostfriedhof. Devo ter mexido-me quando fui colocado na terra. Um padre viu isso e fez com que eu fosse levado à clínica cirúrgica.

"Fui levado a júri popular. Eles me condenaram a um ano e três meses de prisão, por ter sido cúmplice em um ato de alta traição. De manhã, eles me transportam para a cadeia."

O governo bávaro colocou diante do tribunal um homem que sofreu todos os tormentos da morte por duas vezes, que na verdade já devia ter morrido duas vezes; o tribunal o condena e o mete na prisão.

O ministro da justiça naqueles dias era um democrata chamado Müller-Meiningen. Não existe outro evento que ilustre mais nitidamente o espírito de nossa justiça, a face de nossos tempos. A Idade Média conhecia os ordálios: se o destino preservasse o preso da morte, a justiça terrena vinha conceder-lhe a liberdade. Mas nós, que vivemos no século XX, temos orgulho de nossa humanidade, de nosso progresso.

Só quando vinte e um membros da irmandade católica foram presos por engano e soldados brancos os espancaram, esfaquearam e fuzilaram no porão em que estavam trancados, o governo pressionou os generais para que nenhum outro preso tivesse negado seu direito de ter seu caso analisado por um juiz.

Esses mesmos juízes, um ano mais tarde, fundamentariam sua demanda por melhores salários no fato de que eles foram aliados valiosos na luta do governo contra a revolução.

O ministro da defesa do *Reich*, Noske, agradeceu o comandante supremo das tropas brancas com o seguinte telegrama:

"Transmito ao senhor meus sinceros agradecimentos e todo meu reconhecimento pela condução prudente e bem-sucedida das operações em Munique."

16. CINCO ANOS

A locomotiva apita e o trem deixa o galpão da estação ferroviária de Munique. Funcionários públicos, condutores, carregadores de malas, trabalhadores e trabalhadoras se aglomeram para acenar a mim e dizer-me "Até mais ver!". Os passageiros, que viajam livremente para todos os cantos da Europa, olham espantados para a multidão. "Até mais ver em cinco anos", respondo. "Nós vamos resgatá-lo antes disso", brada o condutor da locomotiva de um trem estacionado nos trilhos ao lado.

Que diferença em relação à viagem para o presídio militar no ano de 1918, em meio à guerra. O garoto que gritava "Assassino!", o completo abandono, a inimizade das coisas e das pessoas.

Agora o que vem em minha direção é o calor da camaradagem, que me sustenta e aumenta minhas forças. Não estou sozinho, sinto as mãos que se estendem de todas as partes em minha direção. Cinco anos, um longo tempo. Estou estranhamente alegre, não tenho inveja alguma dos passageiros no vagão-leito, que amanhã cedo acordarão no Grande Canal de Veneza. Até mesmo os investigadores são amigáveis, eles conhecem os caprichos do clima político, algo que nunca se sabe bem. Esses senhores me dizem que eles também são apenas trabalhadores cumprindo seu dever. Se dependesse deles, meu Deus! Eles também tinham que se esfalfar; não é nada fácil subir os degraus da carreira. Eles me dizem que, se nós voltarmos ao governo, eu deveria me lembrar disso e não fazê-los pagar o pato. Um deles me perguntou se eu queria fumar um cigarro. "Talvez o senhor queira comer um pedaço de torta de fígado, é caseira", diz o outro, "minha mulher acha que não sou fiel quando estou fora de casa, então o senhor já sabe".

No compartimento ao lado, uma garota está sendo transportada para a prisão de segurança máxima. Pergunto-lhe quantos anos ela terá que cumprir. "Seis anos." – "Um ano a mais que eu." – "Bah", ela ri, "isso eu faço com um pé nas costas."

Na Alemanha dos tempos de império, as fortalezas eram usadas para aprisionar oficiais e duelistas, bem como os caluniadores de sua majestade. Todos passavam muito bem sem serem incomodados, comiam e bebiam, passeavam na cidade durante o dia e mantinham casos com as filhas bonitas da burguesia. Esse cárcere divertido desapareceu. O ministro da justiça bávaro inventou um tipo especial de cadeia para nós, presos socialistas. Trata-se de algo no meio do caminho entre um presídio normal e uma prisão de segurança máxima, segundo Radbruch, o ministro da justiça do *Reich*. Não temos mais direito a caminhar no pátio, nossas esposas e amigos não podem mais nos visitar, todas as cartas passam por censores e só comemos a comida cozida no vapor da cozinha da prisão. Apenas em um ponto a prisão se assemelha à punição que o juiz nos determinou: nós somos tratados de "senhor", um sinal de que, como diz a língua bávara, não somos pessoas quaisquer. Ali não sabemos se nossos direitos de hoje continuarão amanhã, tudo é incerto. Ora somos tratados à rédea curta, ora, à rédea larga. Sentimos na carne as forças ou fraquezas políticas do governo.

No começo, somos alojados em prisões diferentes, mas depois de alguns meses todos se encontram no antigo presídio juvenil de Niederschönenfeld, perto de Rain, sobre o Lech. No terreno pantanoso e nevoento entre o Lech e o Danúbio, existe um austero conjunto de celas com três alas, pátios ermos e altos muros. As celas são estreitas; se uma pessoa está encostada em uma parede, basta que ela estenda a mão para tocar a outra. As portas das celas permanecem abertas o dia todo e nós transitamos livremente pela jaula que é o estreito corredor. Lá fora, além das barras, carcereiros nos vigiam dia e noite.

Niederschönenfeld aloja cem presos políticos, pessoas de todas as classes e profissões. A maioria espera que a detenção vá durar pouco tempo, que uma nova revolução vá libertá-los amanhã, depois de amanhã, na semana que vem. Se os jornais trazem notícias de uma greve, eles sonham com a greve se tornando uma greve geral e abrindo as portas dos calabouços. Quem ousa desdenhar desses sonhos acaba se tornando alvo do mais intenso ódio dos outros. "Você é o culpado de não sermos libertados", diz-me um camarada, "porque você não acredita que isso seja possível."

Os presos passam os primeiros meses vivendo como irmãos. Eles compartilham mantimentos e dinheiro, sentimentos e pensamentos; eles são tomados pela busca da confissão, confessam suas vidas, seus atos, sua culpa. Um deve saber tudo a respeito do outro; eles desnudam seus impulsos mais sombrios, mostram uns aos outros cartas das esposas e das mães, nada pode ficar de fora e oculto. E logo um passa a conhecer o outro, sua vida, sua forma de pensar, seu jeito de falar, a mecânica de seus sentimentos, seu cheiro e o tom de sua voz. Ele sabe qual será a resposta a esta e àquela pergunta. Se, no começo, cada um se esforça para mergulhar no outro com todo o cuidado, agora ele já está saturado da proximidade do próximo. Ele não consegue mais suportá-lo e joga na cara do outro o que este lhe confiou um dia. O cárcere o deixa doente; o isolamento, mau.

O presente é uma assombração de que se quer distância, é só do passado que vale a pena falar. Revivem-se todos os dias e horas desde o começo da revolução, todos ficam inebriados lembrando-se de lutas há muito tempo esquecidas, de palavras há muito tempo corrompidas, de sensações há muito tempo mortas. Nas refeições conjuntas, irrompem discussões políticas completamente fanáticas, pois só há um tema que todos conhecem – a república conselhista – e apenas uma esperança – a revolução mundial. Ai daqueles que não acreditam que o dia seguinte será iluminado pela aurora revolucionária: são todos traidores, pequeno-burgueses, contrarrevolucionários.

O movimento dos trabalhadores se desintegrou na Alemanha, os partidos não cessam de se dividir e surgem grupos e sectos. O mesmo se repete na prisão, mas, enquanto lá fora as ações das pessoas são limitadas e influenciadas pela realidade sensível, aqui dentro, no ar rarefeito do cárcere, não há a mínima possibilidade de retificação e formam-se grupos políticos que não fazem mais que perseguir, caluniar e agredir uns aos outros. Quanto mais coisas em comum eles têm, tanto maior é o ódio. Um grupo comunista proíbe seus membros de falar com integrantes de outro grupo comunista. Na Idade Média, os monges lutavam entre si até a morte por causa de uma mera letra.

Um jovem estudante, de quem eu havia me tornado amigo, é libertado. Tímido e apreensivo, olhando à sua volta, ele entra sorrateiramente em minha cela. Antes de ir embora, ele para. "Por favor, não conte a meus camaradas de partido que eu me despedi de você."

Mas os mais intolerantes são certos intelectuais bajuladores. Eles deificam o proletário, tornam-no uma verdadeira figura de culto e lhe ensinam a desprezar todos os outros intelectuais. Eles imitam formas da vida proletária que se impuseram aos próprios trabalhadores apenas por necessidade. Um dos presos, anteriormente um oficial do Império, chega para a refeição com um casaco rasgado e cheio de buracos que ele mesmo havia feito.

"Por que você faz isso?", eu lhe perguntei.

"É meu dever dar forma proletária à minha vida", ele responde.

Quando estou conversando com os trabalhadores, muitas vezes percebo como é fino o verniz da doutrina partidária. Abaixo dele continuam a viver os instintos cultivados pela sociedade dominante no cotidiano da escola, da família e das associações.

Quando o social-democrata Stadthagen morreu em 1917, os trabalhadores de uma grande fábrica de Berlim aconselharam que os três representantes que depositariam uma coroa de flores sobre o túmulo deveriam aparecer de sobrecasaca e cartola. Um dos deputados, um trabalhador de dezenove anos, não possuía cartola e se negou a comprar uma. No final das contas, depois de horas de discussão, chegou-se à decisão revolucionária de que esse trabalhador realmente não tinha que comprar uma cartola, mas, a fim de preservar a dignidade da classe trabalhadora, lhe emprestariam uma.

Um camponês de Hollerdau, pacifista convicto, conta o que se passou no Natal de 1919, enquanto lia o discurso da paz de Eisner a outros camponeses. Nesse momento as pessoas viram o que foi a guerra, seus olhos se abriram para o horror de tudo aquilo e elas não conseguiram conter as lágrimas. Mesmo ele ficou com a voz embargada.

Uma meia hora mais tarde, falando sobre a guerra, nós descobrimos que lutamos no mesmo *front*, em Pont à Mousson.

"Quando você esteve lá?", ele me pergunta.

"1915."

"1915? Aí já era guerra de trincheira, já não acontecia mais nada. Quando eu estive lá, sabe, aí sim havia movimento, havia diversão. Nós enfiamos as baionetas nas barrigas dos franceses, foi uma festa."

Um trabalhador inventou sua própria teoria: as mulheres burguesas são a desgraça da humanidade, todas elas não passam de prostitutas, esses seres presunçosos e imorais. Os homens não são de forma alguma tão perversos.

Um dia ele me conta a respeito de sua irmã.

"Ela trabalha para um pessoal muito rico", ele diz, "para uma família burguesa muito refinada. Aos domingos, o dia de folga de minha irmã, a madame sempre aperta a mão dela."

Um homem chamado Adolf Hitler foi condenado a alguns meses de prisão em Munique porque tentou barrar uma reunião do Partido Monarquista Bávaro. Sob seu comando, pessoas segurando cadeiras sobre suas cabeças abriram caminho à força até o púlpito, provocando uma verdadeira batalha no salão e fazendo com que médicos tivessem que atender alguns feridos.

Em torno do homem Adolf Hitler reúnem-se pequeno-burgueses insatisfeitos, ex-oficiais, estudantes antissemitas e servidores públicos exonerados. Seu programa é primitivo e simplório. Os marxistas e os judeus são os inimigos internos e os culpados de todas as desgraças. Eles apunhalaram pelas costas uma Alemanha que ainda não havia sido derrotada e depois convenceram o povo de que a Alemanha havia perdido a guerra.

Os inimigos externos são os franceses, uma raça degenerada, de negros. A guerra contra eles é inevitável e, por isso, necessária. A raça nórdica alemã é superior a todas as outras. Deus escolheu a ele, Hitler, para erradicar os marxistas e judeus.

Hitler incita o povo a um nacionalismo raivoso. Não me lembro de ter ouvido seu nome quando, há dois anos, nós, "os inimigos internos", começamos a lutar contra a injustiça do Tratado de Versalhes. Durante a revolução ele também esteve em silêncio.

Um preso me conta que encontrou o pintor de casas austríaco Adolf Hitler em uma caserna de Munique nos primeiros meses da república. Àquele momento, Hitler se declarava um social-democrata. Esse homem lhe chamou a atenção porque ele desandava a falar suas tolices de forma "tão erudita e pomposa", como alguém que lê muitos livros, mas não os digere. Mas ele não o levou a sério, pois o suboficial médico revelou que, na guerra, Hitler retornou do *front* diretamente para o hospital militar, com sérios transtornos dos nervos e cego. Uma vez no hospital, porém, ele subitamente pôde ver de novo.

Essa cegueira nervosa me coloca a pensar. Que forças deve ter um homem para conseguir ficar cego diante de uma época que ele não quer ver.

Hitler é apoiado por ricos donos de fábricas. Ele dirige sua fúria também contra os sindicatos, sendo assim usado de escudo pelos capitalistas.

O tempo vai passando. As conversas, pensamentos e sonhos dos homens são cada vez mais dominados pelas mulheres. À noite, enfiamos a cabeça no travesseiro de tanto desespero, de tanta fome de calor humano. Estamos cansados dos livros, passamos horas folheando as revistas ilustradas, sem despregar os olhos das fotos de mulheres nuas, dos seios nus, das pernas nuas.

No presídio de Eichstädt, as presas dormiam no andar acima do nosso. Isso atiçava os homens, que, à noite, batiam no teto e as garotas respondiam. Eles trocavam bilhetes através dos canos de esgoto do banheiro, folhas enroladas amarradas em barbantes. Assim tinham início casos de amor. Amante e amada nunca se viam, e só sabiam como o outro se parecia com a ajuda de descrições desajeitadas. Eles pediam mostras de amor e assim recebiam delas mechas de cabelos, pequenos panos que ficavam a noite toda enfiados entre os seios, pelos pubianos.

Havia uma pequena lavanderia no pátio do presídio onde as mulheres presas trabalhavam, vigiadas por carcereiras. Uma vez a carcereira é chamada e se retira, deixando uma garota sozinha. Ela encosta sua cabeça na janela e os olhos ficam procurando a cela do homem que há semanas lhe escreve e a quem ela há semanas responde. Ela o ama, ela gostaria de vê-lo, mas será que ela vai reconhecê-lo? No entanto, o homem já a reconheceu e está acenando para ela, mostrando que é ele quem ela ama. Ela balança a cabeça sem poder acreditar nisso, então ele aponta para os cabelos castanhos cacheados, para o nariz adunco, para a cicatriz na orelha. Finalmente ela acredita: ela olha radiante para ele e estende-lhe seus braços. O desejo vão de tocá-lo ao menos uma vez, de abraçá-lo; mas as barras os separam. Ali, em um momento de arrebatamento, ela se afasta da janela em um pulo, entrelaça os dedos em seu vestido de um pano cinza e grosseiro, o desabotoa e mostra seu corpo, seus seios pequenos e rijos, as pernas robustas e roliças. Ela chora ao mesmo tempo em que ri de alegria, pois enfim ela é capaz de fazer-lhe algo de bom, de mostrar-lhe como o ama, ah!, ela faria qualquer coisa por ele, ele tem que enxergar por que ela faz isso. Ambos não percebem que a carcereira está observando a cena. A garota pagou um preço alto pelos delicados gestos de um grande e simplório coração: ela deveria ser libertada uma semana mais tarde, mas acabou perdendo o direito à liberdade condicional.

Não há mulheres em Niedershönenfeld, mas há muitos rapazes jovens.

Um jovem marinheiro anda pela cadeia com faixas azuis amarradas nos tornozelos e balançando o quadril como uma mulher. Ele tenta os homens e estes caem em tentação; à noite, até mesmo um carcereiro é seduzido por ele. Outros jovens rapazes o imitam, eclodem cenas de ciúmes, os amantes trocam cartas tórridas, dedicam poemas uns aos outros, enrubescem quando se veem, derramam lágrimas e reconciliam-se, os rapazes recebem presentes aos montes. Muitos passavam fome por causa de seus amantes. À noite, os presos visitam uns aos outros nas celas, e não há punição que os demova disso. A saudade e o desejo de dar e receber amor têm força para destruir quaisquer empecilhos e hábitos, isso até que um dia a tensão se desfaz em uma cena grotesca após o sexo. Alguns presos, homens ortodoxos de partido e provincianos lascivos, constituem um tribunal. Em um julgamento que dura o dia todo, amantes e amados têm que se explicar para juízes excitados com suas histórias.

Um trabalhador, que havia se conformado com o passado de prostituição de sua esposa, visita-me em minha cela.

"Ah, Toller", ele diz, "o que minha família vai pensar quando souber que estou trancafiado com esse tipo de gente!".

A Baviera e o *Reich* travam uma guerra na imprensa. Em certo momento, o *Bayerische Kurier* finalmente descobre a origem das notícias ofensivas à Baviera: é a cadeia de Niederschönenfeld, eu sou o agente secreto que passa informações ao primo, o comissário de estado da Prússia Weißmann. Não sou parente do Sr. Weißmann, sequer o conheço, e além disso minhas cartas são todas censuradas. É isso que escrevo ao *Freiheit*, um jornal de Berlim, mas o diretor da cadeia confisca minha carta. Dirijo uma reclamação ao primeiro-ministro, conde Lerchenfeld, pois nesse meio-tempo eu me tornei deputado no parlamento bávaro, e mesmo que o parlamento me impeça de exercer meu mandato, isso ao menos me dá o direito de manter contato telegráfico com o primeiro-ministro. O telegrama também é confiscado. O carcereiro-chefe me transmite o recado do diretor, segundo o qual o reduzido pessoal da cadeia não permite que alguém fique enviando telegramas a seu bel-prazer. Eu protesto, dizendo que o diretor não tem o direito de fazer isso, mas o carcereiro-chefe simplesmente me interrompe, agarra-me pelos ombros e me joga para fora da sala.

"O senhor não pode me atacar", eu digo, "vou registrar uma reclamação contra o senhor."

"Eu não o ataquei", grita o carcereiro-chefe, "o senhor está mentindo."

"Não sou eu que minto", digo.

Uma hora mais tarde, sou chamado pelo diretor da cadeia, o procurador Hoffmann. Ele é um pai carinhoso; vi muitas vezes, por entre as barras de minha janela, como ele brincava com seu filho.

Agora ele se senta retesado em sua cadeira, o queixo encolhido, enrijecendo seu grosso pescoço. Sua rechonchuda mão esquerda batuca o tampo da mesa, a direita brande um papel ameaçadoramente:

"Aqui está o relatório. O senhor acusou um homem alemão de mentiroso."

"Assim como o carcereiro-chefe, eu também nasci na Alemanha."

"Responda à minha pergunta."

"Sim, o carcereiro-chefe falou uma inverdade, ele me..."

"Então o senhor confirma o relatório, os detalhes ficam para depois. Três dias sem cama, sem pátio, sem escrever, mais as punições menores de praxe."

Carcereiros me conduzem à solitária. Por minutos, não consigo acreditar que uma pessoa tenha esse tipo de poder sobre mim. Eu urro, esmurro a porta e as paredes, e então o carcereiro abre a porta. Pego a banqueta e no mesmo instante vem-me a sinistra consciência de que eu poderia me tornar um assassino, de que ninguém está resguardado de um ato desses.

Tenho que fazer algo, tenho que mostrar a esse procurador que seu poder tem limites, e assim começo uma greve de fome.

A fome não incomoda tanto no primeiro dia, no segundo sente-se uma dor lancinante no estômago, no terceiro a pessoa começa a ter febre e, anestesiada e apática, esquece a fome.

No quarto dia, à noite, recebo minha cama de volta, os jornais haviam saído em minha defesa. Interrompo a greve de fome e solicito algo para comer. O carcereiro me traz um copo de chocolate e um pedaço de pão; enfio tudo goela abaixo de uma só vez e eis que a fome volta. Espero uma meia hora, mas não aguento mais de fome. Peço ao carcereiro mais um pedaço de pão.

"O senhor procurador deu permissão para apenas um pedaço de pão."

Mais uma meia hora se arrasta, fico maluco de fome.

Nessa noite, a Volksbühne encena pela primeira vez meu drama *Masse Mensch*[60]. Ah, eu preferia um pedaço de pão.

Toco a campainha de novo. Aí vem o carcereiro:

"O que o senhor quer?"

Eu grito com ele: "Exijo que o senhor pergunte ao procurador se o senhor tem permissão para me trazer pão".

Como um cachorro que ouve a voz de seu dono, o carcereiro dá um pulo para trás. Meu tom ríspido despertou sua submissão. Ele bate os calcanhares e sai em busca do procurador.

Quinze minutos depois, a porta da cela é destrancada. Finalmente recebo pão!

"O senhor procurador mandou dizer que ele só deu permissão para um pedaço de pão e não vai passar disso. Ele também mandou dizer-lhe que, se o senhor não quisesse ser punido, não devia ter entrado em greve de fome."

O carcereiro bate a porta e apaga a luz.

---

60 Homem massa. (N.T.)

Nunca vou me esquecer dessa noite. No escuro, tateio a mesa em busca de migalhas perdidas de pão. Na manhã seguinte, meu estômago não consegue reter o café ralo que me dão.

Os procuradores que foram transferidos de Munique para Niederschönenfeld se ressentem de nós porque nós os menosprezamos, porque eles tinham medo de nós e estavam prontos para "aceitar a nova situação". Toda a perseguição que eles nos impõem é uma vingança de sua própria covardia.

Uma editora de Londres me envia a edição inglesa de *Masse Mensch*. O livro é confiscado "em virtude de estar em língua estrangeira".

O editor de uma antologia pede que eu contribua com algo de minha autoria. Envio um pequeno conto; o conto é confiscado. Uma vez que não possuo outra cópia dele, peço que o devolvam a mim. "Defiro", responde o procurador, "desde que Toller se comprometa a nunca mencionar que houve um confisco."

Peço permissão ao procurador para arrumar uma caixa de papelão para meu chapéu. "Indeferido por motivos de segurança", diz sua resposta, "pode-se muito bem embalar chapéus em folhas de jornal ou algo parecido. Caso ele não seja necessário aqui, envie-o para casa."

Escrevo um cartão para um amigo em Berlim contendo as seguintes palavras: "Com os melhores cumprimentos, E.T.". O cartão é confiscado em razão de seu "conteúdo oculto".

De acordo com o regulamento da cadeia, nós temos o direito de receber jornais. Durante um mês, o *Frankfurter Zeitung* é confiscado vinte e duas vezes, o *Freiheit* vinte vezes e o *Rote Fahne* trinta vezes.

M. é punido com a solitária porque "fez um movimento com o pé esquerdo durante um comunicado oficial, com o qual queria mostrar seu desprezo pela administração".

Walter, um preso da cadeia, foi para a solitária "com o fim de fortalecer o caráter", porque uma barra de ferro de sua cama está frouxa. Walter reclama e, porque reclamou, no dia seguinte lhe foram impostos oito dias dormindo no concreto. Walter reclama com o procurador-geral, e uma vez que ousou reclamar de novo, é punido com três dias a pão e água. Outro preso, Erich Mühsam, toma a liberdade de chamar a atenção da administração para o estado mental perturbado de W. e é punido com sete semanas de solitária. "Isso deve dar oportunidade a Mühsam", escreve o diretor, "para refletir se é apropriado arrogar-se um papel de liderança intrometendo-se nas questões dos outros presos." Algumas semanas mais tarde, Walter tem que ser transferido para um sanatório.

No período de um ano, o preso Ta. é punido com 149 dias de solitária, 243 dias sem material para escrever, 70 dias sem sair ao pátio, 168 dias sem visitas, 217 dias sem receber encomendas, 14 dias sem cama, 8 dias de detenção no escuro e 24 dias sem comida.

O procurador bávaro Emminger justifica nosso tratamento no Parlamento: os presos de Niederschönenfeld são "animais vermelhos".

O assassino de Eisner, o conde Arco, não está preso conosco. Para ele, foi estipulada uma cadeia especial em Landsberg sobre o Lech. Para ele, não vale a política de intensificação das punições: ele se diverte à vontade na cidade e nas propriedades vizinhas.

Não compreendo o sofrimento que as pessoas infligem umas às outras. A natureza das pessoas é assim tão cruel que elas não são capazes de imaginar o que sentem os outros que suportam uma multidão de tormentos todos os dias, todas as horas?

Não acredito na "má" natureza do homem. Acredito que ele comete as maiores atrocidades por falta de imaginação, por letargia do coração.

Ora, eu mesmo, quando li sobre a fome na China, os massacres na Armênia, os presos perseguidos nos Bálcãs, não deixei o jornal de lado e prossegui com minhas tarefas diárias habituais, sem parar nem um minuto para pensar naquilo tudo? Dez mil famintos, mil fuzilados: o que esses números significavam para mim? Eu simplesmente os li e uma hora mais tarde já os havia esquecido. Falta de imaginação. Quantas vezes não deixei de ajudar os que necessitavam de ajuda? Letargia do coração.

Se tanto as pessoas ativas como aquelas que nada fazem vissem com os próprios olhos o que fazem e o que deixam de fazer, o homem deixaria de ser o pior inimigo do homem.

A mais importante tarefa das escolas de amanhã é desenvolver a imaginação humana da criança, sua capacidade de empatia, combater e superar a letargia de seu coração.

Muitos socialistas zombam da ideia da liberdade como uma ilusão burguesa. Eles não fazem distinção entre a liberdade como um sentimento vital, uma consciência que confere dignidade e autoestima às pessoas, e a liberdade como a organização da vida, uma forma de vida. Toda forma aponta para uma limitação. Toda organização política e social tem que necessariamente limitar as liberdades individuais. O que é crucial é apenas o grau de limitação. Os trabalhadores e camponeses têm um instinto bem aguçado para isso. E também para a diferença de *status* entre as pessoas. É certo que o socialismo vai conhecer a igualdade em determinado plano: todos terão o mesmo direito à alimentação, moradia e educação. Mas, em outros planos, mesmo o socialismo criará uma organização social dotada de diferentes níveis. Pessoas capazes de administrar os domínios político, social e cultural formarão uma aristocracia, não de nascimento, mas do espírito, da capacidade, do mérito. Um chamado de deveres elevados, mas que não goza de privilégios materiais.

Os jornais liberais não param de denunciar as injustiças em Niederschönenfeld, e assim o governo bávaro inventa um complô dos presos. Com a manchete "Nova tentativa de golpe de Mühsam e Toller", os jornais alemães trazem o seguinte texto:
"Nos últimos tempos têm surgido indícios de que, na penitenciária de Niederschönenfeld, foi urdido um aparentemente intrincado complô, envolvendo alta traição, para derrubar o governo e instaurar a república conselhista. Esse projeto de alta traição, planejado em todos os mínimos detalhes, deveria ser colocado em movimento depois do desarmamento das *Einwohnerwehre*[61]. Uma busca entre os presos confirmou essa suspeita."

Muitos leitores terão se perguntado como é que um intrincado complô pode ser urdido em uma prisão cingida por muros, protegida por arame farpado, repleta de canhões e submetralhadoras e patrulhada por fileiras e mais fileiras de guardas. Essa notícia bombástica não se dirigia apenas ao público doméstico, ela deveria demonstrar a necessidade das *Einwohnerwehre*, cuja dissolução era exigida pela França.

Nós, presos, estamos proibidos de ler os jornais. Certa manhã nossa cela é aberta, somos arrancados dela apenas em pijamas e lançados em celas vazias por carcereiros que não conhecíamos. Eles impõem a todos a detenção nas solitárias. Só depois de semanas nós vimos a saber de nosso plano; a censura deixa passar uma revista francesa que traz um relato sobre ele.

---

61 Milícias populares. (N.E.)

Depois do assassinato de Rathenau, o parlamento se lembra dos republicanos que vão definhando nas prisões de segurança máxima e média alemãs: uma anistia geral deve libertá-los todos. Que esperanças essa notícia não desperta! Finalmente estaremos livres, livres depois de três anos. Ficam para trás os dias cinza, as noites sem dormir, a agonia do coração, as privações do espírito, assim como as horas de desespero, de desânimo. Quantas vezes a morte não esteve mais próxima de nós que a vida, mas logo poderemos respirar ao ar livre, logo veremos as estrelas cintilarem em quentes noites de verão. Nós ainda não nos esquecemos do delicado toque da brisa noturna nos campos, estaremos com nossos camaradas, encontraremos mulheres que amamos e que nos amam. Aguardamos ansiosos a mensagem que abrirá os calabouços, nós nos abraçamos, rimos, cantamos, a discórdia é coisa do passado. Juntamos nossas tralhas e vestimos nossas melhores roupas. Quando a notícia chegar, já estaremos prontos, não ficaremos nesta prisão nem mais um minuto. O carcereiro me traz um telegrama. Um deputado do parlamento telegrafa que a anistia está confirmada. Cansados de tanta felicidade, damo-nos as mãos em silêncio.

O que aconteceu? Por dias ficamos sem receber jornais ou cartas.

Finalmente descobrimos o que aconteceu: o governo bávaro declarou no parlamento que o *Reich* não tem o direito de anistiar presos bávaros e ameaçou não cumprir a lei. O parlamento se dobra, todos os presos políticos são libertados, apenas os bávaros continuam encarcerados.

Um preso reage à notícia com uma crise epilética; outro tenta se enforcar. Os outros andam mudos por suas celas; as paredes se estreitam, como se quisessem nos esmagar.

A vigilância é reforçada nos portões da prisão, jornais e cartas deixam de ser distribuídos. Vivemos em meio a uma grande inquietação e não sabemos o que está acontecendo "lá fora Perguntamos aos carcereiros e eles nos dizem que não estávamos sendo punidos, mas protegidos. Eis que finalmente ficamos sabendo a verdade.

Adolf Hitler, cujo partido só fez crescer nos últimos anos, urdiu, com o auxílio do general Ludendorff, um golpe em 7 de novembro. No porão de uma cervejaria em Munique, ele declarou o governo deposto e se anunciou como ditador. À noite, promoveu a prisão de um número de respeitáveis cidadãos judeus, anunciou uma marcha a Berlim e jurou que, na manhã seguinte, ou ele surge morto ou vencedor.

O entusiasmo tomava conta daquele porão.

No dia seguinte, quando Hitler e Ludendorff iam à frente da manifestação que passava pela Luitpoldstraße, o *Reichswehr*[62] marchou sobre os golpistas. Os soldados abriram fogo na Feldherrnhalle e, enquanto alguns nacionais-socialistas tombaram mortos, Ludendorff e Hitler se jogaram de barriga no chão, pelo que ninguém poderá recriminá-los, para depois bater em retirada com seus seguidores.

O ministro da justiça havia recebido notícias de que um grupo de populistas queria nos atacar e assassinar na prisão, por isso a vigilância reforçada.

Hitler é acusado de alta traição, mas percebe-se claramente que ele tem a simpatia dos juízes republicanos. Ele é condenado a cinco anos de prisão, e isso significava, segundo as leis vigentes, que na verdade ele teria que perder a liberdade condicional relativa ao ataque à assembleia e cumprir toda a pena de prisão imposta a ele nesse momento. Mas esse assunto nem é abordado.

Como é diferente o tratamento que recebem meus amigos socialistas. Lorenz Popp, um jovem de dezoito anos que foi condenado a quinze meses de prisão e passou doze deles em Niederschönenfeld, enviou-me uma carta depois de sua libertação. Ele agora escreve ensaios sobre os problemas culturais do proletariado para um jornal socialista. Sua carta foi confiscada e ele mesmo foi preso, perdendo sua li-

---

62 Exército alemão. (N.T.)

berdade condicional e passando a ter que cumprir o resto de sua pena.

Os assassinos de Erzberger e Walther Rathenau saíram das fileiras dos populistas. Os jornais dizem que existe no partido uma organização clandestina cuja tarefa é "queimar" opositores perigosos.

Antes do assassinato de Rathenau, os estudantes populistas cantavam uma canção que continha a seguinte estrofe:

Os rifles ribombam – tak, tak, tak
sobre a canalha preta e a vermelha
Também Rathenau, o Walter
não vai ficar muito velho
acabe com o Walther Rathenau
esse maldito judeu!

Fico doente com uma dolorosa sépsis nos dentes. Uma vez que não há dentista em Niederschönenfeld, eu viajo, acompanhado de um carcereiro, até Neuburg.

Não deve ser nada difícil escapar. Passamos por uma ruela estreita e quieta, na qual há um cruzamento em que desembocam três ruas. Dou um empurrão no carcereiro, saio correndo, subo no trem, desço na próxima estação, amigos vêm me ajudar e fujo para a Áustria. Vou colocar esse plano em ação na próxima vez.

Antes de viajar novamente a Neuburg, comecei a escrever o drama *Hinkemann*. Dessa vez, outro preso deve viajar comigo. Conto-lhe meu plano, vamos fugir juntos. Contudo, imponho uma condição para isso: ele deve esperar até que eu tenha terminado a peça. Alguns dias mais tarde, o preso me diz: "Cansei de esperar, amanhã vou ao dentista. Diga que você está morrendo de dor e venha comigo. Dessa vez, caímos fora". Estou no meio do terceiro ato e amanhã cedo quero escrever a última cena. Ela já está construída em minha cabeça, já a enxergo vividamente; amanhã, no máximo, vou conseguir escrevê-la, não posso esmorecer, não posso parar. Não consigo dormir: devo fugir, ou devo escrever; fugir ou escrever? Não me apresento para ir ao dentista, meu amigo viaja sozinho. Ele foge, e a fuga dá certo. No mesmo dia o Ministério da Justiça proíbe as viagens ao dentista.

Passo um dia inteiro arrependido por ter recusado, em 1919, o perdão que me ofereceram depois de seis meses de prisão. Minha peça *Die Wandlung* já foi encenada mais de cem vezes em Berlim. O ministro da justiça bávaro queria realizar um gesto magnânimo e me liberar. Dispenso o ato de piedade, aceitá-lo seria apoiar a hipocrisia do governo. Repugnava a mim a ideia de ir embora, enquanto os trabalhadores deviam continuar presos.

Nem toda tentativa de fuga foi bem-sucedida. A mais curiosa delas foi obra de meu amigo K. No pátio existe um pequeno banheiro. Todos os dias ele desaparece ali por uma meia hora, solta as tábuas do piso e cava um buraco com as mãos, jogando a terra que sobra na privada, para depois reafixar as tábuas. Quando o buraco já está fundo o suficiente para que ele possa ficar agachado em seu interior, ele desce e coloca as tábuas no lugar, sobre sua cabeça. Nós deixamos o pátio e ele permanece lá embaixo. Ele vai sair assim que chegar a noite, escalar a cerca e ir embora. Mas já no portão os carcereiros notam que está faltando um preso. A prisão é vasculhada, mas em vão. O pátio está vazio. Um carcereiro entra no banheiro. No instante em que esse pesado homem dá o primeiro passo sobre o piso, meu amigo K. tosse. O carcereiro se assusta e olha em torno de si, acreditando por um momento que ele mesmo deve ter tossido. Até que meu amigo K. tosse de novo e é descoberto.

Meu vizinho de cela chama-se Hans. Frequentemente vou à sua cela e ele me conta histórias de sua vida. Anotei uma delas.

"Eu comecei com três marcos e cinquenta fênigues. Com esse dinheiro, fui à Schwanthalerstraße e comprei um relógio, que vendi no mesmo dia por sete marcos. Com esses sete marcos, comprei mais dois relógios e os revendi. Às vezes eu acabava encontrando outros ambulantes que me ensinavam um novo truque. Um deles negociava santinhos vindos de Altötting e tinha garrafas que continham um pedaço de madeira imerso em álcool. Ele me disse que pega essas garrafinhas, fabricadas por uma ninharia, e as vende por uma bela grana como relíquias aos camponeses, fazendo-os crer que a madeira é uma lasca da cruz de Cristo. É claro que só dá para fazer isso em regiões às quais não chega nenhuma ferrovia e, além disso, onde a população ainda está completamente sob a influência dos párocos. Logo escrevi a Maria Huld, uma negociante de Munique, e ela me enviou um pacote de santinhos a Zwiesel. Comprei pequenos tubos de vidro e os preparei como relíquias, iguais às que eu havia visto. Uma vez eu tirei quarenta marcos em uma dessas garrafinhas, e nunca vendi nenhuma por menos de dez marcos. Os santinhos, que me custavam uns poucos fênigues, já cheguei a vender por cinquenta fênigues. Além disso, porém, eu também revendia carne, ovos e manteiga, e faturava tanto que todos os dias podia comprar quantidades ainda maiores nas estalagens e ganhava entre os camponeses a reputação de um santo. Para tirar ainda maior proveito dessa situação, mandei um caixeiro fazer um passaporte italiano que dissesse que eu havia estado em Roma.

"Quando eu já havia praticamente esquadrinhado toda a floresta bávara, fui com meus santinhos e relógios para o Tirol. Além disso, eu carregava comigo anéis para todas as profissões: com pontas e bolas para prostitutas, com corujas para guardas florestais.

"Na época em que eu negociava santinhos, houve um momento em que eu já havia tido tanto sucesso que isso me tornou mais atrevido. Um dia, ao cruzar com um camponês, fiquei pensando: se esse pessoal é assim tão maluco por santinhos, então é possível lucrar muito mais com eles. Eu disse ao camponês que havia estado em Roma e outras coisas parecidas que eu já havia contado outras vezes. O camponês ficou muito impressionado com o fato de eu ser tão viajado. Eu disse que é preciso vender as coisas, o que em si mesmo é um pecado, e pra isso é preciso viajar muito; o problema é que há outra coisa de que o homem precisa para viver, e isso não pode ser satisfeito nessa vida de viagens: o impulso sexual. Continuei dizendo que seria muito bom se os camponeses fossem compreensivos como os da Itália, que ofereciam suas próprias mulheres para os viajantes em minha situação, mas aqui ninguém pensa nisso. Sim, disse o camponês, aqui não se faz isso mesmo. Eu lhe respondi que, na Itália, os peregrinos são muito mais respeitados do que nas florestas da Baviera, e continuei falando de sofrimentos como esse. Ao que o camponês disse que, se a velha dele não fosse tão sensível a respeito desse tipo de coisas, mas talvez, no fim das contas, ela nem precisasse ficar sabendo. Ele disse que conversaria com ela e então eu saberia da resposta. Nessa noite, eu me deitei na grande cama do casal. Ele no meio. Eu e ela dos lados. Ele, é claro, fingia que estava dormindo. Eu disse que é preciso agradar os peregrinos. E foi justamente isso que ela fez."

Quanto mais me acostumo com a vida na prisão, mais o cárcere se torna parte da rotina e mais as experiências vividas na revolução me perturbam. Fracassei; eu acreditara que um socialista, por desprezar a força, nunca pudesse utilizá-la, mas eu mesmo fiz uso da força e convoquei outros a isso. Eu odiava derramamento de sangue e derramei sangue. No entanto, quando a oportunidade se ofereceu para fugir da prisão de Stadelheim, desisti de meu plano porque ele podia custar a vida de um carcereiro. Fico me perguntando: o que está à espera do homem que deseja interferir nos destinos do mundo, e assim se torna politicamente ativo, quando ele quer trazer para a realidade, na luta das massas, o ideal moral que reconheceu como justo? Max Weber tinha razão quando dizia que, se nunca quisermos usar a força para resistir ao mal, teríamos que viver como Francisco de Assis, que para uma exigência absoluta só existe um caminho absoluto, o da santidade? Aquele que escolhe agir está fadado à culpa, sempre? Ou, se ele não quer assumir nenhuma culpa, à ruína? Os ideais morais movem mesmo as massas? O que as move não é antes a necessidade e a fome? Elas podem algum dia vencer se abdicarem da luta em nome dos ideais morais? O homem não é ao mesmo tempo indivíduo e massa? A luta entre indivíduo e massa se desenrola apenas na sociedade, e não também no íntimo do homem? Como indivíduo, ele age segundo o ideal moral que reconhece como justo. Ele quer servir a esse ideal, mesmo que isso signifique a ruína do mundo todo. Como massa, ele é movido por impulsos sociais; ele quer alcançar seus propósitos, mesmo que tenha que abdicar de seu ideal moral. Essa contradição me parece insolúvel, porque eu a vivenciei em minha ação. Logo, eu procuro dar uma forma a ela. É assim que surge meu drama *Masse Mensch*. A vivacidade de minhas experiências inundava meus sentidos de tal forma que eu só podia dominá-las por meio da abstração, por meio do esclarecimento dramatúrgico daqueles traços que definem o fundamento das coisas.

Escrevo a peça em poucos dias. A luz é apagada todas as noites, às nove, e é proibido ter outras fontes de luz na cela. Cubro a mesa com um lençol, deito-me estirado no chão e continuo escrevendo à luz de uma vela até de manhã.

A peça está sendo apresentada no teatro municipal de Nuremberg e ali encontra um destino curioso. Alguns dizem que é contrarrevolucionária, uma vez que rejeita a violência; outros dizem que ela é bolchevique, pois as defensoras da não violência são derrotadas.

Alguns críticos desaprovam a peça, dizendo que ela não é imparcial. O que os críticos burgueses chamam de imparcial? Aquele conjunto de modos de ver, reações emocionais e conhecimentos que legitima intelectualmente as relações de dominação existentes.

Apenas uma forma de parcialidade não é permitida ao artista, aquela do desenho em preto e branco que representa as pessoas de um lado como diabos, e as do outro como anjos. O elemento decisivo é a ideia elevada. É concebível que, em uma obra literária, o personagem central seja um burguês com um "coração puro", o homem "bom" ideal, e apesar disso ele conteste, por meio da divergência entre sua ação pessoal e a ação dos poderes dominantes, o sistema social em que vive.

O artista não deve justificar teses, mas produzir exemplos. Muitas grandes obras de arte são obras de literatura política, mas não se deve confundir literatura política com a propaganda que se serve de meios literários. Esta última serve exclusivamente aos propósitos do dia, sendo assim, ao mesmo tempo, mais e menos que literatura. Mais, porque ela encerra em si a possibilidade, em sua melhor e mais vigorosa forma, de mover o ouvinte à ação imediata. Menos, porque ela nunca atinge a profundidade alcançada pela literatura de comunicar ao leitor uma noção do solo trágico do qual brotam tanto a vida como a arte, ou, para usar uma frase de Hebbel, de perturbar o sono do mundo.

A forma pura e grandiosa é sempre o eterno imparcial. Mas assim como um som tem que atingir certa altura ou timbre para que o ouvido humano o ouça, a obra literária tem que soar em determinadas altitudes ou profundidades para que a época a perceba.

O governo bávaro proíbe as encenações de *Masse Mensch*, até mesmo as apresentações fechadas. A razão disso é uma reclamação da União Central dos Cidadãos Alemães de Fé Judaica, que se sente ofendida pelas cenas na bolsa de valores.

A proximidade íntima com tantas pessoas enriquece meu saber, um trabalhador me ensina mais do que mil livros e estatísticas podem me contar. Leio cartas de mulheres e filhos, as respostas dos maridos, considero seus problemas e suas alegrias, suas fraquezas e suas virtudes, que forças esplêndidas estão enterradas aqui. Na prisão, muitos conquistam pela primeira vez o tempo para ler livros, e com que entusiasmo eles o fazem! Um deles, que mal sabia o que significava a palavra filosofia, começa a estudar Kant. No começo, sua cabeça dói com a leitura de umas poucas linhas, mas logo ele já é capaz de se aprofundar e compreender as questões filosóficas mais difíceis. Outros, desiludidos pela política, afastam-se dela e se voltam para as doutrinas religiosas. Para eles, o comunismo era uma espécie de anseio metafísico. Quando os camaradas os chamam de renegados, eles não fazem mais que sorrir. Cai por terra a imagem que eu me havia feito do proletário, ela não passava de um clichê. Começo a ver como ele realmente é, além da demagogia política.

O proletário consciente e ativo do século XX, feito pelas máquinas e pela metrópole, não é nem um santo moral nem um deus, ele é o portador histórico de um ideal, o do socialismo. Sua natureza está vinculada à sua época e às distinções de classe. Quando o socialismo se tornar realidade e as classes forem suprimidas, o proletário também desaparecerá. As massas "esclarecidas" do século XX são mais resolutas que as massas "ignorantes" do século XIX? Mesmo agora, com que facilidade as massas são manipuladas por humores, promessas e esperanças de novas vantagens! Hoje elas celebram um líder, amanhã o condenam; hoje elas se aferram a seus princípios, amanhã os abandonam. Como é fácil para grandes oradores conquistar as massas e levá-las a ações cegamente apaixonadas. Aprendi a enxergar o solo social sobre o qual se dão essas oscilações de ânimos e é o grande problema de nossos dias, paralisando todas as forças: a dependência do homem em relação ao mercado de trabalho, em relação à máquina.

Eu acreditava que o poder da razão era tão intenso que bastava reconhecer o que ela dita para não haver outra opção senão segui-la. Mas conhecimentos são esquecidos, experiências são esquecidas. O caminho do povo é árduo; não são seus opositores, mas ele próprio que se impõe suas feridas mais graves.

Esses conflitos e o embate entre rebeldes e revolucionários, a luta do homem com a máquina e a ameaça que ela representa, tudo isso eu tento retratar em minha peça *Die Maschinenstürmer*[63]. Encontrei muitos paralelos na história dos ludistas.

No dia da estreia no Grande Teatro Max Reinhardt, em Berlim, Rathenau foi assassinado por estudantes populistas. No último ato da peça, quando o povo, instigado por um traidor, mata seu líder, as cinco mil pessoas se levantam espontaneamente. O palco se tornou a tribuna de seu tempo.

A luz do sol forma figuras que passeiam na parede de minha cela. Formam-se agora duas manchas ovais: como vê a vida o homem que foi emasculado pela guerra? O homem saudável não está atingido pela cegueira? Minutos depois, escrevo o enredo de minha peça *Hinkemann*.

Mesmo o socialismo só vai resolver aqueles sofrimentos que procedem das insuficiências dos sistemas sociais, sempre permanecerá um restante. Mas o sofrimento social não tem sentido; ele não é necessário, é erradicável.

Terríveis tumultos ocorrem quando a peça é apresentada no Teatro Oficial de Dresden. Eles foram organizados por um tal Sr. Mutschmann, um populista. Ele sacou o dinheiro de uma caixa de benefícios e comprou oitocentos ingressos para estudantes, funcionários do comércio e escolares. Cada um desses curiosos e baderneiros trazia nas mãos um folheto com frases contrárias à guerra extraídas de minha peça e que deveriam servir de sinal para um

---

[63] Destruidores de máquinas. (N.E.)

grande alvoroço no teatro. A primeira cena é apresentada e essas oitocentas pessoas olham atordoadas umas para as outras: as deixas não estão ali, o diretor as cortou. Finalmente, na segunda cena, aparece uma das deixas, e agora não há mais como segurá-los. Eles sopram apitos e berram o hino da Alemanha.

Houve um episódio durante a peça que antecipou a realidade. Em meio à agitação, um homem sofre um enfarte em um dos camarotes do primeiro andar. Os vizinhos pedem aos baderneiros para que eles tenham consideração pelo moribundo. Um deles se inclina sobre o homem, examina seu rosto como um perito, vê o nariz adunco e volta-se a seus colegas: "É só um judeu", ele diz. Os outros continuam a algazarra.

Penso no começo de minha juventude, na dor do garoto que era chamado de "judeu" pelos outros moleques, no meu diálogo infantil com a imagem do Salvador, na terrível alegria que senti quando, no primeiro dia da guerra, não fui mais reconhecido como judeu, na minha vontade apaixonada de provar, arriscando minha vida, que sou alemão, nada mais que alemão. Do campo de batalha, eu havia escrito à justiça que ela podia riscar meu nome da lista da comunidade judaica. Tudo isso foi à toa? Ou eu estava enganado? Eu não amo este país? Em meio às esplêndidas paisagens do mar Mediterrâneo, eu não ansiava pelas austeras e arenosas florestas de pinheiros, pela beleza dos plácidos lagos ocultos do Norte da Alemanha? Os versos de Goethe e Hölderlin, que eu li quando garoto, não me causavam um grato arrebatamento? A língua alemã não é a minha língua, a língua na qual eu sinto e penso, falo e ajo, ela não é parte de meu ser, o lar que me nutre e no qual cresci?

Mas não sou também judeu? Não pertenço ao povo que há milênios é perseguido, expulso, atormentado e assassinado? Cujos profetas ecoaram pelo mundo o grito por justiça, acolheram os miseráveis e oprimidos e nunca mais os abandonaram; cujos membros mais corajosos não se dobraram e preferiram morrer a serem infiéis a seu povo? Eu queria negar minha mãe, e isso me envergonha. O fato de uma criança ser levada ao caminho da mentira já é, por si só, uma enorme censura contra todos que tiveram uma parte nisso.

Mas isso me torna um estrangeiro na Alemanha? É só o sangue, essa ficção, que pode servir de prova? Não a terra onde cresci, a língua que amo, o espírito que me moldou? Como escritor, não luto para encontrar a palavra perfeita, a imagem perfeita? Se alguém me perguntasse onde estão minhas raízes alemãs e onde estão as judaicas, eu não saberia o que dizer.

O nacionalismo fanático e a ridícula arrogância racial se agitam em todos os países. Eu também devo participar da loucura destes tempos, do patriotismo desta época? Não sou socialista justamente porque acredito que o socialismo vai superar o ódio das nações, bem como o das classes?

As palavras "tenho orgulho de ser alemão", ou "tenho orgulho de ser judeu" soam-me tão tolas, como se uma pessoa dissesse: "tenho orgulho de ter olhos castanhos".

Devo ceder à insanidade dos perseguidores e, em vez da arrogância alemã, assumir a judaica? Orgulho e amor não são a mesma coisa, e se alguém me perguntasse qual é meu lado, eu responderia: "Eu nasci de uma mãe judia, a Alemanha me nutriu, a Europa me cultivou, meu lar é a Terra, o mundo é minha pátria".

Morreu nosso amigo Hagemeister.

Ele adoeceu há uma semana; sentindo a proximidade da morte, pediu que o levassem ao hospital, mas o Ministério da Justiça não autorizou. Eles o arrancaram do meio de nós e o colocaram em isolamento, uma vez que esta prisão especial não tem enfermaria. Sobre sua cama, foi colocada uma bomba não deflagrada da época da guerra, para que ele batesse nela caso desejasse algo. O médico da prisão achava que ele estava fingindo.

Dois dias antes de sua morte, ele recebeu a visita de sua mulher. O homem à beira da morte não teve o direito de ficar sozinho com ela, que, em Munique, lutou para salvar a sua vida. Ela correu a todos os procuradores e autoridades, mas em nenhum lugar encontrou ouvidos que a ouvissem.

Ele morreu à noite, no pior dos abandonos. "Faleceu durante o sono, gentilmente", diz o procurador.

Recebemos permissão para nos despedirmos de nosso amigo falecido. Ele está sentado naquela cela nua, o rosto do homem de quarenta e quatro anos está afundado no peito, uma mão repousa torcida sobre a mesa de dobrar, ao lado da granada inativa, e a outra cai com um gesto desamparado do encosto da cadeira. Os carcereiros estão perturbados. O procurador teme um motim. Nosso silêncio o deixa inquieto, ele mandou posicionar uma metralhadora no telhado, apontada para o pátio.

Nós saímos ao pátio, ninguém diz uma só palavra. Protestamos contra o assassinato, mas sem bandeiras, sem discurso. Um vai atrás do outro. Em silêncio. Mudos. Ficamos assim por uma hora. A guarda diante da prisão é reforçada, os carcereiros são colocados em alerta, soldados se posicionam na metralhadora. Não prestamos atenção neles. Ficamos andando pela quadra do pátio, um atrás do outro. Em silêncio. Mudos.

Um casal de andorinhas aninhou em minha cela. Eles vivem ali comigo por todo um verão. O ninho é construído, a fêmea bota os ovos e o pequeno macho a diverte com seus gorjeios. Os filhotes escapolem dos ovos, os pais os alimentam, ensinam-lhes a voar e um dia eles não voltam mais. O casal tem mais uma ninhada, mas uma geada que veio antes da hora, no verão, acaba matando os filhotes. Mudos e aconchegados um ao outro, os pais lamentam os filhos mortos. No outono, eles partem para terras mais ao sul. Esse verão me enche de presentes. Os tímidos animaizinhos se acostumaram tanto comigo que, quando estou trabalhando à mesa, eles vêm e ficam sobre a luminária chilrando e brincando um com o outro. Fico em silêncio, feliz e grato.

Em um pequeno livro, vou anotando tudo que vi e observei, senti e pensei. Eu o chamo de "livro das andorinhas". Trata-se de um livro verdadeiramente inofensivo, mas o procurador confisca o manuscrito. Sua circulação – isto é o que ele escreve no estilo horroroso da linguagem oficial – prejudicaria o sistema penal, uma vez que o livro contém tal quantidade de trechos incendiários que ele funciona praticamente como uma campanha difamatória.

Encaminho uma reclamação ao parlamento alemão. Eis o que escrevo:

"Nunca solicitei nenhum favor para mim mesmo. Hoje também não procuro nada disso dos senhores. Espero apenas que os senhores me ajudem a manter o direito que me cabe como 'preso especial' político. Mesmo sob o regime bárbaro da tirania czarista, na Rússia era possível aos escritores encarcerados manter a liberdade do espírito. No estado livre da Baviera, no ano de 1923, a liberdade do espírito é punida como um crime.

"Mantive-me calado quando o diretor da cadeia, alguns meses atrás, agiu ilegalmente me proibindo de falar com um parente, que é médico e costumava me visitar, a respeito de meu estado de saúde.

"Por puro desprezo, mantive-me calado quando de incidentes que atestam, de maneira igualmente inequívoca, a completa violação de todas as normas legais do sistema penal em relação aos presos socialistas bávaros.

"Por puro desprezo, mantive-me calado quando as autoridades bávaras, nas tribunas do parlamento provincial e na imprensa, jogaram lama sobre mim, que não tenho como me defender.

"Por puro desprezo, mantive-me calado quando a administração da cadeia, por meio do confisco dos jornais, me impediu de ao menos ter uma ideia do conteúdo exato das calúnias.

"Limitei-me a dar meu apoio às inúmeras petições que os presos da cadeia dirigiram a diversas autoridades da província e do *Reich*.

"Houve, contudo, uma vez em que não me calei: quando, depois da horrível morte de August Hagemeister, denunciei o médico do estabelecimento ao procurador-geral de Neuburg por morte por negligência. Nessa ocasião, fui levado a reconhecer que os presos socialistas na Baviera não têm quaisquer direitos. Eu, o denunciante, não fui nem mesmo ouvido.

"Hoje dirijo-me ao parlamento alemão.

"Os senhores vão tolerar que seja outorgado a um servidor do sistema penal o direito de suprimir obras da literatura alemã? Os senhores vão tolerar que um preso, apenas porque ele é um socialista revolucionário, esteja fora do abrigo da lei na república da Alemanha?"

O parlamento nem se deu o trabalho de responder-me. Tudo bem, eu dou um jeito. Um amigo estenografa o "livro das andorinhas" com uma letra minúscula em uma folha do tamanho de uma mão. Um preso que será libertado o carrega para fora da prisão escondido em seu corpo e o envia à editora, que imprime o livro.

O procurador vinga-se à sua maneira. Os pássaros só constroem ninhos em espaços cobertos se a janela está voltada para o Leste. Desse modo, tenho que deixar minha cela e mudar-me para uma voltada para o Norte.

Na primavera seguinte, as andorinhas retornam. Elas devem vir de algum lugar de florestas intocadas e muito sol. Entre centenas de prisões, elas encontram a nossa; entre centenas de celas, a minha. Elas começam a construir seu pequeno ninho, mas, por ordem do procurador, os carcereiros invadem a cela e o despedaçam, com gestos grosseiros e indiferentes, quando ele já está quase pronto.

Que susto levam as andorinhas quando não encontram mais sua pequena casa! Com seus bicos, elas se movem procurando o semicírculo do ninho, adejam angustiadas ao redor, olham em todos os cantos da cela. Mas já no dia seguinte elas começam a construir um novo ninho. E de novo os carcereiros o destroem. O novo ocupante da cela, um pedreiro de uma vila bávara, escreve esta carta ao procurador:

"Senhor diretor do presídio!
"Eu peço ao Sr. Diretor que deixe em paz esses animaizinhos tão severamente provados, pacientes e extremamente úteis e trabalhadores, com seu pequeno ninho, conquistado a tão duras penas. Declaro que eles não me incomodam nem um pouco nem danificam a cela. Eu ainda gostaria de mencionar que ninhos de andorinhas são encontrados em diversas prisões e aqueles que os destroem recebem duras punições.
"Atenciosamente,
"Ruper Enzinger, de Kolbermoor"

A resposta do procurador Hoffmann é lacônica: "As andorinhas devem construir seus ninhos no estábulo, ali há lugar suficiente".

O ninho que vai ganhando corpo nesse meio-tempo torna-se vítima desse veredito. O preso é levado para uma cela virada para o Norte, e a outra cela é trancada.

Confusas e apaixonadamente agitadas, as andorinhas começam a construir simultaneamente em três outras celas. Os ninhos já estão a meio caminho de estar prontos, mas os guardas os descobrem e acontece a mesma crueldade.

Agora o casal constrói em seis celas. Quem pode saber o que os move! Talvez a esperança de que os homens terão bom senso e um pouco de bondade, e lhes pouparão um ninho.

Os seis ninhos são varridos.

Não sei quantas vezes construção e destruição seguiram uma à outra. A batalha dura sete semanas, uma batalha heroica, gloriosa dos protetores da lei bávaros contra o espírito animal de rebelião. Alguns dias se passam e as andorinhas não constroem mais, elas desistiram.

À boca pequena, em uma conversa começa a se espalhar entre os presos: elas encontraram um lugar na lavanderia entre os canos de escoamento, onde ninguém pode descobri-las, nem os olhos de águia dos guardas que de fora tateiam as barras, nem os olhos de águia dos guardas que aqui dentro investigam as violações. Raras vezes o bloco de celas experimentou uma alegria mais pura. E assim as andorinhas saíram vitoriosas da batalha contra a maldade humana.

No entanto, uma manhã os guardas bisbilhoteiros localizam também esse ninho.

Agora as andorinhas não constroem mais. À noite, elas entram voando em uma cela, pernoitam ali, aninhadas uma à outra, sobre o cabo de eletricidade e partem ao amanhecer. Uma noite a andorinha macho aparece sozinha. A fêmea havia morrido.

O último ano de prisão. Durante todos esses anos, minha vontade de liberdade foi incontrolável. Não havia doença ou punição que fosse capaz de quebrá-la. Agora que já é possível medir o tempo, que eu começo a contar os dias que faltam para minha liberação, algo esquisito acontece: tenho a sensação de que minha vitalidade diminui. Passo dias inteiros apático em minha cela, não me alegro com a liberdade, me angustio com ela. Eu me angustio com a responsabilidade e o comprometimento. Aqui eu estava escondido, a prisão era como uma mãe, mesmo que uma mãe cruel. Ela organizava meu dia, dava-me o que comer, livrava-me das preocupações externas. Agora devo retornar à vida e novas batalhas me aguardam; eu estarei à altura delas? Recebi milhares de cartas nesses anos, muitas pessoas estão me aguardando. Elas formaram certa imagem de mim, como alguém maior do que sou; elas esperam realizações de que não sou capaz, sou mais ordinário do que elas imaginam. Vou me sentindo ficar mais fraco dia após dia, minhas noites são dominadas por pensamentos de morte, minha pulsação fica mais branda. Desejo a morte, e uma vez que ela não vem, essa tentação sinistra me deixa confuso. Uma noite estou prestes a ir ao encontro dela. No dia seguinte, esse fantasma já está longe de mim. Minha força aumenta, eu só posso ser o que sou, quero estar à altura da vida e estarei; se eu fracassar, não há outra coisa a fazer a não ser suportar isso.

Sou chamado pelo procurador um dia antes de minha liberação. Ele me recebe com um sorriso amigável.
"Tenho que passar-lhe dois recados, Sr. Toller, um feliz e outro menos feliz. Primeiro o menos feliz. Número um: o senhor é prussiano. As autoridades determinaram que o senhor não alterou suas convicções nestes anos, de modo que o senhor não deixou de significar um perigo para a segurança do país, que só pode ser afastado por sua expulsão. Número dois: a fim de nos assegurarmos do cumprimento da expulsão, o senhor deve ser transportado além da fronteira da Baviera. Número três: as taxas não estão incluídas. Número quatro: os custos da viagem e outros custos administrativos correm por sua conta. E agora o recado feliz: o senhor só deveria ser liberado amanhã, à uma hora e dezoito minutos, mas o senhor ganhará de presente um dia de sua pena. O senhor pode regressar hoje mesmo para seus queridos parentes; estes dois senhores", ele aponta para dois investigadores, que se curvam e levantam seus chapéus, "vão acompanhar o senhor até a fronteira da Saxônia."

"Quando sai o próximo trem?", pergunto ao Sr. Hoffmann.

"Não se preocupe com isso, Sr. Toller, nós já escolhemos a rota da viagem. Evitamos as cidades maiores, especialmente as industriais, pois o que o senhor tem a ver com manifestações de trabalhadores? Decerto agora o que o senhor mais quer é tranquilidade. Apesar desse pequeno desvio, o senhor vai passar são e salvo pela fronteira com a Saxônia na manhã do dia 16 de julho, de modo que o senhor ainda ganhará de presente algumas horas inesperadas."

Não me autorizam a retornar aos meus camaradas. Tenho que me despir completamente e meu corpo, trajes e roupas de baixo são revistados. Pego minhas coisas e os senhores investigadores me levam entre eles. O portão do presídio se abre, respiro o ar desse céu sem barras. O caminho para a estação é patrulhado por policiais em bicicletas; como equilibristas, eles vão descrevendo pequenas curvas e graciosos oitos. Na plataforma, passo em revista uma guarda de honra de gendarmes pesadamente armados.

"Por que tantas honrarias?", pergunto ao investigador.

"Descobriram planos de um atentado contra o senhor", os senhores responde, "o governo bávaro conhece seus deveres para com ao senhor, nós somos uma terra ordeira. Viaje com Deus e mantenha nossa amada Baviera com carinho na lembrança."

Os senhores deixam o trem na fronteira com a Saxônia.

Estou só.

Estou livre.

Fico à janela do compartimento e meu olhar se perde na noite do velho firmamento.

Penso em algumas linhas do *Livro das Andorinhas*:

Em pé junto às barras de minha janela noturna
A andorinha chilra como em um sonho
Não estou sozinho
Lua e estrelas me fazem companhia
E os campos luzindo em silêncio

Não, eu nunca estive só nesses cinco anos. Nunca só, no mais desconsolado abandono. O sol me confortou e a lua, o vento que acariciava a poça de água e lhe ondeava círculos fugidios, a grama que na primavera crescia entre as pedras do pátio, um olhar bondoso, uma saudação de pessoas queridas, a amizade dos camaradas, a crença em um mundo de justiça, de liberdade, de humanidade, em um mundo sem medo e sem fome.

Estou com trinta anos.

Meus cabelos vão ficando grisalhos.

Não estou cansado.

tipografia Abril
papel Lux Cream 70 g
impresso por Edições Loyola para Mundaréu
São Paulo, primavera de 2015